KB179143

실전 공매도

SHORT-SELLING

김영옥(데이짱) 지음

실전 공매도

공매도를 모르고 절대
주식투자 하지 마라!

이레미디어

　오늘날 거시경제학의 기초를 다진 존 메이너드 케인스는 "주식만큼은 나도 알 수 없다"라고 말했다. 해박한 경제 지식과 주식투자로 엄청난 부를 축적한 케인스도 예측할 수 없는 주식시장의 변화와 혼돈에 대해 이렇게 말하고 있다. 한마디로 그 누구도 주식시장의 패턴을 정확하게 인지할 수 없고, 수익을 장담할 수 없다는 말이다. 특히 개인투자자들의 경우 뚜렷한 자신만의 기법도 없이 시장의 다양한 매매 방식을 따라 할 경우 수익을 낸다는 것은 한마디로 요행을 바라는 것이다.

　이러한 혼란 속에서 시중에는 다양한 매매 기법을 소개하는 속칭 주식 매매 비법이라는 책들이 소개되고 있다. 나름대로 특수한 거래 비법이 있는 것처럼 말하고 있지만, 자세히 들여다보면 실제를 외면한 채 원론적 이론에 바탕을 두고 있어 크게 도움되지 않는다. 이번에 데이짱 님이 출간하는 《실전 공매도》는 개인투자자들에게 목마른 시장에 감로수 역할을 할 주식 지침서라고 생각한다. 공매도는 외국인과 기관의 전유물로, 개인투자자들은 쉽게 접할 수 없는 매매 방식이다. 혼돈의 장에서 데이짱 님은 공매도 매매를 연구해오면서 수년간 많은 수익을 내왔고, 승리의 경험을 통해 얻은 노하우를 이 책에서 고스란히 녹여내고 있다. 공매도 매매 기법에 대한 책의 출간은 데이짱 님이 처음이며, 주식시장 실전투자자가 쓴 이 책은 바로 개미투자자를 위한 것이다. 데이짱 님은 이미 개미투자자들 사이에서는 잘 알려진 재야 주식 고수다. 굴지의 증권사들이 주관한 실전투자대회에서 많은 입상을 한 경력의 소유자이며, 누구보다도 매매 패턴의 틈새를 잘 읽는 고수 중의 고수이다. 혼돈의 주식시장에서 데이짱 님이 출간한《실전 공매도》는 개미투자자들에게 큰 도움이 될 것이라고 확신하며 추천한다.

《하루 만에 수익 내는 실전 주식투자》 저자 강창권

수상경력

· 2008년 한국투자증권 실전투자대회 준우승
· 2009년 한국투자증권 실전투자대회 준우승
· 2010년 실전투자대회 1억 리그 우승
· 2011년 미래에셋 1억 리그 실전투자대회 준우승
· 2016년 미래에셋 1억 리그 실전투자대회 준우승
· 이데일리 ON트레이닝스쿨 명품 강사

인스타그램 **@s63.77**

2000년 어느 날 모 증권사 사이버 방의 옆자리에서 매매한 것으로 인연을 맺은 후 어언 20년이란 시간이 지났다. 선배님의 책 출간을 진심으로 축하드린다. 항상 6시에 사무실에 출근하고 3개의 경제신문을 읽고, 뉴스를 확인한 후 매매하는 성실함에 존경을 표하고 싶다. 상한가 기법으로 꾸준하게 수익을 내다가 대주제도(공매도)가 시행되면서 우량종목 차트를 깊이 공부하셨다. 주식선물(현재 130종목)과 대주 종목(현재 키움증권 기준 300개 전후 종목)을 주로 매매하며 공매도로 꾸준하게 큰 수익을 내온 소중한 매매 기법을 공개함으로써 개인 공매도 대중화에 훈풍을 불어넣는 계기가 되리라 믿는다.

이제 차액결제거래인 CFD 서비스가 본격적으로 활성화되기 시작하는 단계에 있다. 키움증권 기준으로 2,300종목을 거래할 수 있고, '전문투자자' 자격 기준이 완화된다고 한다. 이 책은 공매도의 대중화

시점에서 개미투자자에게 큰 도움이 될 것이다. 일반 개미투자자가 매수로 수익을 내지 못한다면, 공매도 기법으로 한번 도전해보는 것도 하나의 방법이라고 생각한다. 한국 최초로 공매도 관련 책을 출간하게 된 것을 다시 한번 진심으로 축하하며, 일반 개미투자자는 어느 포지션을 지향하든 이 책이 큰 그 길을 안내해줄 것이다. 공매도 투자의 첫 봇물을 터뜨릴 수 있는 이 책을 강력히 추천한다.

박상신(꿈다방)

수상경력
· 2001년 신한증권 대학생 실전투자대회 1위
· 2015년 미래에셋증권 실전투자대회 1억 리그 1위
· 2018년 미래에셋대우 실전투자대회 1억 리그 1위
· 2019년 미래에셋대우 실전투자대회 글로벌주식부분 3천 리그 최우수상

　진짜 주식 고수를 만나고 싶었다. '데이짱'이라는 닉네임을 보고 '매일 수익을 내는 고수'라고 받아들였다. 자칭 자신을 고수라고 칭하는 여러 사람에게 주식을 배웠지만, 정작 계좌를 보여주는 고수는 한 명도 없었다. 하지만 데이짱은 자신의 계좌를 주저 없이 보여주어서 많이 놀랐었다. 그때 바로 데이짱의 제자가 되기로 마음먹었다. 두루뭉술하던 주식에 관한 지식이 정확하게 확립했고, 그와의 만남은 나에게 행운이었다.

　이 책《실전 공매도》는 제목처럼 공매도에 관해 다루지만 개인투자자들이 가장 배우고 싶어 하는 상승 기법도 과감히 공개했다. 데이짱의 상승 기법과 공매도 기법들은 20여 년 전업투자자의 생활에서 나온 것으로 가능하면 모두가 안전하게 수익을 낼 수 있는 것이 특징이다.

주식 초보자가 가장 어려워하는 차트의 기본과 선 긋기, 지지와 저항, 돌파에 관한 핵심을 명쾌하게 기술했다. 특히 이 책에 하락장에서 힘을 잃고 주저앉아 있는 개인투자자들이 어디에서도 배울 수 없는 공매도 기법 노하우를 담아주신 것에 대해 감사드린다. 최근 해외 선물 투자자들도 많이 늘어나는 추세지만, 수익을 내는 사람은 1%도 안 된다. 하지만 이 책은 CFD, 해외 선물 매매자에게도 큰 도움이 될 것이다. 모쪼록 개인투자자의 성공 투자를 기원한다.

서미숙(데이짱 주식 아카데미)

무일푼 신용불량자에서
100억 투자자가 되기까지

조그만 건축자재를 납품하던 업체를 운영하던 중 1997년 IMF 외환위기에 부도가 나 하루아침에 주저앉아버렸다. 당시 둘째 아이를 낳은 아내는 큰딸의 손을 잡고 화장품 외판원으로 일했고, 나는 공사장에서 막노동을 하며 악착같이 버텼다. 열심히 살았지만 수억 원을 빚진 신용불량자의 삶에서 벗어나기는 너무나 힘들었다. 그때 지인이었던 형님이 주식투자를 권유했다. 부모님의 유일한 유산인 고향의 밭을 팔아 태진미디어라는 종목에 1,000만 원을 전부 투자했다. 그러나 주가는 계속 하락했고, 투자 금액 중 350만 원만 남게 되었다. 결국 이마저도 눈물을 머금고 팔아야만 했다. 앞이 캄캄했다. 가뜩이나 없는 살림에 부모님의 유산까지 날렸으니 참담한 심정을 말로 다 하지 못할 지경이었다. 그러나 다른 한편으로 새로운 희망을 발견했다. 지금까지는 남의 말을 듣고 주식에 투자했다가 돈을 몽땅 잃은 것이었고, 이제부터 제대로 공부를 한다면 돈을 벌 수 있을 것이라는 희망이 솟구쳐 올랐다. 그때부터 주식 공부를 시작했다.

수중에 남은 350만 원은 생활비에 보태고, 매일 가상 매매를 하며 당시 '상한가 따라잡기'로 실력을 키웠다. 그리고 3개월 만의 첫 실전 매매에서 매수한 삼미 우선주가 7일 동안 상한가 행진을 이어가 성공을 거두었다. 투자금 100만 원은 350만 원으로 불어 있었고 수익률도 대단했다. 그러나 첫 대박은 오래가지 못했고 다시 계좌의 잔고는 줄어만 갔다. 무엇인가 부족함을 느끼고 깨달았을 때 이미 계좌는 텅텅 비어 있었다. 첫 실전투자의 성공은 주식을 냉정하게 바라보도록 만드는 데 큰 방해가 되었다. 야구로 비유하자면 첫 타석에 홈런을 친 격이었다. 이러한 달콤함은 오래가지 못했고, 다시 생활고에 시달리며 주식투자를 한다는 것은 결코 쉬운 일이 아니었다.

이대로 모든 것을 포기하고 시장을 떠나려고 했지만 주식시장이 보여준 가능성과 희망을 던져버리기는 어려웠다. 그러나 이미 바닥까지 떨어진 상황을 반전시킬 만한 마땅한 방법도 없었다. 남들은 주식을 투기니, 도박이니 하며 경계했지만 나는 특별한 대안이 없었기에 더욱 주식에 목숨을 걸어야겠다고 생각했다. 그래서 생활비와 투자금을 마련하기 위해 주말에는 막노동을 하고, 주중에는 밥을 먹고 잠을 자는 시간 이외에 오직 주식 공부에 매진했다. 열심히 공부하는데도 무언가 잡힐 듯하면서 잡히지 않는 고뇌와 인내의 시간을 보냈다. 주식 고수들 중에 천재형이 있다면 나는 철저한 노력형이다. 적은 종잣돈으로 고전하면서도 노력을 계속했다. 그렇게 포기하지 않고 실전에서 조금씩 매매하다 보니 어느새 '상한가 따라잡기'에 대한 나만의 기법이 쌓였다. 시간이 흐를수록 이는 견고해져 나중에는 물고기가 물을 만난 것 같은 나날이 시작되었다. 그때 느낌을 회상하자면 장님이 개안을 한 듯했다. 처음 투자했던 종잣돈 100만 원은 불과 몇 달 만에 3,000만 원으로 불어나 있었고, 한번 탄력이 붙기 시작하자 1년 후에는 금세 1억 원이 되어 있었다. 그때 고생을 많이 했던 아내가 아파트를 사자는 예상치 못한 제안을 했다. 머릿속으로는 1억 원을 조금 더 굴리면 2억, 3억 원이 될 것 같았지만 욕심을 거두었다. 아내의 소원을 들어주고 싶어 아파트를 구입했고 수중에 800만 원이 남았다.

남은 돈으로 트레이딩을 다시 시작해 3개월 만에 4,000만 원을 만들었다. 이때 결정적인 위기가 찾아왔다. 자신감에 넘쳐 매매하다 보니 한 종목에 미수를 사용하게 되었다. 그런데 그 종목이 순식간에 하한가가 되는 바람에 투자금의 약 82%가 허공으로 사라졌고, 손절매를 하고 나니 700만 원의 잔고만 남았다. 너무 허탈했다. 무엇이 잘못되었을까 수십 번 복기하고 스스로를 자책했지만 때는 이미 늦었다. 무엇인가 중요한 것을 놓친 것 같은 기분이었고, 다시 주식 공부를 철저히 하게 되었다.

그렇게 또 시간이 흐르고 계좌의 돈은 다시 점점 불어났지만, 나에게 새로운 투자법이 필요하다는 사실을 스스로 깨닫고 있는 중이었다. 그래서 실전투자대회 우승자의 계좌 내역을 철저히 분석하고, 그것을 바탕으로 그들의 기법을 벤치마킹했다. 이러한 방법으로 계좌의 돈을 눈덩이처럼 불렸다. 투자금이 커지면서 새로운 도약이 절실히 필요하다는 점을 느끼게 되었고, 또 다른 고수들의 매매법을 터득했다. 이때 나의 것으로 만든 것이 장중 고점 돌파 매매, 대주거래 등의 기법이었다. 이처럼 필요에 의해서 치열하게 공부하며 투자하다 보니 새로운 세상을 맛보게 된 것이다.

나는 어떻게 주식을 공부해야 되느냐고 묻는 사람에게 늘 '주식은 벤치마킹이다'라고 답한다. 고수의 방법을 그대로 따라 하려는 노력이 가장 빠른 지름길이라는 말이다. 그러면서 스스로 자신의 투자 방법을 모색하고, 자신만의 매매 방식을 정립하면 성공할 확률이 더 높아진다. 이 책은 기꺼이 그러고자 하는 사람에게 더 유용할 것이라 생각한다. 주식 초보들은 매매의 기본기를 철저히 다지는 기회가 될 것이고, 기존의 투자자에게는 '공매도'라는 매매법에 새롭게 눈을 뜰 수 있는 기회를 제공한다. 한 가지 재미있는 사실은 공매도 매매법을 이해하면 매수로 수익을 더 잘 내는 눈을 얻게 된다는 점이다. 최근 두 달의 계좌 요약 2개를 캡처하여 공개한다. 매수 기법과 대주 기법 두 가지를 병행하여 수익을 내는 계좌의 일부이다.

:: 2019년 9월~10월 중단기계좌 ::

매수합계	1,244,488,377	입금합계		0	입고합계			257,110,412	수수료+세금 합계		4,923,975
매도합계	1,407,242,643	출금합계		0	출고합계			0	연체/신용이자 합계		1,264
월	월말예탁자산	유가증권평가금	매수금	입금	출금	수수료+세금	투자평잔	손익	수익률(%)	누적손익(손익합계)	배당금
		월말현금잔고	매도금	입고	출고	연체/신용이자					
2019/10	285,822,716	128,127,960	709,762,930	0	0	2,413,181	265,469,920	20,289,929	7.64	20,846,575	0
		157,694,756	698,950,840	0	0	0					
2019/09	265,469,920	94,612,860	534,725,447	0	0	2,510,794	226,257,163	8,556,646	3.78	8,556,646	0
		170,857,060	708,291,709	257,110,412	0	1,264					

:: 2019년 9월~10월 단타계좌 ::

| 계좌번호 | ****-**33 | 김영욱 | | 일별 | 월별 | 조회 | 다음 |
| 조회기간 | 2019/09/01 | 2019/10/31 | 수익률의 경우 2016년 3월부터 제공됩니다. | | | | |

· 실현손익: 수수료, 세금은 추정치이며, 수수료는 매김시 수수료를 적용됩니다.
· 매입금액, 매도금액, 수수료, 세금은 당일매매일지 화면의 내용과 동일합니다.

| 총매수 | 3,020,557,741 | 총매도 | 3,290,685,684 | 실현손익 | 158,496,170 |
| 수수료 | 1,413,980 | 세금합 | 8,225,510 | 총수익률 | 4.91 |

은퇴를 꿈꿀 나이지만 그동안 익힌 다양한 투자법 덕분에 오히려 기회는 더 많아졌다고 생각한다. 새롭게 시장에 뛰어드는 젊은 후배들을 보고 있노라면 다시 자극을 받고, 열정은 20대 못지않게 솟아오른다. 스마트폰과 컴퓨터의 시대가 된 요즈음 많은 사람이 주식시장에 참여하고 있다. 그러나 기초 지식도 없이 남의 말만 듣고 무작정 뛰어들어 투자했다가 큰 낭패를 보는 경우가 많다. 아무것도 모르면서 파생상품에 덤벼들었다가 노숙자가 되기도 하는 사례를 봤다. 주식시장에서 개인투자자의 대다수가 실패하고 있다. 그들은 왜 실패할까? 개미투자자들에게 다음과 같은 점을 강조하고 싶다. 기초를 튼튼히 다지고 주식이 무엇인지 정확히 알기 위해 끊임없이 노력하며, 그다음 고수들의 기법을 벤치마킹한다면 누구나 수익을 낼 수 있다는 점이다. 다시 한번 말하지만 고수의 기법을 체득할 때 비로소 새로운 길이 열린다는 사실을 잊지 말자.

"주식은 벤치마킹이다."

저자 김영옥(데이짱)

2009년 한화증권
Korea Stock 실전투자대회
스마트리그 2위

2010년 한화증권
아시아경제신문 재야의 고수 실전투자대회
왕중왕전 2위

이제 개인도 누구나
공매도로 수익을 낼 수 있다
- 대주·대차거래부터 CFD 거래까지 -

2018년 4월은 주식시장이 떠들썩했다. 삼성증권 배당사고로 인해 공매도까지 불이 번졌고, 사건 이후 정부에서는 개인투자자에게 공매도 투자의 문턱을 낮추는 정책을 발표하게 되었다. 일본만 해도 개인투자자의 공매도 비중이 23%에 달한다고 한다. 우리나라는 아직 다른 선진국에 비해 개인투자자의 공매도 비율이 1~2%로 현저하게 참여가 낮다. 그 이유는 개인투자자의 실질적 공매도 참여 방법이 복잡하고 까다로워 실질적으로 투자에 어려움을 겪을 수밖에 없는 구조에 있다. 당장 정부에서도 공매도를 장려한다고는 보기 어렵지만, 향후 형평성을 위해 개인의 공매도 참여 비중을 늘려나갈 수밖에 없다고 판단한다. 이러한 상황에서 공매도를 개인투자자의 관점으로 돌려보자. 만일 개인투자자가 공매도 기법을 습득했을 때 얻을 수 있는 이점은 무엇일까? 바로 투자 기법의 다양성 확보와 위험의 헤지이다.

엄밀하게 따지면 우리나라는 무차입 공매도가 허용되지 않으므로 개인은 대주·대차거래를 통해 공매도와 똑같은 투자 효과를 낼 수 있고, CFD(Contract For Difference, 차액결제거래) 거래를 통해서도 기법을 적용할 수 있다. 나는 오래전부터 대주거래를 통해 공매도 기법을 다듬었고, 기회가 왔을 때 언제든지 자신 있게 투자하고 있다.

최근 2019년 11월 금융위원회에서 전문투자자 활성화 개선안을 내놓았다. 전문투자자는 일반투자자에 비해 공매도 물량을 쉽게 구할 수 있다. 전문투자자 자격을 얻게 되면 할 수 있는 것이 CFD 거래이다. 거래종목은 약 2,300여 개(키움증권)로 대부분의 주식에 해당된다. 금융위는 이를 시행함으로써 전문투자자는 37만 명으로 늘어날 것으로 보고 있다. 물론 개선안으로 자격 요건이 기존보다 낮아졌다고는 하지만 대다수의 개미투자자에게 문턱이 낮아지는 것은 아니다. 그렇다면 다른 대안을 생각할 수밖에 없는데, 최근 금융위의 금융규제 샌드박스 시행으로 탄생한 주식대차 핀테크 기업도 생겨나 점차 개인투자자의 공매도 투자의 길이 열리고 있는 중이다. 이처럼 개인 간 주식대차 서비스를 중개하는 회사는 앞으로 더 늘어날 것으로 전망한다. 앞서 언급한 CFD는 현재 기준으로 키움증권, DB금융투자, 교보증권 등이 서비스를 시행하고 있다. 다른 증권사들도 CFD 출시를 예고하고 있다.

우리나라의 주식시장은 개인투자자에 비해 기관과 외국인의 공매도 비중이 압도적으로 크다. 개인에게 공매도 진입 제한을 둠으로써 기울어진 운동장처럼 개미에게 불리한 형국이다. 그러나 모든 금융선진국에서 허용하고 있는 상황에서 우리나라만 금지할 수는 없는 노릇이다. 이를 금지하면 외국인의 자금이탈로 더욱 심각한 상황이 벌어질 수 있기 때문에 개인투자자가 아무리 공매도 금지를 외친다고 해도 실질적으로 폐지되기란 어려울 수밖에 없다. 그러나 정부와 금융위의 철저한 감시체제하에 불법 공매도를 반드시 근절해야 한다. 공매도 자체가 나쁜 것이 아니라, 불법 공매도를 막기 위한 투명한 관리가 먼저 선행되어야 한다. 그러므로 정부가 개인의 공매도를 확대하는 방향으로 정책을 시행하기 전에 우리는 먼저 공매도 기법을 배워두는 것이 좋다.

필자는 오랜 기간 공매도 매매로 수익을 내온 기법을 바탕으로 누구나 공매도로 수익을 내는 방법을 이 책에서 설명하고자 한다. 개인투자자들은 본인이 매수하면 주가가 내려가 손실이 나는 경험을 한번쯤 해봤을 것이다. 차라리 공매도 기법을 배워보는 것은 어떨까? 혹은 공매도 기법을 배워서 매수 기법에 활용해보면 어떨까? 개인투자자도 안전한 공매도 자리를 알고 진입하면 충분히 수익을 낼 수 있다.

: : 전문투자자 조건 개선안 : :

현행	개선안
금융투자 상품 계좌 1년 이상 유지	최근 5년 중 1년 이상 투자 계좌 유지
금융투자 상품 잔액 5억 원 이상	월말 평균 잔액 5,000만 원 이상 보유 경험
직전연도 소득액 1억 원 또는 총자산 10억 원 이상	직전 연도 소득액 1억 원 또는 순자산 5억 원 이상
금융투자협회 별도 등록 필요	금융투자회사가 전문투자자 요건 심사

　　전문투자자로 등록할 수 있는 개인투자자는 CFD 거래를 이용해 공매도 포지션을 취할 수 있게 되었다. CFD 거래를 이용하면 개인도 양방향 포지션으로 주식을 보유할 수 있어 위험의 헤지 수단으로 투자 전략을 다변화할 수 있다. 낮은 이자율로 장기간 보유할 수 있고, 증거금률 또한 10~100%에 불과해 적은 금액으로도 레버리지를 일으킬 수 있는 장점도 있다. 위험에 관하여 충분히 숙지한 후 적절히 이용할 수만 있다면 개인투자자의 새로운 전략이 될 수 있다. CFD 거래를 위해서는 전문투자자로 먼저 등록해야 한다. 금융투자협회에 '전문투자자'로 신청한 후 확인서를 발급받아 CFD 거래가 가능한 증권사에 등록 신청을 하면 된다. 현재 하나금융투자, 키움증권, 교보증권, DB금융투자에서 CFD 거래를 할 수 있다.

DIRECTIONAL

CFD 거래를 할 수 없는 일반투자자가 사용할 수 있는 새로운 방법도 등장했다. 디렉셔널 대차 플랫폼을 통해 개인투자자들 간의 주식 대차거래를 할 수 있다. 블록체인의 스마트컨트랙트에 대차 체결내역을 기록하여 투명하게 거래할 수 있도록 만든 점도 주목할 만하다. 차입자는 합리적인 수수료를 지불하고 원하는 주식을 쉽게 차입할 수 있어 공매도를 포함한 양방향(롱/쇼트) 투자가 가능하고, 대여자는 보유 주식 가치에 합당한 대여 이자를 수취할 수 있다. 개인투자자들도 지금까지 기울어진 운동장이라고 불려올 정도로 기관에 비해 개인에게 기회가 적었던 공매도의 기회를 공평하게 누릴 수 있는 환경이 조성된 것이다. 국내 최초로 P2P 대차거래의 혁신성을 인정받아 금융위원회 혁신금융 서비스로 지정받았다.

성공적인
주식투자를 위한 출발

PART 1

공매도를 배우려면
차트 보는 법을 먼저 익혀라

PART 2

공매도를 잘하려면
매수 기법을 먼저 마스터하라

PART 3

하락장에서도
수익을 내는 공매도

PART 3

누구나 할 수 있는
필승 공매도 기법

PART 5

데이짱의 필승 공매도 투자

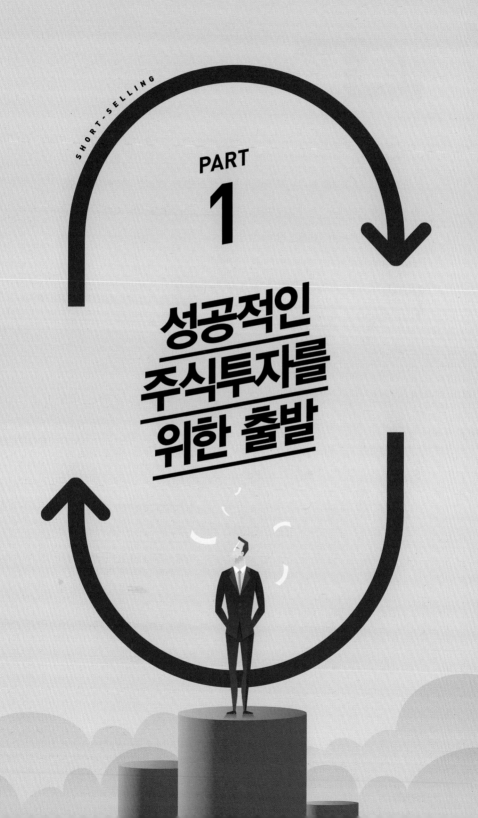

SHORT-SELLING

PART

1

성공적인
주식투자를
위한 출발

사람들은 여행을 가기 위해서 먼저 여행 일정을 계획한다. 여행 날짜를 정하고 짧은 여행으로 할지 긴 여행을 할 것인지 정한다. 그리고 여행지는 국내로 할 것인지 해외로 할 것인지를 선택한다. 또는 전혀 계획이나 목적지도 없이 여행을 하는 사람도 있다. 긴 여행을 하기 위해서는 준비물도 많아지고 해외여행을 하려고 할 때는 여행지의 날씨에 따라 준비물이 달라진다. 여름 휴가철에 지구 반대편 나라로 여행을 하려면 겨울옷을 준비해서 가야 한다. 여행지 공항에 내렸는데 반소매를 입고 내린다면 그야말로 낭패가 아니겠는가?

마찬가지로 주식투자가 무엇인지는 알고 시작해야 한다. 하지만 대다수의 사람은 누군가 주식으로 돈을 벌었다고 하면 그저 돈을 벌고 싶다는 성급한 생각을 한다. 그리고 주식투자에 관해서 알아보지도 않고 계좌에 돈부터 입금한다. 그렇게 종목을 매수한다면 여름철에 지구 반대편 나라로 여행 가서 반소매를 입고 공항에 내리는 꼴이 되는 것이다. 기초를 하나씩 차근차근 다진 다음에 주식투자를 해도 늦지 않다. 미국에 이민을 갔던 사람이 한국을 방문해 "한국은 어디를 가도 자동문이 설치되어 있고, 와이파이가 잘 터지고, 많은 사람이 힘들어 죽겠다고 하면서 주식을 하는 사람이 많다"라고 하는 이야기를 들었다. 주식투자 하는 사람이 우리나라에 얼마나 많으면 이런 이야기가 나왔겠는가? 그런데 과연 이렇게 많은 사람이 주식투자를 하고 있는데, 수익을 내는 사람은 얼마나 될까? 궁금하지 않을 수 없다.

아는 지인은 제약 바이오주에 큰돈을 투자하고 있다. 저항에서 수익이 3억 원이 났는데도 더 갈 거라며 계속 보유하고 있다가 얼마 후 마이너스 2억 원이 되었다. 2년 동안 이런 일이 두 번이나 있었는데도 3배 이상 갈 거라며 수익이 나도 팔지 않고, 손실이 나면 추가 매수하며 기다리고 있다. 10배가 될 때까지 가치투자를 한다면서 무조건 기다리고 있다. 과연 이렇게 투자하는 것이 옳은 방법인가? 수익이 났을 때 팔았다면 지금 원금은 1.5배가 되어 있을 것이다. 워런 버핏이 한국에서 태어났다면 단타의 귀재가 되었을지도 모른다는 말들을 많이 한다. 우리나라는 그만큼 주식의 급등락이 심한 나라인데, 글로벌 경제와 지리적인 문제, 정치, 외교 등에 의해 심하게 변동성을 겪기 때문이다.

가치투자가 잘못된 방법이라는 것이 아니다. 하지만 어느 회사에 가치투자를 해야 하는지 불분명한 것이 현실이다. 주식이란, 내일을 알 수 없다. 주식에 대한 지식이 많아도 매수한 후 며칠 만에 거래정지가 되어버릴 때도 있다. 분명 매수할 당시에는 재무제표도 이상이 없었고 차트도 좋아 보였다. 다행히 거래정지가 풀린다고 해도 장기간 기회비용을 잃거나 마음고생을 해야 한다. 그래서 필자는 단타 매매를 권유하거나, 하락장에서도 수익을 낼 수 있는 공매도 중 개인에게 허락된 대주거래와 CFD 거래를 권하는 것이다. 필자 역시 가치투자보다 단타로 큰돈을 불렸다. 물론 주식투자는 자신에게 맞는 방법으로 해야 한다.

주식투자는
안전이
전부다

지금 나의 투자법을
점검하라

전업투자자로 생활한 지도 20여 년이 지났다. 그 긴 세월 동안 수없이 많은 사람을 만났다. 그중에는 자신의 사정 때문에 투자에 어려움을 호소하거나 상담을 신청하는 사람이 많았다. 제각각 처한 상황은 달랐지만, 그들이 가진 공통점을 발견할 수 있다.

개미라 불리는 개인투자자들은 자신이 무엇을 잘못하고 있는지도 모른 채 매매에 임하고 있다. 만일 자신이 다음 세 가지 유형 중 하나에 해당한다면, 당장 자신의 투자를 돌아보고 문제점을 찾아야 한다. 그렇지 않고 자신의 고집만 앞세워 똑같은 방식으로 투자를 반복한다면 결과는 불 보듯 뻔하다. 잘못된 방법으로 투자하고 있다면 안전한 매매와 한참 멀어져 있는 것이다.

1. 개인의 경제 규모에 비해서 너무나 큰 손실이 난 계좌를 갖고 있다.
2. 주식투자를 시작할 때 여윳돈 이상으로 투자한다.
3. 주식투자를 시작할 때 돈만 벌기 위한 마음으로 시작한다.

초보 투자자들은 다음과 같은 공통점이 있다.

1. 기초 지식도 없이 주식을 매수한다.
2. 주가가 내려가면 싼값에 주식을 계속 추가 매수한다. 그러다 보니 정작 바닥을 찍고 상승으로 돌아설 때 추가 매수할 현금이 없다.
3. 손실이 나면 엉뚱한 데서 이유를 찾는다. 약세장, 북한 미사일, 사드, 미·중 무역전쟁, 일본 수출규제 등의 이유를 댄다.
4. 계속 손실이 나는데도 수익을 내는 기법을 배우려고 하지 않는다. 주식은 일단 어렵고 복잡하다는 생각부터 한다.
5. 손실이 난 계좌를 아예 보지도 않는다. 쳐다보면 머리만 아프고 열 받아서, 언젠가는 올라갈 것이라고 생각하고 그냥 묻어둔다.
6. 여기저기 유료 리딩방에서 종목을 받으면 대박이 날 것이라는 생각으로 투자한다. 자신의 기법으로 수익을 낼 생각은 하지 않고 남의 도움으로 대박을 내려고 한다.
7. 무료 문자를 받으면 혹시나 해서 산다.
8. 열 받아서 모두 손절매하고 다시는 주식을 하지 않겠다고 말한다.
9. 자신이 주식투자를 하면 대박이 날 것으로 기대한다.
10. 우리나라는 주식투자하기 어려운 나라라고 생각한다.

수익을 내고 싶다면 주식 매매에 대한 기초를 다지고, 연구도 하고 수익을 내기 위해 노력해야 한다. 그런데 개미투자자는 실제로 이런 열정이 없다. 또한 배우려고 하지도 않는다. 심지어 유료 리딩방 등에서 종목을 추천받아 투자한 후 손실을 보고 손절매하고 만다. 그러다 더 좋은 유료방을 찾아다니면서 세월을 다 보내는 투자자도 있다.

오랜 시간 투자를 업으로 삼은 나로서는 이런 사람들을 보면 너무나 안타까운 마음에 도움을 주고 싶어진다. 주식에 투자할 때는 '안전'이라는 키워드가 매우 중요하다는 점을 반드시 명심해야 한다. 그래야 오랜 시간 지속적으로 수익을 내며 투자에 임할 수 있다.

주식투자는
심리적으로 지는 게임이다

대체로 개미투자자의 수익은 일반적으로 많지 않다. 이는 대다수의 일반투자자는 적은 수익에 만족해 매도해버리는 심리적인 요인이 크게 작용하기 때문이다. 도대체 왜 이러한 현상이 일어나는 것일까? 예를 들어 어떤 개미투자자가 특정 종목에 1,000만 원을 투자했다고 가정해보자. 그 종목이 수일 내 +8~10% 정도 올라 수익이 나면 곧장 매도하고 심리적으로 만족한다. 물론 수익을 내고 매도한 것 자체가 잘못된 것은 아니다.

반대로 같은 종목이 하락하여 수익률이 -10%, -20%, 심지어는 -30~40%까지 손실을 본다면 어떤 심리 상태가 될까. 대다수의 투자자는 이러한 상황이 발생하면 손절매하지 못하고 쩔쩔매며, 다시 주가가 오르기를 마냥 기다린다. 그러다 결국 지쳐 손절매의 타이밍을 놓치고, 손실이 눈덩이처럼 커지면 그제야 잘못된 것을 알고 매도한다. 그런데 웬일일까, 개미들이 매도하고 나면 그 종목은 날개가 돋친 듯 날아오른다.

이러한 일은 주식시장에서 매일 반복된다. 따라서 특별한 기술이나 마인드가 없는 일반투자자는 심리적으로 질 수밖에 없는 게임의 참가자가 되어버린다. 그러다 보면 어느새 계좌는 마이너스가 늘어가고, 소위 깡통을 차게 된다.

이렇게 주식시장은 일반인이 심리적으로 쉽게 이길 수 없는 시장이므로, 수익을 내기 위해서는 다른 사람들과 반대로 매매해야만 승산이 있다. 따라서 심리에 굴복하지 않고 꾸준히 수익을 내기 위해서는 '안전한 자리'에서 매수하여 손절매의 횟수를 줄이고 수익을 극대화해야 한다. 이러한 방법에 대해 충분히 훈련된다면 시장의 심리에 휘둘리지 않고 자신만의 매매법을 만들 수 있을 것이다. 실제 꾸준하게 수익을 거두는 사람들은 안전한 자리에서 매수하기 때문에 손절매하는 횟수가 많지 않고, 수익은 크게 실현한다. 그리고 손절매는 짧게 대응한다.

반드시
소액으로 시작하라

주식투자를 처음 시작할 때는 200만~500만 원 전후로 시작하는 게 좋다. 소액은 잃어도 생활에 위협을 주지 않지만, 큰돈은 심리적 타격은 물론 기본적인 생활에도 영향을 줄 수 있다. 그러므로 무턱대고 큰돈을 한 번에 투자하면 안 된다. 큰돈을 한 번에 투자하는 사람은 짧은 기간에 큰 수익을 올리려는 투기적인 마음이 팽배할 가능성이 크다. 이러한 유형의 투자자는 돈 버는 방법에 대해서는 큰 관심이 없다. 그저 대박을 노리며, 남들과 똑같은 행운이 자신에게 올 것이라 믿는다. 그리고 감나무 아래에서 입만 벌리고 있다.

처음부터 큰돈으로 시작한 투자자의 경우 현재 물려 있는 종목이 있다면 이 책을 다 읽은 후 종목별로 지지, 저항을 살펴보라. 지지가 깨지면 손절매하고, 저항 근처에 오면 매도한다. 그리고 다시 지지가 오면 재매수하는 것을 반복해서 투자 금액을 줄이는 것도 좋은 방법이다. 그리고 만약 500만 원으로 주식투자를 시작한다면 한 종목당 100만 원씩 5종목에 분산투자하는 것이 좋다. 전체 금액에서 20% 손실이 나면 추가 입금하고, 5번 정도 입금하고도 수익을 낼 수 없다면 주식투자를 하지 말라고 권하고 싶다.

I.Q가 높고 열심히 공부하면 주식 잘할까

누구나 주식에 대해 열심히 공부해서 높은 수익률을 거둔다면 공부만 열심히 하면 된다. 그러나 주식은 공부를 열심히 한다고 해서 무조건 높은 수익률을 거두는 것은 아니다. 사법고시나 자격증 시험 등을 위해 열심히 공부하고 노력하면 합격도 할 수 있다. 주식도 공부해서 된다면 대한민국에서 공부 잘하는 사람은 주식으로 모두 성공할 것이다. 하지만 주식은 절대로 그렇지 않다.

학창 시절에 공부를 열심히 하면 1등은 어려워도 성적은 올라갔다. 주식 매매는 수많은 주식 관련 책을 읽고, 매일 몇백 개의 차트를 돌려보고 분석하여 매일 매매를 하더라도 결과가 꼭 좋을 수는 없다. 필자(닉네임: 데이짱)도 처음에는 매일 출근하다시피 도서관으로 가서 당시 출판된 수십 권의 주식 관련 책을 두 번 이상 정독하고 주식 매매를 시작했다. 그러나 100만 원으로 시작한 투자금은 한 달만에 모두 사라졌다. 그때 주식 매매는 이론과 실전이 다르다는 사실을 깨달았다.

주식으로 성공한 사람들 대부분이 주식 매매를 시작하고 한두 번 정도는 시행착오를 겪은 후 승승장구하는 경우가 많다. 경험이 수익과 연관되어 있다고 한다면 경험이 부족한 사람은 수익을 낼 수 없을 것이다. 하지만 수익을 냈다면 경험이 크게 도움이 되지 않는다는 결론이다. 그래도 경험이 수익률을 높인다고 주장하는 사람이 있다면 이렇게 질문하고 싶다.

"5년, 10년 이상 주식을 하면 수익이 팡팡 나야 하지 않나요? 장기간 주식투자를 하고 있는 개미투자자님들, 실제로 수익이 나고 있습니까?"

대답은 들어보지 않아도 스스로 잘 알고 있을 것이다. 〈생활의 달인〉이라는 TV 프로그램에 출연한 달인들 대부분은 특정한 분야에서 10~20년 일하다 보니 그 분야에서는 달인이 된 것이다. 주식 매매도 10년, 20년 해서 수익을 올리는 달인이 된다면, 일찍 주식에 입문해 장기간 버티면서 경력을 쌓고, 경험을 쌓으면 주식의 달인이 될 것이다. 하지만 이는 꿈같은 희망이다.

"혹시 당신이 그렇게 수익을 많이 내는 것은 머리가 좋아서 그렇지 않나요?"

이런 질문을 받기도 한다. 필자는 고등학교 성적도 뒤쪽이 가까웠고, 대학도 지방대를 나온 주위에서 흔히 볼 수 있는 평범한 사람이다. 주식으로 크게 성공한 필자의 지인들도 평범한 사람들이다. 사업이 크게 망한 경험이 있거나, 전직 트럭 기사나 호텔 웨이터 등도 있었다. 지능이 높아서 주식투자에 성공했다면 머리 좋은 천재들은 주식으로 많은 수익을 거둘 것이다. 하지만 주식투자에서는 머리가 좋을수록 핸디캡으로 작용할 수도 있다. 대부분 주식에서 성공하는 사람들은 평범하다.

지금까지 주식 매매에서 높은 수익률을 거두는 데는 화려하고 오랜 경험과 경력, 공부를 잘하는 것이나 지능이 높은 것과는 큰 상관이 없다고 설명했다. 그렇다면 주식 매매에서는 적당한 경험과 평범한 두뇌로 공부하고, 길만 안다면 수익을 낼 수 있는 것일까?

비법은 없고
기법은 있다

유명한 맛집들은 그 집만의 비법이 있다. 예를 들어 유명한 냉면집들은 그 집만의 특별한 비법이 있다. 그리고 누구든지 그 집의 육수 비법대로 장사를 한다면 성공할 수도 있다. 이렇게 유명한 맛집의 레시피로 장사를 확장하는 것을 프랜차이즈 사업이라고 한다.

주식 매매를 할 때 수익률을 높이는 비법이 있다면, 아무리 비싸도 사고 싶을 것이다. 간혹 수익을 많이 내줄 수 있다는 검색식을 파는 사람들도 있고, 비법이 있는 것처럼 현혹하는 광고도 많다. 주식 매매에서 비법은 절대 없다고 말하고 싶다. 그러나 주식 매매에 기법은 있다. 기법은 여러 가지가 있지만, 필자는 상한가 기법, 5일 이동평균선 기법, 신고가 매매 기법, 시초가 매매 기법, 종가 매수 기법 등을 주로 사용한다.

기법이 주식시장에서 잘 통하려면 단순해야 한다. 기법이 복잡하고 난해하면 시장에서 통하지 않는다. 주식시장에서 꾸준히 수익을 내는 고수들이 왜 수익을 잘 내고 있는지, 어떤 기법으로 수익을 내고 있는지 등을 꾸준히 벤치마킹하면서 자신의 주식 매매 방법을 발전시켜야 한다.

주식 매매에서는 이론과 실전이 병행되어야 한다. 그렇다면 공부는 어떻게 할 것인가? 예를 들어 종가 매매법에 대해서 알고 싶다면 종가 매매를 위한 차트 모양만 공부한다. 종가 매매는 오늘 종가에 매수하여 다음 날 아침 시초가가 상승 출발한 종목 중 선별해 매도하고 수익을 내는 방법이다. 특정한 매매 기법을 공부하기 위해서는 그 기법으로 수익을 내고 있는 고수의 매매 방법을 벤치마킹하면 된다. 혼자서는 특정 매매 기법을 터득하기 어렵다. 쉬운 길이 있다면 그 길을 선택하는 것도 현명한 방법이다.

필자도 처음 주식 매매를 시작할 때 100만 원을 투자해서 두 번이나 깡통을 차고 세 번째 160만 원으로 1년 만에 1억 원을 만들었다. 그 이후 1일 단위로 손해 본 적은 있지만, 월 단위로는 손실이 난 적은 없었다. 투자 금액이 불어나면서 실전투자대회에서 1등을 한 고수들을 찾아가 수익을 잘 내는 기법을 배웠다. 그리고 고수가 매매한 종목을 분석하는 과정에서 필자도 고수가 되어갔다. 이를 통해 다음의 원칙을 세웠다.

> 1. 주식 매매에 관한 경험이 많다고 많은 수익을 내지 않는다.
> 2. 주식 공부만 열심히 한다고 해서 수익을 낼 수는 없다.
> 3. 지능이 높다고 수익을 크게 내지는 않는다.
> 4. 이론과 실전이 병행되어야 한다.
> 5. 잘하는 사람들의 기법을 벤치마킹해서 자기 것으로 만들어야 한다.

단순한 반복만이
정답이다

우리나라 주식시장에 참여하는 사람은 수백만 명이다. 현재 거래되는 증권계좌만 500만 계좌라고 한다. 주식시장에 참여자가 많을수록 반복적인 현상들이 나타난다. 만약 주식시장 참여자가 1,000명이라면, 시장에 일정한 패턴이 나타나지 않을 수도 있다. 하지만 매일 수많은 시장 참여자로 인해 시장에서는 같은 현상들이 반복되고, 그 현상을 분석해보면 단순하다는 것을 알 수 있다. 세계적으로 실력이 뛰어난 축구 선수들이 하는 훈련 방법이 있다.

"반복적으로 많이 훈련하라. 그러면 실력이 좋은 선수가 될 것이다."

이를 주식 매매에 대입하면 주식 매매도 반복적으로 실전 매매를 많이 하면 실력이 늘어난다는 뜻이다. 개인기가 뛰어난 선수가 축구팀에 있다면 그 축구팀은 이길 확률이 높다. 개인기가 뛰어난 선수들은 어렸을 때부터 기본기 훈련을 튼튼하게 했다. 한국의 간판 스트라이커 손흥민의 아버지 손웅정 씨는 "대나무는 뿌리를 내리는 데만 5년 걸린다고 한다"라고 말했다. 기본기가 얼마나 중요한지에 대해서 말한 것이다. 축구 선수들은 기본기를 배울 때 2개월가량 리프팅 연습을 한다. 손흥민 선수는 리프팅 연습만 6개월을 했고, 지루하고 반복적인 훈련 과정이 있었기 때문에 세계적인 축구 선수가 될 수 있었다. 축구에서 리프팅을 잘하면 볼을 다루는 능력이 좋아지기 때문에 리프팅 연습은 필수다. 주식 매매에서도 고수라고 불리는 사람들과 기본기도 없는 개미투자자와는 수익이 다를 수밖에 없다.

개미투자자들은 계좌에 돈부터 입금한다. 수천만 원부터 수억 원을 입금하면서 대박을 내려는 마음뿐이다. 그 결과는 어떻게 될까? 기초 체력과 기본기도 없이 동네 조기축구 모임에서 경기를 뛴다면 10분도 되지 않아 지쳐서 그만두어야 할 것이다. 또 억지로 뛰어보겠다고 버티면 넘어지거나 다칠 수도 있다. 주식 매매도 기초 지식은 알고 시작하자. 주식 용어, 캔들, 이동평균선, 거래량 등에 관해서 잘 설명한 책 한 권 정도는 정독하고 시작하는 것이 좋다.

손절매가 필요 없는
종목을 매수하자

주식 매수는 안전한 자리에서 기대수익이 높을 때만 해야 한다. 주식은 오를 때는 천천히 오른다. 그 이유는 저항 매물대를 소화하면서 오르기 때문이다. 그러나 내릴 때는 주식 보유자들이 빨리 매도해서 매수세가 감소하면서 급격하게 하락하는 경우가 많다. 많은 사람이 "주식에서 손절매를 어떻게 해야 하나요?"라는 질문을 한다. 이 질문에 필자는 항상 이렇게 대답한다.

"손절매하지 않을 종목을 매수하세요."

주식 차트를 보면 손절매가 잘 나오지 않는 자리가 있다. 이동평균선이 밀집되어 있고 거래량이 감소하고 있는 자리에서는 주식 가격이 잘 내리지 않는다. 또한 이런 자리는 주가가 반등하는 경우도 많다. 때문에 좋은 매수 자리에 진입하여 매수 대기하고 있으면 조금 올랐을 때 추격 매수가 들어온다.

"그럼 몇 %를 기준으로 손절매 하나요?"

이런 질문을 받으면 이렇게 말한다.

"창원에서 서울행 버스를 탔는데 광주로 가고 있다면 당신은 어떻게 할 것입니까? 답은 바로 내려야 한다는 것입니다. 손절매는 그렇게 하는 것입니다."

필자는 서울행 버스를 탔는데 광주로 간다면 바로 내린다. 더 멀리 간다면 시간적·경제적으로 손해가 커진다는 것을 알고 있기 때문이다. 처음부터 버스에 탈 때 확실하게 서울행 버스를 타야 하고, 만약 잘못 탔다면 즉시 내려서 서울행 버스로 갈아타야 한다. 그대로 가다가 중간에 내린다면 서울행 버스를 다시 타기 힘들다.

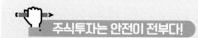

주식투자는 안전이 전부다!

- 주식을 매수할 때 가장 안전한 자리에서 매수해야 수익을 크게 낸다.
- 손절매하지 않을 종목을 매수하는 것이 가장 좋다. 그리고 손절매는 짧게 대응한다.
- 반드시 소액으로 시작하라.
- 비법은 없어도 기법은 있다. 그러므로 수익을 낼 수 있는 기법을 익히자.
- 단순한 반복 매매만이 정답이다.
- 경험과 경력이 확실한 수익을 보장하지 않는다. 오히려 핸디캡이 될 수 있다.
- 투자금이 커지면 매매 기법을 달리해야 한다.

데이짱의 한마디

"경험과 경력이 수익을 크게 내주지 않는다!"

"주식 매매를 시작하고 시간이 지나면서 수익률이 높아지고 있습니까? 시간이 지나면 지금보다 주식 매매를 더욱 잘할 수 있을 것이라고 생각하십니까?"
주식을 시작하고 몇 번의 시행착오를 겪고 난 후에도 수익을 낼 수 없다면 앞으로도 수익을 내는 것은 어렵다. 계속 손실만 나고 있다면 매매 방법에 큰 문제가 있는 것이다. 또 굳어진 나쁜 매매 습관으로 인해 수익을 내는 길에서 점점 멀어져 가고 있는 것이다.

20년 이상 증권회사에서 근무하다 퇴직한 사람은 대부분 주식 매매를 하지 않는다. 만약 주식 매매를 하는데 경력이나 경험 등이 큰 도움이 된다면 증권회사 장기 근무자들은 큰 수익을 낼 것이다. 하지만 현실은 그렇지 않다. 어떤 운동이든지 처음 시작할 때는 잘하지 못한다. 그러나 연습을 많이 하고 시간이 흐르면 어느 정도 수준에 이를 수 있게 된다. 또 영어회화 학원에 오래 다니다 보면 개인의 차이가 있지만 대부분 어느 정도 영어회화를 할 수 있다. 하지만 주식 매매는 경험이 많으면 유리할 수 있겠지만, 꼭 수익으로 이어지지는 않는다. 오히려 잘못된 경험이 쌓여서 수익을 내는 데 핸디캡으로 작용하기도 한다. 주식으로 크게 성공한 사람들 대부분이 주식 매매를 시작하고 한두 번은 시행착오를 겪은 후 승승장구하는 경우가 많다. 아마도 주변에 경험이 많이 없음에도 주식투자로 성공하여 수익을 많이 냈다는 이야기를 들어봤을지도 모른다. 모든 경험이 수익으로 곧장 연결되는 것은 아니다. 주식투자의 핵심을 알고 올바른 경험을 쌓는 것이 중요하다.

"심리에 굴복하지 않고 꾸준히 수익을 내려면
'안전한 자리'에서 매수하여 손절매 횟수를 줄인다."

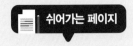

복리 이야기

전 세계에서 복리 이자를 주는 나라는 대한민국 보험 상품밖에 없다. 복리 이자는 장기적으로 엄청나게 불어나기 때문에 선진국에서는 현재 복리 이자 상품이 존재하지 않는다.

처음 100만 원으로 주식투자를 시작하여 하루에 3%씩 수익을 낸다면 하루 3만 원이다. 단리로 계산하면 월 60만 원이다. 투자 금액이 적으니 복리로 계산해보자. 1개월 영업일 20일 동안 복리로 계산해보면 수익률 합계는 80.61%이고, 총 수익금은 80만 6,100원이다. 3개월 영업일 60일 동안 복리로 계산해보면 수익률 합계는 489.15%이고, 총 수익금은 489만 1,532원이다. 원금과 합하면 589만 1,532원이 된다.

매일 수익이 3%씩만 나면 3개월이면 원금의 약 5배가 된다.

:: 표 1-1 주식 복리 계산기(투자금 100만 원 기준) ::

투자 원금	1,000,000원
계산 기간	120일
목표 수익률(1일)	3%

기간	수익	총금액	수익률
1일	30,000원	1,030,000원	3.00%
2일	30,900원	1,060,900원	6.09%
3일	31,827원	1,092,727원	9.27%
～～～			
16일	46,738원	1,604,699원	60.47%
17일	48,140원	1,652,839원	65.28%
18일	49,585원	1,702,424원	70.24%
19일	51,072원	1,753,496원	75.35%
20일(1개월)	52,604원	1,806,100원	80.61%
～～～			
60일(3개월)	171,598원	5,891,532원	489.15%
120일(6개월)	1,010,985원	34,710,491원	3,371.05%

　　원금의 단위를 조금 더 크게 잡고 생각해보면 복리의 효과가 얼마나 대단한지 실감이 난다. 1,000만 원의 투자금으로 시작하여 하루에 3%씩 수익을 내면 하루 30만 원이다. 단리로 계산하면 월 600만 원이다. 이를 복리로 계산해보자. 1개월 영업일 20일 동안 복리로 계산해보면 수익률 합계는 80.61%이고, 총 수익금은 806만 1,102원이다. 3개월 영업일(60일) 동안 복리로 계산해보면 수익률 합계는 489.15%이고, 총 수익금은 4,891만 5,960원이다. 원금과 합하면 5,891만 5,960원이 된다.

　　매일 3%씩 수익이 나면 3개월에 원금의 약 5배가 된다.

투자 원금	10,000,000원
계산 기간	120일
목표 수익률(1일)	3%

기간	수익	총금액	수익률
1일	300,000원	10,300,000원	3.00%
2일	300,900원	10,609,000원	6.09%
3일	318,270원	10,927,270원	9.27%
～～～			
16일	467,390원	16,047,057원	60.47%
17일	481,411원	16,528,468원	65.28%
18일	495,854원	17,024,322원	70.24%
19일	510,729원	17,535,051원	75.35%
20일(1개월)	526,051원	18,061,102원	80.61%
～～～			
60일(3개월)	1,715,998원	58,915,960원	489.15%
120일(6개월)	10,109,981원	347,109,361원	3371.05%

투자 금액이 100만 원일 때와 1,000만 원일 때 복리로 계산하면 엄청난 숫자가 나온다는 것을 알 수 있다. 소액으로 주식 매매를 시작해도 올바른 방법으로 수익을 늘려간다면 시간이 지날수록 수익금은 눈덩이처럼 불어난다. 하지만 이는 단순한 단리와 복리 계산의 결과이다. 노력하지 않는 평범한 투자자가 실전에서 매일 3% 수익을 장기간 확보하기는 쉽지 않다. 또한 시장의 변

동성과 다양한 변수는 늘 존재하므로 투자자도 시장을 이길 수 있는 다양한 무기가 필요하다. 게다가 원금과 수익금의 합계가 늘어나면 늘어날수록 단타 기법만으로는 수익을 낼 수 없다. 투자 금액이 커지면 매일 단타 매매에 그 돈을 모두 투자하는 것은 심리적으로 부담감이 생긴다. 그러므로 투자 금액이 커질수록 그에 맞는 기법을 알아야 한다.

주식투자에는 여러 가지 방법이 있다. 매일 단타 매매로 수익을 내는 방법도 있고 단기 스윙 매매, 상한가 따라잡기, 추세 매매, 공매도 등 다양한 매매 기법이 있다. 필자도 처음에는 상한가 따라잡기로 수익을 냈지만, 수익금이 늘어날수록 상한가 따라잡기 한 가지 기법만으로는 눈덩이처럼 불어난 수익금을 포트폴리오(위험을 줄이고 투자 수익을 극대화하기 위한 일환으로 여러 종목에 분산투자하는 방법) 해야 하는 과정이 필요했다. 추세 매매는 투자 금액을 많이 넣을 수 있지만 급등주나 테마주, 소형주 등에는 투자 금액을 많이 넣을 수 없기에 한 종목에만 투자하는 어리석은 매매는 지양해야 하므로 포트폴리오 구성은 반드시 해야만 한다.

데이짱의 필승 공매도 투자

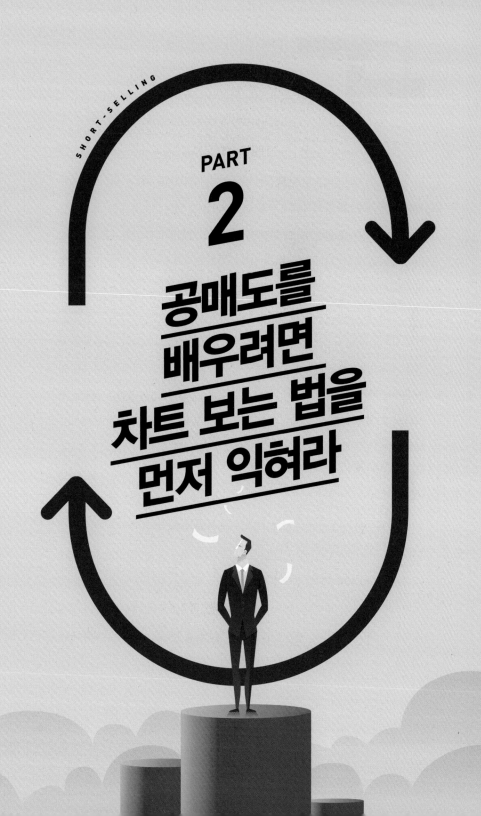

SHORT-SELLING

PART

2

공매도를 배우려면 배우려면 차트 보는 법을 먼저 익혀라

차트는 일본의 거래의 신이라 불렸던 '혼마 무네히사(1717~1803년)'에 의해서 시작되었다. 18세기 초 '사카타'라고 하는 쌀 집산지의 큰 가문에서 태어나 당시 일본 최대의 '도지마' 곡물 거래소를 통해 막대한 부를 쌓았다. 그리고 일본 최초의 곡물 거래소였던 '요도야' 거래소 시절 가격 추이를 분석하는 방법으로 선으로 이은 선형 차트에서 출발하여, 곡물의 고가와 저가를 표시하여 하루의 가격 변동 폭을 쉽게 알아볼 수 있는 봉형 차트로 발전하였다. 그 후 지금의 주식 차트로 완성되었다.

만약 차트도 볼 줄 모르는데 주식 매매를 하고 있다면 한글의 자음과 모음을 모른 채 책을 거꾸로 들고 읽는 척하는 것과 같다. 주식투자를 시작할 때 주변 친구가 매수하는 종목을 따라 사거나 그 외 여러 방법으로 주식시장에 들어섰을 것이다. 실제로 '주식을 하면 망한다'라고 생각하고 있었는데, 주변에서 '주식으로 돈을 벌었네' 하면 '나도 해볼까?' 하는 생각이 든다. 그래서 남들이 하는 이야기를 듣고 기웃거리다가 주식을 매수하는 경우도 있을 것이다.

우리는 세탁기를 하나 살 때도 꼼꼼히 비교 검토한 후 구매하고, 사용설명서를 자세히 읽어본 후 사용한다. 세탁기를 사용할 때 빨래의 양에 따라 물 높이를 조정하고, 빨래의 종류에 따라 세탁 강도를 선택한다. 삶은 빨래도 가능한 세탁기도 있고, 애벌빨래를 하고 본세탁을 하는 세탁기도 있다. 몇십만~몇백만 원 하는 가전제품 하나도 사용설명서를 숙지하고 사용한다. 마찬가지로 피 같은 내 돈을 투자할 때도 주식 매매 사용설명서가 있다면 최소한 한 번쯤은 자세하게 읽어봐야 한다.

주식 매매를 시작하면서 기초 지식도 없이 그냥 뛰어든다는 것은 무모한 일이다. 주식 매매 사용설명서는 없지만, 주식 매매 사용설명서와 같은 기초 지식을 공부하고, 차트 정도는 볼 수 있어야 내 돈을 지킬 수 있다. 무엇이든 기본이 중요하다. 사람들은 기본이 가장 중요하다는 것을 알면서도 간과하기도 한다. 특히 초보 투자자들은 큰돈을 벌고 싶은 욕심에 기본을 무시하고 무작정 뛰어드는 경향이 있다. 그러나 주식투자라는 전쟁터에 입성할 때 기본기를 탄탄히 다진다면 언제나 가장 강력한 무기가 될 수 있다는 점을 기억하자.

02

차트는
무조건
단순하게
익혀라

수많은 보조지표는
불필요하다

주식투자를 할 때 자신만의 원칙과 기준을 세우는 것이 중요하다. 그런데 그 원칙은 단순할수록 좋다. 변수가 많아지면 이것저것 따져보게 되는데, 결국 성공 투자와는 별 상관이 없는 경우가 많다. 또한 너무 생각이 많으면 자기 함정에 빠질 수도 있다.

주식 차트는 특정 종목을 보고 있는 개인이나 기관들의 매매 형태가 나타난 결과다. 차트를 단순하게 생각하면 단순한 것이 된다. 반대로 차트를 복잡하게 생각하면 복잡한 것이 된다.

수많은 보조지표를 모두 본다는 것은 사실상 불가능하다. 자신이 가장 잘 이해할 수 있으며, 적중률이 높은 것 한 가지를 선택하여 활용하는 것이 좋다. 즉 가장 잘 사용할 수 있는 칼 한 자루만 선택하는 것이다. 예를 들어 20일 이동평균선을 상향 돌파하면 매수하고, 하향 돌파하면 매도하는 식으로 단순하게 매매하는 것이다. 주식 매매를 하는 대다수의 사람이 증권사에서 제공하는 단순한 HTS를 보고 있는데 나만 특정한 보조지표를 보고 있다면, 시장에서 통하지 않을 가능성이 크다.

수익을 많이 내는 고수들은 대부분 차트를 단순하게 사용한다.

반면 대다수 투자자의 차트를 보면 다양한 보조지표 등을 설정하여 사용한다. 필자도 처음 주식을 시작할 때 차트에 많은 것을 넣기도 하고 빼기도 했었다. 하지만 보조지표는 보조지표일 뿐이다. 이제 필자는 기본 차트만 사용한다. 특별한 차트를 사용해야 수익을 많이 낸다면 모든 투자자가 특별한 차트를 사용해서 수익을 내려고 할 것이다. 하지만 많은 보조지표를 알지 못해도 기본 차트만 정확히 이해한다면 수익을 내는 일은 어렵지 않다.

차트는
주식시장의 언어다

주식시장의 언어라고 볼 수 있는 차트를 알아야 돈을 벌 수 있다. 그렇다면 차트란 무엇인가? 여러 가지의 의미를 부여하거나 정의할 수 있는데, 필자가 말하는 차트는 이것이다.

**"차트란, 주식을 보유하고 있는 투자자의 생각이나 심리
가 고스란히 나타나 있는 것이다."**

차트에는 이미 그 종목을 매수해서 보유하고 있거나, 그 종목을 매수하고 싶은 주식시장 참여자의 매수 심리와 기존 보유자가 매도하고 싶은 심리를 보여준다. 만약 차트가 없다면 투자자들은 어떻게 주식 매매를 할 수 있을까? 한 번도 가보지 않았던 길을 내비게이션 없이 운전해서 간다고 상상해보자. 여러 번 가본 길은 내비게이션이 없어도 잘 찾아갈 수 있지만, 처음 가는 길은 목적지까지 가는 것이 절대 쉽지 않다.

차트는 주식 매매의 방향을 알려주는 내비게이션과 같은 역할을 하기에 매우 중요하다. 많은 사람이 "차트는 후행의 성격이 강하기 때문에 믿을 수가 없다. 배당을 주는 주식만 투자하라" 또는 "차트를 맹신하고 주식을 매매하다가는 망한다"라고도 말한다. 차트에 관해 부정적인 말은 하지만 자신도 모르게 차트를 보고 "주식 가격이 역배열에서 20일 이동평균선을 돌파했으니 이제는 올라갈 것 같다. 또는 더 상승하겠구나"라며 주식을 매수해야겠다고 생각한다. 후행성이어서 믿을 수 없다는 차트를 보고 심리의 변화가 생긴 것이다. 그 심리가 차트에서 파동을 그리는데, 각양각색의 사람들이 주식시장에 참가하기 때문에 사람들의 심리가 담긴 이 파동은 일정할 수가 없다. 투자금의 크기와 주식에 관한 지식의 수준, 신용으로 주식을 매수한 투자자, 여윳돈으로 주식시장에 참가한 사람들 등 다양한 생각이 차트에 담겨 있다. 그렇기 때문에 차트를 보고 충분히 예측 가능하다고 할 수 있다.

연못에 큰 돌을 던졌을 때와 작은 돌을 던졌을 때 그 파동의 크기는 다르다. 큰 돌을 던졌을 때 파동이 크게 일어나면서 점점 멀리 퍼져나간다. 그러다 파동이 줄어든다. 주식 가격이 크게 상승했다고 하더라도 시간이 지나면 파동이 잦아드는 것처럼 조정을 통해 주식 가격이 하락한다. 모멘텀이 좋은 종목은 조정, 하락과 상승을 반복하면서 지속적으로 상승 추세를 타기도 한다. 또 종목마다 빠른 움직임으로 크게 변동을 주고 사라지는 테마주들도 있고, 처음에는 파동이 그리 크지 않았으나 조용히 주식 가격이 슬금슬금 올라가는 종목도 있다. 이렇게 주식시장에 참가하는 많은 사람의 생각과 심리가 차트에 고스란히 나타나 있다.

데이짱이 보는 차트는 단순하다

수많은 전문가가 차트에 알록달록하게 보조지표를 넣어 화려하게 보이게 하고, 그 복잡한 차트에 수익을 내줄 수 있는 비밀이 있는 것처럼 말한다. 정말 그런 복잡한 차트가 수익을 낸다면, 그들의 계좌를 확인해보고 싶다. 전문가라고 활동하는 사람들은 자신의 경험담을 말하면서 여러 번 깡통 계좌를 찼었다고 말한다. 하지만 그들의 계좌는 지금도 깡통 계좌일 것이다. 최소한 전문가라면 초보 때는 한두 번 깡통 계좌를 찰 수는 있지만, 여러 번이라면 고수라고 볼 수 없다. 그리고 그들의 매매 기법 자체에 문제가 있는 것이다.

필자의 지인은 화려한 차트로 매매하고 있지만, 수익을 내지 못하고 있다. 차트를 화려하게 만들기 위해서는 여러 가지 보조지표를 찾아서 설치해야 한다. 그리고 보조지표마다 승수가 있는데, 그 승수가 마치 수익을 내주는 것처럼 말한다. 그 승수를 알려면 연락하라고 하고, 실제로 연락하면 화려한 차트와 승수를 알려주거나 설치해주는 대가로 돈을 요구한다.

실제 필자의 제자 중 J 씨는 보조지표 하나를 50만 원씩 주고 설치했다고 해서 어처구니가 없었던 적이 있었다. J 씨는 보조지표를 설치해봤지만 큰 수익을 낼 수는 없었다고 한다. 그래도 J 씨는 주식 매매를 잘하기 위해서 지식을 습득하려고 노력한 것이다. 이조차 하지 않은 사람들이 부지기수다. 초보자뿐만 아니라 주식 경력이 있는 사람들도 많은 보조지표를 설치하는 데는 어려움이 있다. 그리고 보조지표 중에는 수식이라는 것도 있는데, 이에 대해서는 아예 해볼 생각조차 하지 않는 사람들이 많다.

각종 보조지표를 설치한 차트를 가지고 있는 사람들이 수익을 잘 낸다면 이 책을 읽고 있는 독자들도 보조지표를 설치한 차트로 수익을 잘 내야 한다. 그러나 현실은 그렇지 않다. 차트에 대한 지식이 전혀 없는 사람들보다는 차트를 이해하고 있는 투자자가 주식을 매매할 때 유리하다. 또한, 누군가가 종목을 추천했을 때 차트를 볼줄 안다면 무턱대고 매수하는 실수를 하지 않을 것이다.

필자는 기본 차트를 사용하면서도 매일 수익을 잘 내고 있다. 독자 여러분도 차트를 단순하게 생각하고 시작하기를 바란다.

차트 설정 방법

:: 그림 2-1 차트 위에 이동평균선 지표 조건 설정 ::

증권사 HTS에서 차트를 클릭하면 기본 차트가 화면에 뜬다. 기본 차트에는 5일, 10일, 20일, 60일, 120일 이동평균선이 세팅되어 있다. 차트 이동평균선 지표 조건 설정에 따라 자신이 사용할 이동평균선을 설정한다. 그리고 왼쪽 아래에 기본값 항목을 체크한 후 확인을 누른다.

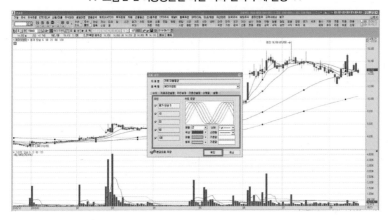

〈그림 2-2〉처럼 선의 색과 두께 설정을 달리해 각 이동평균선의 색과 선의 두께를 설정한다. 이동평균선 중 생명선인 20일 이동평균선의 두께는 다른 이동평균선의 두께보다 조금 강하게 보이게 하면 좋다.

선을 그어보는
습관을 들여라

차트를 볼 때마다 선을 그어보는 습관을 들여야 한다. 선을 그어봐야 내가 매수한 주식이 어디까지 상승할 것인지 또는 내려갈 것인지 알 수 있다. 즉 지지, 저항, 돌파를 이해하려면 선을 그어봐야 한다. 선을 아무 데나 긋는다면 정확한 매수 시점과 매도 시점을 알 수 없다. 때문에 차트에 저항선과 지지선 등을 그어봐야 한다.

주식 가격은 파도처럼 올라가면서 고점을 만들고, 내려가면서 저점을 만든다. 꼭짓점이 모여 있는 점들을 연결하면 선이 된다. 이 점들을 선으로 연결해보면 특정 종목의 가격 위치를 확인할 수 있다. 이때 저항선에 가까우면 매수하면 안 된다. 매수하게 되면 저항에 부딪혀 하락할 가능성이 크다. 반대로 지지선을 이탈한 종목도 매수하면 안 된다. 지지선을 무너뜨리면 더 하락할 가능성이 있기 때문이다. 그래서 이미 보유하고 있거나 신규 진입하고 싶은 종목이 있다면 저항선과 지지선을 자주 그어보는 것이 중요하므로 차트를 보면서 선 긋는 일을 습관처럼 하는 것이 좋다.

:: 그림 2-3 삼성전자 2018년 7월~2019년 8월까지 일봉 차트 ::

〈그림 2-3〉을 보면 1번은 저항선이다. 저항선 가까이에서 신규 진입하게 되면 저항선에서 매도해야 한다. 또한, 저항선 부근에서 매수하면 수익을 많이 낼 수 없다는 것도 알 수 있다. 개미투자자는 항상 저항선을 넘어서 더 높게 갈 것이라고 착각할 때가 많다. 이런 착각에서 벗어나기 위해서도 선 긋기를 해보고, 저항선에서는 매도하는 습관을 지녀야 한다. 이때 신규 진입은 당연히 하지 않는 것이 좋다. 2번과 3번은 지지선임과 동시에 저항선이다. 지지선을 지지하지 못할 때는 손절매하는 자리가 되고, 저항선으로 작용할 때는 매도해야 하는 자리가 된다. 4번과 5번은 지지선이다. 신규 진입할 때는 지지선을 확실히 지지할 때 매수해야 수익을 크게 낼 수 있다.

:: 그림 2-4 셀트리온헬스케어 일봉 차트 ::

〈그림 2-4〉를 보면 A 박스권에서 1번은 지지선이 된다. B 박스권에서 2번은 저항선이 된다. A 박스권에서 지지선이었던 1번은 B 박스

권에서는 저항선으로 바뀐다는 것을 알 수 있다. C 박스권에서는 3번은 저항선이다. 3번 자리에서 장대양봉이 출현해 2번 저항선 부근까지 갈 거라는 생각으로 신규 매수한다면 큰 낭패를 볼 수 있다. C 박스권은 개미투자자들이 매매하기에 어려운 자리다. C 박스권에서 5번은 지지선인데, D 박스권으로 가면서 갭 하락했음을 보여준다. 갭 하락한 후 6번 자리가 저항선이 되고, 7번 자리는 지지선이 된다. D 박스권에서는 지지선이 무너지는 것을 알 수 있다. 지지선에서 주식 가격이 싸다고 추가 매수하거나, 신규 진입하는 것은 매우 위험하다. 매매할 때마다 차트에서 지지선과 저항선을 그어보는 것은 매우 중요하다. 가장 안전한 자리가 아니면 절대 신규 매수하면 안 된다는 것을 명심하자!

:: 그림 2-5 LG디스플레이 일봉 차트 ::

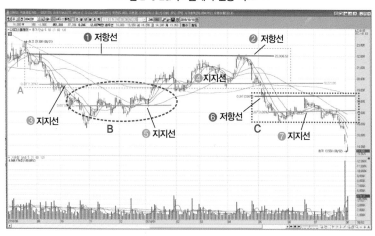

〈그림 2-5〉를 보면 A 박스권에서는 1번과 2번이 저항선이다. 그리

고 3번과 4번은 지지선이 된다. B 박스권에서는 3번은 저항선이 되며 5번이 지지선이다. B 박스권의 5번 지지선에서 매수했을 경우 3번 지지선이 저항선으로 바뀌는 것이다. 5번 지지선에서 매수하면 저항선까지는 수익을 낼 수 있다. C 박스권에서는 6번이 저항선이고 7번이 지지선이다. 저항선을 돌파하고 상승하는 경우는 분명 모멘텀이나 호재 뉴스가 있을 것이다. 때문에 뉴스도 확인하는 습관을 갖자.

:: 그림 2-6 한국가스공사 일봉 차트 ::

〈그림 2-6〉을 보면 A 박스권에서는 1번이 저항선이 되기 때문에 보유한 종목을 매도해야 한다. 2번은 지지선이 된다. 2번을 지지하지 못하면 하락하기 때문에 지지를 확인하기 전에는 절대 매수하면 안 된다. B 박스권에서는 2번 지지선이 3번 저항선으로 적용되기 때문에 3번에서는 매도해야 한다. B 박스에서는 4번이 지지선이기 때문에 B 박스권에서 매수한 후 3번 저항선에서 매도하고, C 박스권으로 넘어갈 때 4번 지지선을 지지하지 못하면 매수하면 안 된다. 이때는

보유 종목을 손절매해야 한다.

C 박스권에서는 7번이 저항선이 되고 8번이 지지선이 된다. 이렇게 모든 종목은 저항선 부근에서는 매도해야 하고 지지선 부근에서는 매수하되, 지지선이 무너질 때는 손절매해야 한다. 지지선이었던 자리는 상승할 때는 저항선으로 작용한다는 것을 기억해야 한다.

:: 그림 2-7 DB손해보험 일봉 차트 ::

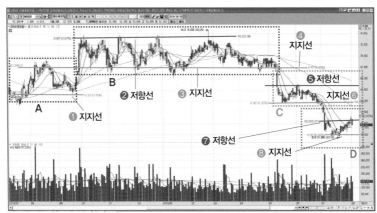

〈그림 2-7〉을 보면 A 박스권에서 1번 지지선을 잘 지지하고 상승하는 모습을 보여준다. B 박스권에서 2번은 저항선, 3번은 지지선이다. 2번 저항선에서는 매도, 3번 지지선에서는 매수해야 한다. 그리고 B 박스권에서 4번 지지선이 무너지면서 하락하는 모습을 보여준다. C 박스권에서는 5번이 저항선이고 6번이 지지선이 된다. 이후 지지선이 무너지면서 다시 D 박스권에서는 7번이 저항선이 되고 8번이 지지선이 된다.

이 차트에서는 B 박스권에서 지지와 저항을 반복하며 길게 횡보했기 때문에 박스권을 무너뜨리고 하락할 수 있음을 예측할 수 있다. 고점 박스권을 길게 횡보한 후 하락에 하락을 거듭할 가능성이 크다. 때문에 대세 폭락도 생각해봐야 한다. 평소에 지지선과 저항선을 그어보는 것을 습관화한다면 차트를 읽는 데 큰 도움이 될 것이다.

:: 그림 2-8 한국타이어 일봉 차트 ::

〈그림 2-8〉을 보면 A 박스권에서는 3번이 지지선이며, 2번은 1차 저항선이고, 1번은 2차 저항선이다. 3번 지지선에서 매수하고, 2번 저항선에서 매도한다. 저항선을 강하게 돌파한 후 1번 2차 저항선에서 매도한다. B 박스권에서는 A 박스권 3번 지지선이 4번 저항선으로 적용된다. B 박스권에서는 5번, 7번, 9번이 1차 지지선이 되고 6, 10번이 2차 지지선이 된다. B 박스권에서 1차 지지선이 무너졌으나 6번, 10번의 2차 지지선을 지지하고 다시 상승한 것을 볼 수 있다.

지지선과 저항선은 한 번에 끝날 수도 있지만 1차, 2차가 적용될 때도 있다. 1차 지지선이 무너질 때 원칙을 지키고자 손절매했는데,

며칠 후 2차 지지선을 지지한 후에 1차 지지선을 다시 지켜내면서 저항선까지 상승할 때도 있다. 때문에 이런 차트는 더욱더 유심히 봐야 한다. 주식을 하는 사람들은 이를 '개미 털기'라고도 한다.

B 박스권에서 4번 저항선을 양봉으로 터치했기 때문에 돌파할 거라는 기대감을 갖게 한다. 하지만 4개의 음봉과 함께 하락 후 잠깐 횡보, 다시 한번 하락하는 짝궁둥이 스타일로 하락했다가 다시 저항선 4번까지 상승했다. 그리고 이런 비슷한 패턴이 두 번 반복됐다. 전체 흐름으로 본다면 고점 횡보를 길게 했다고 볼 수 있다.

〈그림 2-7〉에서 고점 횡보를 길게 하면 대세 하락을 예측해야 한다고 말했다. 대세 하락은 지지선을 지지하지 못할 때가 많고, 저항선을 돌파하지 못할 가능성이 크기 때문에 공매도하기에 좋은 자리가 나올 수 있다. 왜 선을 자주 그어봐야 하는지는 여러 종목을 살펴봄으로써 깨달았을 것이다. 이를 통해 지지와 저항을 알 수 있고, 박스권 상하 구간이 좁아질수록, 그리고 저항선에 가까이 가지 못할수록 주식 가격은 하락한다는 것을 알 수 있다.

선 긋기 요점 정리

- 주식 가격이 파도처럼 오르내릴 때 모여 있는 꼭짓점을 선으로 긋는 것을 습관화해야 한다.
- 선을 자주 긋다 보면 지지와 저항을 알게 된다.
- 지지와 저항을 알게 되면 매수 시점과 매도 시점을 쉽게 알아낼 수 있다.

투자자가 신규 매수할 것인지 대주거래(하락장에서 이익을 얻으며, 한 종목의 등락만 예측하면 되는 것이 특징) 신규 매도를 할 것인지를 정한 후 매매할 종목을 고른다. 그리고 지지와 저항선을 긋는 것이 매우 중요함을 알았다. 차트에서 일명 '죽음의 계곡'이라 불리는 구간이 있는데, 이 구간에서는 절대로 추가 매수해서는 안 된다. 바닥을 알 수 없는 낭떠러지 같은 구간이기 때문이다.

주식 가격이 계속 내려갈 때 추가 매수하는 초보 투자자들이 많다. 그리고 실제로 주식을 오래 한 사람들도 주식 가격이 내려가면 '위기가 기회다'라는 생각으로 추가 매수를 하기도 한다. 하지만 위기가 기회라고 생각하면서 추가 매수했지만, 더 깊게 이중, 삼중바닥으로 기어 내려갈 때도 있다.

죽음의 계곡이라고 불리는 자리, 즉 차트에서 단기간에 폭락하는 '절대 매수 금지' 자리는 대주거래를 하기에 가장 좋은 자리다. 차트를 보면 주식 가격이 크게 상승한 후 고점에서 긴 횡보 끝에 이동평균선이 역배열로 바뀔 때 나타난다. 소설 《삼국지》를 읽어 보면 깊은 계곡으로 적군을 유인하여 입구를 봉쇄한 후 적군을 공격해 전멸시키는 내용이 나온다. 주식 차트에서도 이런 죽음의 계곡 구간에서 주식 가격이 형성되면 '절대 매수 금지'다.

죽음의 계곡에 빠지면 누구도 살아남을 수 없다. 손절매가 손절매를 부르고, 끝도 없이 하락하는 구간이기에 '절대 매수 금지' 자리다. 하지만 반대로 가장 좋은 대주거래 자리가 된다.

〈그림 2-9〉의 A 구간을 보면 길게 고점 횡보한 후 B 구간에서 이동평균선이 역배열되며 계속 하락하는 모습을 보여준다. 일명 '죽음의 계곡'이라 불리는 자리로 B 구간은 '절대 매수 금지', 즉 무조건 대주거래 신규 진입 매도 자리다. A 구간에서 고점 횡보하는 동안 아래로 공간이 활짝 열렸기 때문에 계속 하락할 수 있음을 예측할 수 있다. 고점 횡보하는 기간에 세력들은 개미투자자에게 물량을 모두 떠넘겼기 때문에 주식 가격을 더 상승시킬 필요가 없다. 때문에 주식 가격은 계속 하락하게 된다. 이런 차트의 모습을 보이는 종목은 모멘텀도 모두 죽었다고 봐야 한다. 그리고 바닥을 찍을 때까지는 계속 지켜봐야 한다. 또한 바닥을 다지고 새로운 모멘텀이나 호재가 나오지 않는 한 주식 가격이 상승하기는 어렵다.

〈그림 2-10〉을 보면 A 구간에서 길게 고점 횡보한 후 B 구간에서 이동평균선이 역배열되며 계속 하락하는 것을 보여준다. 일명 '죽음의 계곡'이라 불리는 자리로 B 구간에서는 '절대 매수 금지', 즉 무조건 대주

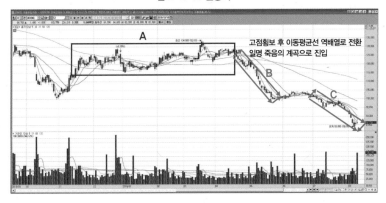

거래 신규 진입 매도 자리다. 이 차트에서 A 구간 고점에서 횡보한 기간
이 길어질수록 B 구간 죽음의 계곡이 나온 다음 횡보한 후 다시 아래
로 공간이 열려서 C 구간에서 2차 하락이 더 나온 것을 볼 수 있다.

〈그림 2-11〉을 보면 A 구간에서 고점 횡보 후 B 구간 죽음의 계
곡에 이르는 하락이 나온 후 C 구간 횡보 끝에 다시 D 구간 하락이

:: 그림 2-11 LG전자 일봉 차트 ::

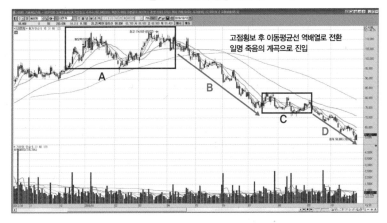

나온 모습을 보여준다. C 구간에서 바닥을 다지고 상승할 것 같았지만 모멘텀이 사라진 종목은 C 구간에서 고점이 점점 낮아지고 있음을 보여준다.

하락 차트에서 고점이 점점 낮아진다는 것은 새로운 하락을 예측할 수 있다. 반대로 상승 차트는 저점이 점점 높아지면 상승을 예측할 수 있다.

앞에서 고점에서 길게 횡보한 후 대세 하락한 종목들을 몇 개 살펴보았다. 이번에는 저점에서 길게 횡보한 후 지지선이 무너지면서 폭락하는 차트를 살펴보자. 저점에서 지지선을 지켜내지 못하는 자리도 '절대 매수 금지', 즉 가장 좋은 대주거래 신규 매도 자리다.

주식 가격이 저점에서 길게 횡보한 후 지지선이 무너지면 큰 폭락이 나올 수 있기 때문에 기존 보유자들은 빨리 손절매하지 않으면 끝없는 추락의 자리로 들어가게 된다. 저점에서 지지선이 무너지는 자리는 리스크 관리 차원에서 빨리 손절매를 하지 않으면 반 토막 계좌가 될 수 있다. 개미투자자는 이런 자리에서 큰 손실이 나기 때문에 손절매하지 못해 큰 낭패를 보기 쉽다.

〈그림 2-12〉를 보면 A 구간에서 저점에서 길게 횡보한 후에 B 구간에서 계속 하락하는 모습을 보이고 있다. 저점에서 횡보가 길어질수록 하락에 하락을 거듭함을 알 수 있다. 개미투자자는 주식이 저점에서 횡보할 때를 바닥을 다지는 것으로 착각할 때가 많다. 바닥에서

:: 그림 2-12 필룩스 일봉 차트 ::

길게 횡보하는 차트는 반드시 모멘텀이나 뉴스를 확인하고, 지지선에
서 세력들의 속임수를 정확히 읽어낼 줄 아는 실력을 길러야 한다.

〈그림 2-13〉의 한국타이어앤테크놀로지의 차트를 보면 A 구간에
서 1차 지지선을 2번 무너뜨렸지만 저항을 돌파하지 못하고, B 구간

:: 그림 2-13 한국타이어앤테크놀로지 일봉 차트 ::

에서 큰 폭락을 하고 있음을 볼 수 있다. 글로벌 타이어 업황의 부진과 함께 2019년 하반기도 실적을 개선할 가능성이 작아 한국타이어앤테크놀로지 자체적으로도 2019년 실적 눈높이를 낮췄다고 한다. 2019년 8월 2일 기존 매출 7조 4,000억 원에서 7조 원으로 낮췄고 영업이익도 7,500억 원에서 6,000억 원으로 하향 조정해 공시를 냈다. 회사 내에서도 매출액과 영업이익을 낮출 정도니, 주가가 올라갈 리가 없다. 주가가 하락할 때는 어떤 원인이 있는지 수시로 특정 종목에 대한 뉴스나 공시를 확인하는 것도 투자자로서 선을 긋는 것처럼 습관을 들여야 한다. 설상 뉴스나 공시를 확인하지 못했다 하더라도 습관처럼 선을 그어본다면 하락하는 종목은 분명히 모멘텀이 사라지고 있다는 것을 알 수 있다.

〈그림 2-14〉를 보면 A 구간 저점에서 길게 횡보한 끝에 지지선이 무너지면서 이동평균선이 역배열로 전환하여 B 구간에서 하락했다.

:: 그림 2-14 롯데지주 일봉 차트 ::

B 구간은 '절대 매수 금지', 대주거래 신규 진입 매도 자리다. C 구간에서 다시 저점을 높이면서 횡보했지만, 저점에서 길게 횡보한 후 하락하는 것으로 대세 하락을 예측할 수 있어서 C 구간에서 저점이 조금씩 높아졌다. 하지만 신규 매수는 신중해야 한다. 저점에서 지지선이 한 번 무너지기 시작하면 손절매가 손절매를 불러오는 것처럼 새로운 하락 가능성이 크기 때문에 '절대 매수 금지'다. C 구간에서 횡보 후 D 구간에서 폭락을 보여주고 있다. 이 차트에서 볼 수 있는 것처럼 A 구간과 C 구간에서 횡보하는 동안 아래로 공간이 열림으로써 주식 가격이 내려갈 공간이 확보되는 것이다. 저점에서 길게 횡보하는 차트는 하락에 하락으로 이어짐을 알 수 있다.

고점에서 길게 횡보할수록 단기적으로 큰 폭락이 나오고, 저점에서 길게 횡보해도 폭락에 폭락을 거듭한다는 것을 알게 되었다. 지지선과 저항선을 일봉 차트에서만 그어보는 것이 아니라 분봉, 주봉, 월봉, 연봉 차트에서도 그어보자. 방법은 똑같고 대처 방법도 똑같다. 일봉에서 선을 그어 지지와 저항을 알았다면 일봉 외에는 선을 그을 수 없다는 것은 말이 되지 않는다. 단타 매매를 하는 투자자도 분봉에서도 습관적으로 선을 긋고 매매하면 지지와 저항을 정확히 알 수 있다. 때문에 앞에서 배운 대로 저항선 부근에서는 수익 실현을 하고 지지선에서는 신규 매수를 하거나, 지지선이 무너질 때는 손절매나 대주거래를 하면 된다.

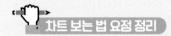

차트 보는 법 요점 정리

- 차트는 무조건 단순하게 생각하라.
- 차트는 주식시장의 언어다.
- 차트를 알아야 돈을 번다.
- 주식을 보유하고 있는 투자자의 생각이나 심리가 고스란히 나타나 있는 것이 차트다.
- 차트는 주식의 방향을 알려주는 내비게이션 역할을 한다.
- 차트를 복잡하게 생각하면 자기 함정에 빠질 수 있다.
- 복잡한 차트가 수익률을 높여주지 않는다.
- 보조지표를 사용하지 않아도 기본 차트를 정확히 이해하면 수익을 낼 수 있다.
- 단순하게 20일 이동평균선을 상향 돌파하면 매수하고, 20일 이동평균선을 하향 돌파하면 매도하라.
- 고수들은 기본 차트를 사용한다.
- 선을 그어보는 습관을 들여라.

"차트란, 주식을 보유하고 있는
투자자의 생각이나 심리가 고스란히 나타나 있는 것이다."

차트 보는
법을
익히자

이동평균선이란
무엇인가

주식 차트를 이해하기 위해서는 기본적으로 알아둘 것이 많다. 그중에서 이동평균선을 정확히 알고 있다면 일반 주식 매매나 공매도, 대주거래와 CFD 거래에 많은 도움이 된다. 그럼 이동평균선의 원리에 대해서 알아보도록 하자. 독자 여러분은 이미 이동평균선이 무엇인지 다 알고 있을 것이다. 이동평균선은 매수와 매도를 할 때 차트에서 가장 중요하게 봐야 한다.

필자는 차트를 단순하게 생각하기 때문에 기본 이동평균선인 5일, 10일, 20일, 60일, 120일선을 사용한다. 그리고 이 중에서 생명선이라고 불리는 20일 이동평균선을 굵게 표시한다. 그리고 20일 이동평균선을 기준으로 매수와 매도를 한다. 앞에서도 말했지만 차트에 정신없이 너무 많은 것을 설치하거나, 기본 차트를 변형해서 사용한다고 해서 수익을 크게 내는 것이 아님을 강조하고 또 강조하고 싶다.

1960년대 그랜빌(J. E. Granville)은 수학의 이동평균선을 주식에 도입했는데, 예측할 수 없이 움직이는 주식 가격의 평균을 산정하여 방향을 알아보기 위해서였다. 이동평균선은 일정 기간 종가의 평균을 낸 값으로 기간을 일정하게 하기 위해 하루씩 이동한 평균을 계산한다. 그럼 5일 이동평균선은 어떻게 만들어지는지 한 가지만 알아보자. 〈표 2-1〉 방식으로 5일 동안 종가를 모두 더한 후 5로 나누어 그 평균값을 구한다.

:: 표 2-1 5일 이동평균선 계산법 ::

일자	1일	2일	3일	4일	5일	6일	7일	8일	9일	1일
주식종가	10원	11원	12원	13원	14원	15원	16원	17원	18원	19원
5일 이동평균 주식 가격	(10+11+12+13+14) ÷ 5 = 12									
		(11+12+13+14+15) ÷ 5 = 13								
			(12+13+14+15+16) ÷ 5 =14							
				(13+14+15+16+17) ÷ 5 = 15						
					(14+15+16+17+18) ÷ 5 = 16					

5일자 5일 이동평균 주식 가격은 12원, 6일자 5일 이동평균 주식 가격은 13원이다. 7일자 5일 이동평균 주식 가격은 14원, 8일자 5일 이동평균 주식 가격은 15원, 9일자 5일 이동평균 주식 가격은 16원이다. 이 평균값을 선으로 이으면 5일 이동평균선이 된다.

평균값을 기준으로 이동평균선 가격 위에서 거래되었다면 수익이 나고, 이동평균선 가격 아래에서 거래되었다면 손실이 난다.

이동평균선은 과거의 평균 수치로 주가의 방향을 예측하는 데 사용된다. 때문에 그 의미를 정확하게 알면 매매 신호를 알아낼 수 있으므로 꼭 익혀두어야 한다. 이동평균선은 단기, 중기, 장기 매매 이동평균선으로 나누며 개인투자자 중에는 3, 5, 10, 20, 35, 55, 85,

100, 120, 240, 400일 등 다양한 이동평균선을 사용하고 있다.

우리나라에서는 20일, 60일, 120일 이동평균선을 주로 사용하고, 일본 주식시장에서는 25일, 75일, 200일 이동평균선을 중요하게 여긴다. 외국인들은 일반적으로 35일과 85일 이동평균선을 사용한다. 이동평균선은 자신의 매매 스타일에 맞게 설정하거나, 증권사의 기본 차트에 설정된 이동평균선을 사용해도 된다. 이동평균선은 직전 종가를 더하여 평균값을 내기 때문에 후행성이 강해서 다음 날을 예측하기에는 정확도가 떨어진다.

이동평균선의 종류

5일 이동평균선

5일 이동평균선은 직전 5일 동안의 종가를 더하여 5로 나눈 평균 가격으로 단기 매매선이라고 한다. 현재가와 가장 가깝게 움직이기 때문에 최근 주가의 흐름을 알 수 있다. 주가가 상승할 때 5일 이동평균선은 다른 이동평균선이나 중장기 이동평균선과 거리가 멀어지게 된다.

2019년 4월 4일 국회에서 첨단재생 의료법을 법사위 법안심사 제 2소위원회에 회부를 결정했었다. 하지만 국회의 문턱을 넘지 못하고 다음 회기 국회로 넘어간 일이 있었다. 첨단재생 의료법은 유전자 치료, 세포 치료 등 재생의료 분야의 임상연구에서부터 상품화까지 이르는 관리체계의 현재 규제를 일원화하고 재생의료 임상연구 활성화, 바이오의약품 신속 심사 등 불필요한 것들을 완화한다는 내용을 담고 있는 법이다.

〈그림 2-15〉는 이 법이 통과될 것이라는 희망에 줄기세포에 관련된 바이오 테마주들이 계속 상승했을 때의 차트다. 5일 이동평균선을 지지할 때는 주식의 가격이 계속 상승함을 보여준다. 테마주의 특성상 5일 이동평균선을 지지하지 못할 때는 손절매하는 것이 좋다. 갑자기 급등한 종목들은 갑자기 하락하기 때문이다.

10일 이동평균선

10일 이동평균선은 직전 10일 동안의 종가를 더하여 10으로 나눈 평균 가격이다. 5일 이동평균선과 함께 단기 매매선으로 주가의 흐름이 빠를 때는 5일과 10일 이동평균선의 거리가 멀어진다. 5일 이동평균선의 각도가 45도를 벗어나면 상승하는 경향이 있고, 눌림목에서는 10일 이동평균선과 거리가 가까워지거나 겹친다.

20일 이동평균선

20일 이동평균선은 생명선이라고도 하는데, 상승할 때는 매수 심리를 갖게 하고, 하락할 때는 매도 심리를 갖게 한다고 해서 심리선이라고도 한다. 한 달 동안 평균 거래일은 약 20일로 20일 이동평균선을 보면 주식 가격의 흐름을 파악할 수 있다. 〈그림 2-16〉을 보면 주식 가격이 20일 이동평균선 위에 있어 상승 추세를 기대할 수 있다.

:: 그림 2-16 한국전력 2018년 10월~2019년 4월 19일까지 일봉 차트 ::

20일 평균이동선

주식 가격이 20일 이동평균선 위에 있을 때는 상승 추세
20일 이동평균선 아래에 있을 때는 하락 추세

소형주들은 주식 가격이 20일 이동평균선을 지지하지 못하면 손절매하는 경우가 많다.

60일 이동평균선

3개월 동안의 평균 매매 가격으로 기업의 분기별 실적이 반영되기 때문에 60일 이동평균선은 실적선이라고도 한다. 우량주가 상승할 때 단기 이동평균선이 60일 이동평균선을 돌파한다면 상승에 대한 기대 효과를 갖게 한다. 하지만 하락할 때는 60일 이동평균선을 손절매 선으로 잡아야 한다.

〈그림 2-17〉을 보면 주식의 가격이 20일 이동평균선을 지지하면서 60일 이동평균선을 깨지 않으면 재차 상승하는 것을 볼 수 있다. 반면 20일 이동평균선이 무너지면서 60일 이동평균선을 깨면 주식 가격이 계속 하락하게 된다.

:: 그림 2-17 한국전력 2018년 7월~2019년 1월까지 일봉 차트 ::

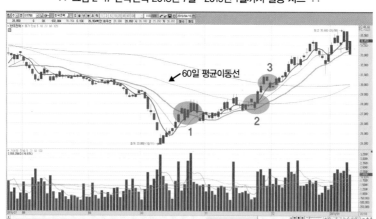

120일 이동평균선

6개월 동안 주가의 흐름을 볼 수 있는 이동평균선으로, 죽음을 넘나드는 선이라고 해서 죽음의 선이라고도 한다. 장기적인 국면에서 120일 이동평균선은 매우 중요하다.

장기투자 종목은 펀더멘털*이 강해야 한다. 주식의 가격이 120일 이동평균선 위로 돌파하게 되면 우리가 흔히 말하는 상승 랠리가 시작되는 것이다. 반대로 주식 가격이 120일 이동평균선 아래로 내려가게 되면 큰 악재가 있다고 볼 수 있다.

:: 그림 2-18 현성바이탈 2017년 7월~2017년 12월 19일까지 일봉 차트 ::

〈그림 2-18〉을 보면 이 회사는 코넥스에서 코스닥으로 이전하여 상장한 회사다. 상장 초기 100세 시대를 맞아 건강식품의 성장기였던

---

* 펀더멘탈(Fundamental): 경제성장률, 물가상승률, 실업률, 성장률, 경상수지, 보유외환, 종합재정수지 등의 거시 경제지표를 종합평가하는 것을 말한다. 펀더멘털이 좋을수록 경제는 안정적이고 고용률이 높고, 펀더멘털이 나쁘면 실업률과 물가 상승률이 높고 경제성장률이 낮다고 평가된다.

2016년 11월 7일 주식 가격은 1만 1,300원이었다. 그런데 2016년 12월 9일 한 달 만에 4,750원을 기록했다. 6개월 이상 횡보한 후 2017년 7월 기술적 반등으로 1만 300원을 기록했다. 그리고 20일, 60일, 120일 이동평균선이 차례로 무너져 내리면서, 중간에 기술적 반등이 있었지만, 하락을 지속했다. 2018년 12월 26일 상장 이후 최저가 1,620원을 기록하고 서서히 상승 중이다. 현성바이탈은 건강기능 식품뿐 아니라 균형생식환, 수소수기를 개발하여 일본에 수출하고 있다.

240일 이동평균선

1년 동안 주식 가격의 흐름을 파악하여 장기 추세를 보고 매매하는 데 도움이 된다. 주식의 가격이 240일 이동평균선 위에 있다면 주가가 대세 상승 국면으로 가고 있다고 볼 수 있다.

:: 그림 2-19 에스넷 2018년 8월~2019년 4월 19일까지 일봉 차트 ::

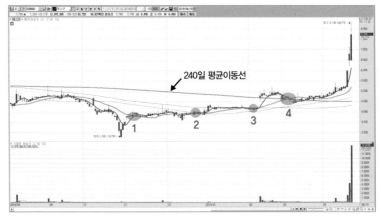

〈그림 2-19〉를 보면 환희와 기대를 나타내는 보라색으로 240일 이동평균선을 설정했다. 단기, 중장기 이동평균선들이 240일 이동평균선을 돌파하고 45도 이하 각도로 우상향한 후 90도에 가까운 각을 세우며 상승하는 모습이다. 에스넷은 사물인터넷(IOT) 관련주로 기업가치 대비 저평가된 매력적인 기업이다.

:: 그림 2—20 기아차 2017년 8월~2019년 4월 18일까지 일봉 차트 ::

〈그림 2-20〉을 보면 240일 이동평균선이 저항선이 되어 1번, 2번, 3번 돌파한 후 깊은 눌림목을 주었다. 그리고 4번째 240일 이동평균선을 돌파한 이후 우상향 상승을 지속하고 있다. 이 차트는 보기만 해도 성장성이 보인다. 그렇다면 기아차가 왜 올라가고 있는지 알아보자.

〈그림 2-20〉을 보면 삼세번이라는 말처럼 5일 이동평균선이 3번이나 240일 이동평균선을 터치했다. 깊은 이중바닥(쌍바닥)도 볼 수 있다. 쌍바닥 후 상승이 지속할 때도 있으나, 일반적으로 삼중바닥(쓰

리바닥)을 한번 깊게 찍은 후 주식은 반등한다. 4번째는 240일 이동평균선을 돌파할 뿐 아니라 지속적인 대세 상승 국면을 보여준다.

기아차는 장기 하락이 있었지만 2019년 약 2%의 성장성이 기대되었고, 노사임금 소송에서 승소했다. 또한 미국에서 신차인 SUV 텔루라이드 판매 호조가 상승을 확대하고 있다. 기아차의 해외 인도 공장의 시험생산 시작 및 판매까지 받쳐준다면 주가 상승은 계속될 것이다. 240일 이동평균선 위의 주가 가격은 그만큼 희망적이다.

:: 그림 2-21 기아차 2017년 8월~ 2019년 4월 30일까지 일봉 차트 ::

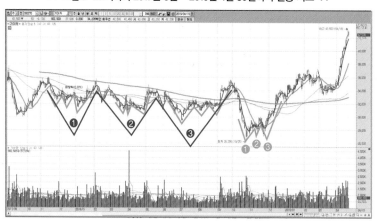

〈그림 2-21〉을 보면 큰 쌍바닥과 삼중바닥 안에 작은 삼중바닥이 있다는 것에 관심을 두고 잘 살펴봐야 한다. 전체적으로 전형적인 차트 흐름을 보여준다. 기아차 일봉 차트를 보면 240일 이동평균선 아래에서 큰 4중 바닥을 찍은 후 저항대 240일 이동평균선을 돌파하며 대세 상상하는 모습을 보여주고 있다. 5일, 10일, 60일, 120일 이동평

균선이 240일 이동평균선 위에서 실적선이라고 불리는 60일 이동평균선을 지지하고 있음을 확인할 수 있다.

:: 그림 2-22 파트론 2017년 8월~2019년 4월 18일까지 일봉 차트 ::

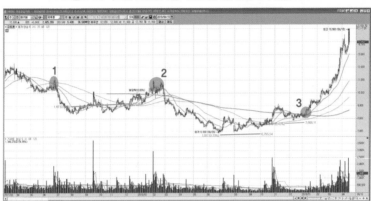

〈그림 2-22〉는 파트론 일봉 차트이다. 파트론은 2017년 3월 고점을 찍고 그해 12월까지 주가가 바닥이었다. 2018년 2월에 고점을 찍고 또 그해 9월까지 바닥이었다. 회사마다 매년 연초에는 성장성이 기대되기 때문에 주식 가격이 올라간다. 그리고 기대에 미치지 못하면 결국 하락과 횡보를 지속하다가 다시 그다음 해에 성장성을 기대하는 것을 반복한다. 그러다 회사의 성장성과 실적, 문제해결, 호재 등이 반영되면 주식의 가격은 고공행진을 한다.

파트론은 2018년 6월 29일에 최저가 6,930원을 기록했고, 2019년 4월 15일 주식 가격은 최저 주가 대비 약 97% 상승한 최고가 1만 5,000원을 기록했다.

이동평균선의
정배열과 역배열

모든 이동평균선은 저항과 지지의 역할을 하며 추세를 한눈에 볼 수 있게 한다. 단기 이동평균선은 상승하는데 위에서 장기 이동평균선이 내려오고 있으면 일반적으로 하락하는 경우가 많다. 또 이동평균선이 수렴하면서 횡보가 길어질수록 지지, 저항, 돌파 등의 추세를 강하게 보인다. 이동평균선이 특정 기간 상승하고 있다면 시장에 매수세가 강하게 반영되어 있다고 판단할 수 있다.

〈그림 2-23〉처럼 단기 이동평균선이 장기 이동평균선 위에 위치하면 정배열이라고 하고, 〈그림 2-24〉처럼 정배열과 반대로 배열되는 것을 역배열이라고 말한다.

:: 그림 2-23 정배열 패턴 ::　　　　:: 그림 2-24 역배열 패턴 ::

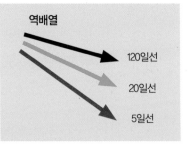

〈그림 2-25〉를 보면 A는 원래 차트이고, B는 A 차트를 거꾸로 본 것이다. 왜 차트를 군이 거꾸로 보느냐고 반문하는 사람도 있을 것이다. 그러나 이처럼 HTS 기능을 이용해 차트를 거꾸로 돌려보면 지금껏 눈으로 볼 수 없던 것들이 보인다. A 차트는 정배열 차트로 1번 자리가 가장 안전한 매수 자리고, 2번 자리는 매도 자리다.

정배열 차트에서 매도 자리인 2번 자리가 공매도에서는 가장 안전한 매도 자리가 된다. A 차트를 거꾸로 본 B 차트를 비교해보면 1번과 3번 자리가 같은 자리이고, 2번과 4번이 같은 자리다. 가장 안전한 매수 자리는 공매도에서는 빌려온 주식을 청산하는 자리가 된다. A 차트에서 매도하는 2번 자리는 공매도에서는 주식을 빌려오는 가장 안전한 매도 자리가 된다.

이동평균선은 그 원리가 너무나 단순하여 오히려 투자자가 간과하기 쉽다. 하지만 이와 같은 기본을 잘 알면 추세를 보는 눈을 기르는 데 도움이 된다.

〈그림 2-26〉을 보면 C는 원래 차트이고, D는 C 차트를 거꾸로 본 것이다. C 차트는 정배열 차트로 1번 자리가 손절매하는 자리이다. 그리고 2번 자리는 가장 안전한 매수 자리다. 정배열 차트에서 손절매하는 1번 자리가 공매도에서는 가장 안전한 매도 자리가 된다. A 차트를 거꾸로 본 D 차트를 보면 1번과 3번 자리가 같은 자리이고, 2번과 4번이 같은 자리임을 알 수 있다.

가장 안전한 매수 자리는 공매도에서는 빌려온 주식을 청산하는 자리가 된다. C 차트에서 손절매하는 1번 자리는 공매도에서는 주식을 빌려오는 가장 안전한 매도 자리가 된다.

N자형 정배열 차트

N자형 정배열 차트는 가파른 상승을 했다가 눌림목을 준 후 다시 상승을 반복하는 패턴이다. N자형 정배열 차트는 두 가지 유형이 있다.

첫째, 단기간 내에 강한 테마가 형성되면서 상승하는 종목은 눌림목 구간이 짧고 가파르게 상승한다. 둘째, 모멘텀이 강한 우량주 종목은 눌림목의 깊이가 낮고 횡보가 길다.

:: 그림 2-27 케이엠더블유 2018년 8월~2019년 5월 3일까지 일봉 차트 ::

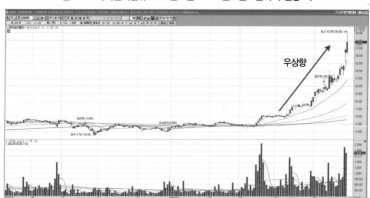

〈그림 2-27〉을 보면 주식의 가격이 상승하면서 이동평균선이 N자형 정배열 우상향하고 있는 모습이다. 각각의 이동평균선은 상승할 때는 저항선으로 작용하고, 주가가 하락할 때는 지지선의 역할을 하고 있음을 알 수 있다. 주가가 상승하면 대량 거래가 일어나는데, 저항 매물대를 돌파한 후 더 상승하지 못하면 하락한다. N자형 정배열 차트는 '상승-횡보-상승-횡보'하기를 최고점까지 반복하는 경향이 있다. 세력은 주가를 상승시킨 후 플랫폼을 만들어 수익을 실현한 개인투자자들을 털어내고 저항대가 가벼워지면 다시 상승을 시도한다. 횡보하는 동안 세력은 물량을 내놓지 않으며, 자신들의 목표까지 도달했을 때 대량으로 개인투자자에게 떠넘기려고 물량을 터뜨린다.

고점에서 대량 거래가 터지면 반드시 경각심을 가져야 한다.

:: 그림 2-28 이엠코리아 2018년 6월~2019년 1월 18일까지 일봉 차트 ::

〈그림 2-28〉의 수소차 테마 관련주인 이엠코리아의 일봉 차트를 보면 N자형 정배열 우상향하는 모습을 보인다. 캔들은 5일 이동평균선을 지지하면서 두 번의 눌림목을 주고 고점을 향해 계속 오른다. 그런데 수소차 테마주가 거품이 꺼지게 된다면 5일 이동평균선이 제일 먼저 무너지고 차례로 10일, 20일 이동평균선이 무너지게 된다. 20일 이동평균선이 무너지게 되면 일반적으로 보유 중인 주식을 전부 매도해야 한다. 이 차트는 바닥을 다진 후 급격하게 상승하는 모습을 보이는데, 테마주의 특성이 잘 나타난 차트로 볼 수 있다. 테마주는 급격한 상승 후 모멘텀이 사라지면 급격하게 하락한다. 따라서 테마주가 급등할 때 추격 매수하는 것은 매우 위험한 매매다. 그러므로 이미 급등한 후에는 오히려 공매도를 생각하는 것이 더 좋다.

골든크로스와 데드크로스
다시 생각하기

골든크로스는 단기 이동평균선이 장기 이동평균선 위로 올라갈 때를 말한다. 골든크로스가 나타나면 주식 가격의 변동성이 커지면서 거래량이 늘어나 강력한 상승장이 기대된다. 주식 가격이 저점일 때 골든크로스는 매수하기 좋은 기회가 될 수도 있다. 하지만 골든크로스가 나타난다고 반드시 주식 가격이 상승하는 것은 아니다.

:: 그림 2-29 골든크로스 ::

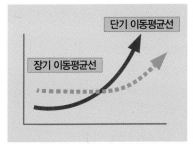

:: 그림 2-30 데드크로스 ::

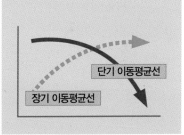

데드크로스는 단기 이동평균선이 장기 이동평균선 아래로 내려갈 때를 말한다. 데드크로스가 나타나면 주식 가격이 하락하고 있고 거래량은 줄어들고 있음을 알 수 있다. 데드크로스는 죽음의 선이라고 말할 정도로, 데드크로스가 보이면 신규 매수를 하면 안 된다.

주식 속담에 "떨어지는 칼날을 잡지 마라"는 말이 있다. 그러나 공매도에서는 데드크로스가 나타나면 신규 진입하기 좋은 기회가 될 수도 있다. 하지만 데드크로스가 나타난다고 꼭 공매도하기 좋은 것은 아니다. 강세장이냐 약세장이냐에 따라서 골든크로스와 데드크로스 분석을 잘해야 한다. 약세장에서 골든크로스가 나오면 매도해야 하는 경우도 있고, 강세장에서 데드크로스는 오히려 매수해야 하는 경우도 있다. 골든크로스와 데드크로스도 여러 가지 패턴이 있다.

첫 번째는 진짜 골든크로스로 주식 가격이 올라갈 것임을 기대하는 패턴이다. 단기 이동평균선이 장기 이동평균선 위로 급격하게 크로스하며 상승하는 모습을 보이는데, 테마주에서 나타날 때가 많다.

〈그림 2-31〉을 보면 골든크로스가 나타난 1번 자리에서 단기 이

:: 그림 2-31 인디에프 2018년 8월~2019년 5월까지 일봉 차트 ::

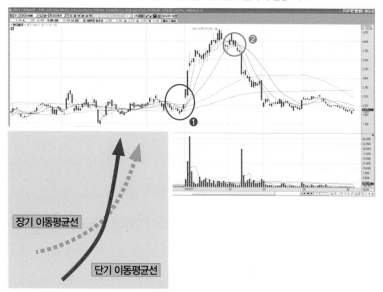

동평균선이 급격하게 장기 이동평균선 위로 올라갔고, 주식 가격은 급상승했다. 급격하게 상승한 패턴은 급격하게 내려갈 수 있다는 것을 알아야 한다. 테마주 특성상 급격하게 올라간 만큼 다시 1번 자리로 되돌아온다. 데드크로스 2번 자리는 급격하게 하락하는 것을 알 수 있다. 공매도한다면 2번 자리에서 매도하면 된다.

두 번째는 단기 이동평균선이 장기 이동평균선 위로 서서히 크로스하며 올라가는 패턴으로 대세 상승 국면에 접어든 종목에서 나타난다.

〈그림 2-32〉를 보면 단기 이동평균선이 장기 이동평균선을 서서히 크로스하다가 대세 상승 국면에 접어들면서 상승 랠리가 이어짐을 보여준다. 이렇게 서서히 상승하는 종목은 하락할 때도 서서히 하락

:: 그림 2-32 LS전선아시아 2018년 11월~2019년 7월까지 일봉 차트 ::

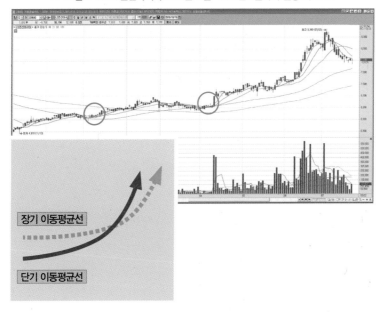

한다는 것을 짐작할 수 있다. 이때 공매도를 서두르면 낭패를 당한다.

LS전선아시아처럼 모멘텀이 좋은 종목은 잠시 하락하다가도 상승할 수 있다. LS전선아시아는 베트남 시장에서 전력케이블 부분에서 1위를 차지하며 동남아시아에서 경쟁력을 과시하고 있다. LS전선아시아의 장기 성장성을 높게 보고 LS전선과 LS전선아시아 임원들이 주식을 많이 매입했다. 실제 LS전선아시아는 현재 주력 시장인 베트남에서 고성장 중이다. 베트남에서 전력케이블 시장점유율 20.6%로 차지하고 있고, 영업이익이 지난해보다 14% 증가하여 사상 최대 실적을 기록했다. 베트남 경제 발전과 도시화로 수요가 증가하여 향후 성장 가능성은 밝다. 베트남 현지에 공장을 완공했으며, 그 공장에서 현재 생산량을 3배 이상 늘릴 계획임을 밝혔다.

세 번째는 속임수 골든크로스다. 세력들은 개미들을 속이기 위해서 골든크로스를 형성하고 개미들을 끌어들이려고 한다. 주식 가격을 상승시키기 위해서 세력은 많은 돈을 써야 하기 때문에 이때 속임수 골든크로스를 형성한다. 속임수 골든크로스는 단기 이동평균선이 장기 이동평균선을 크로스하는 모습을 보이지만, 이동평균선의 각도가 완만하다. 테마주에서 이동평균선의 각도는 가파르지만, 속임수 골든크로스는 각도가 완만한 것이 특징이다.

〈그림 2-33〉을 보면 SK케미칼은 1번 자리에서 마치 상승할 것처럼 속임수 골든크로스가 나타났다 하락했다. 2번 자리에서 또다시

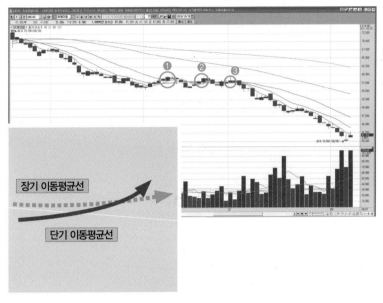

상승할 것처럼 보이다 하락했다. 그리고 3번 자리에서도 양봉이 나오고 진짜 골든크로스처럼 윗꼬리까지 달았다. 주식에 투자하는 사람들에게는 삼세번이라는 말이 있다. 즉 세 번째는 돌파할 것이라는 심리적인 요인으로 매수세가 나오게 된다. 하지만 3번 자리에서는 저항을 돌파하지 못하고 하락했다.

저항을 돌파하지 못하고 데드크로스가 나타났기 때문에 이 종목을 보유 중인 투자자는 손절매해야 한다. 그러나 공매도는 상승 기법의 반대이므로, 공매도 참여자는 신규 매도를 할 수 있다. 이 차트는 공매도 기법에서 고점이 낮아지는 헤드앤드숄더(삼산)형 패턴이다.

네 번째는 장기 이동평균선이 하락하고 있는데, 단기 이동평균선이 돌파할 것처럼 보이는 속임수 골든크로스 패턴이다. 즉 장기 이동평균선에 단기 이동평균선이 살짝 돌파했다가 하락하고, 다시 살짝 돌파했다가 하락하는 패턴으로 대세 하락 국면으로 치달을 수 있다. 때문에 이런 속임수 골든크로스에 속지 말아야 한다. 진짜 골든크로스가 나타날 때는 단기 이동평균선이 장기 이동평균선을 크로스한다. 그리고 정배열 우상향할 때 장기 이동평균선도 단기 이동평균선 아래에서 받쳐주면서 나란히 상승한다.

:: 그림 2-34 SK이노베이션 2018년 9월~2019년 7월까지 일봉 차트 ::

〈그림 2-34〉를 보면 속임수 골든크로스 1번 자리에서 장기 이동평균선을 돌파한 것처럼 보였다. 하지만 하락하고 2번 자리에서 속임수 골든크로스가 나타났지만, 1번 자리보다 2번 자리에서 더 많이 하락했음을 볼 수 있다.

　〈그림 2-35〉를 보면 1번 자리에 데드크로스가 나타나면서 주식 가격이 지속적으로 하락하고 있음을 보여준다. 2019년 기관과 외국 인투자자들은 LG디스플레이를 공매도했다. 기관과 외국인투자자들이 LG디스플레이를 왜 공매도했을까? 생각해보자. 1번 자리에서 기관과 외국인투자자들이 공매도했을 때 데드크로스가 나타나면 공매도할 수 있는 자리라고 보면 된다.

　데드크로스가 나타나면 캔들이 20일 이동평균선 아래에 위치하고, 20일 이동평균선이 위로 장기 이동평균선을 머리에 이고 있는 모습을 보인다. 캔들 머리 위로 20kg, 60kg, 120kg, 240kg 등의 무거운 짐을 이고 있는데, 이것을 뚫고 올라가려면 엄청난 힘이 필요할 것이다. 데드크로스가 나타날 때는 세력들이 개미들에게 물량을 다 떠넘기고 나가는 손절매 자리다. 그러므로 무거운 장기 이동평균선을 돌파해줄 세력이 없다고 생각하면 된다.

LG디스플레이는 LCD 판매가 85%를 차지하는 회사다. LCD 가격
이 계속 올라야 돈을 번다. 그런데 중국에서 LCD를 과잉 공급하는
바람에 LG디스플레이의 주식 가격이 계속 하락했다. 그리고 기관과
외국인투자자들도 이러한 사실을 알기에 향후 주식 가격이 계속 내
려갈 것을 예상하고 공매도를 한 것이다.

:: 그림 2-36 LG디스플레이 2017년 12~2019년 4월 10일까지 일봉 차트 ::

〈그림 2-36〉을 보면 1번 동그라미에서 데드크로스가 나타나면
서 상승할 것이라는 예상을 뒤엎고 계속 하락했다. 그리고 죽음의
선인 120일 이동평균선을 넘어가지 못하고 있다. 2018년 10월 30일
1만 5,600이라는 최저가를 기록하면서 골든크로스 2번 자리에서 정
배열 우상향한다. 데드크로스 3번 자리는 손절매해야 하는 자리다.
골든크로스 4번 자리는 신규 매수하게 되는 심리가 조성된다. 공매
도한 사람이라면 2번과 3번 자리에 골든크로스가 나타나면 빌려온
주식을 갚아야 한다.

LG디스플레이는 중국발 LCD 공격에 2018년 상반기까지 326억 원의 적자를 내는 등 급격한 경영 악화로 비상경영 체제를 선포했다. 그리고 LG디스플레이의 생산직까지 포함한 2,000여 명의 직원이 희망퇴직을 했다. 앞으로도 중국의 과잉 공급으로 인해 근본적인 문제가 해결되기는 어려운 상황이라고 한다. 그렇기 때문에 LG디스플레이는 확실히 차별화된 경쟁력을 갖춰야 할 것이다.

이동평균선 요점 정리

- 고수는 기본 이동평균선을 사용한다.
- 생명선인 20일 이동평균선을 기준으로 매수와 매도를 한다.
- 단기 이동평균선이 장기 이동평균선 위에 위치하면 정배열이라고 한다.
- 장기 이동평균선이 단기 이동평균선 위에 위치하면 역배열이라고 한다.
- 이동평균선이 정배열 우상향일 때 상승한다. 반대로 공매도 투자자는 빌려온 주식을 갚아야 한다.
- 이동평균선이 역배열 우하향할 때 하락한다. 반대로 공매도 투자자는 주식을 빌려올 수 있다.
- 단기 이동평균선이 장기 이동평균선을 크로스해서 상승할 때를 골든크로스라고 한다.
- 장기 이동평균선이 단기 이동평균선을 크로스해서 하락할 때를 데드크로스라고 한다.
- 속임수 골든크로스는 더 큰 하락을 불러올 수 있다.

04

3가지 핵심:
지지, 저항, 돌파

차트에서
가장 중요한 개념

주식 차트를 분석할 때 지지, 저항, 돌파를 정확하게 이해하는 것이 매우 중요하다. 이를 모르면 주식 매매를 할 수 없고, 상승 기법과 반대인 공매도도 할 수 없다. 저항선과 지지선 부근을 오르락내리락하는 것을 횡보 또는 박스권이라고 한다. 고점에서 횡보가 길면 하락할 가능성이 크고, 공매도할 좋은 자리가 만들어진다. 저항선을 돌파하면 상승 랠리가 이어지고 지지선을 지켜내지 못하면 하락한다. 하지만 공매도는 주로 지지선이 무너질 때 안전한 신규 진입 자리가 나온다.

지지선

지지선은 주식 가격의 저점들을 연결한 선으로 차트상에서 대형주나 소형주 모두 강한 지지선이 무너지게 되면 대부분이 폭락한다. 그 이유는 투자자들의 불안 심리로 손절매 물량이 엄청나게 쏟아져 나오기 때문이다. 특히 고점에서 횡보가 길어질수록 하락 폭이 더 크다. 따라서 지지가 깨지면 무조건 매도해야 한다. 우량주도 지지가 무너지면 20~30% 이상 하락하는 경우도 있으므로 리스크 관리 차원에서 무조건 매도한다. 꼭 매수하고 싶으면 기다렸다가 다시 상승할 때 비싸게 매수하는 것이 좋다. 하락할 때는 어디까지 하락할지 개인투자자는 정확히 알 수가 없다. 어느 종목은 수직으로 떨어지기도 하고, 어느 종목은 야금야금 오르락내리락하면서 떨어지기도 한다. 그런데 하락이 멈추고 반등 신호가 나오기 전까지는 아무리 주식 가격이 싸도 매수하면 안 된다.

주식 매매를 하다 보면 손절매는 항상 하게 되어 있지만, 손절매하지 않을 종목을 매수하는 게 가장 좋다. 하지만 시장이 폭락한다든지 돌발 사태로 인한 변수가 생겨 지지선이 맥없이 무너지는 경우도 생긴다. 그러므로 주식에서 손절매하지 않으면 살아남을 수 없고, 손절매를 하지 못하는 사람이라면 주식투자를 하지 말라고 권하고 싶다. 주식을 매수할 때 손절매 가격을 생각하고 진입해야 하며, 손절매 가격이 오면 뒤도 돌아보지 말고 칼같이 매도해서 현금을 확보해야 한다. 그리고 기회가 다시 왔을 때 매수하면 된다.

한샘은 인테리어 가구 및 부엌가구 제조와 유통 사업을 하고 있는 기업으로 현재 업계 1위다. 100여 개의 대리점을 갖고 있으나 최

근 국내 인테리어 업황이 침체기에 빠져 있는 데다가 해외 매출 부진
으로 신규 사업을 추진 중이다. 〈그림 2-37〉을 보면 지지선이 무너질
때마다 주가는 더욱 하락하고 있다. 지지선은 상승할 때 저항선이 되
고, 저항선을 돌파하지 못하면 다시 하락한다. 그리고 또 지지선이 무
너지면 하락한다.

:: 그림 2-37 한샘 2018년 3월~2018년 9월 7일까지 일봉 차트 ::

:: 그림 2-38 한샘 2017년 11월~2019년 2월 13일까지 일봉 차트 ::

〈그림 2-38〉의 한샘 일봉 차트를 보면 2018년 10월 30일 4만 7,150원으로 최저가를 기록하고 다시 우상향 정배열로 상승하고 있다. 현재 우리나라는 주택 거래량과 재건축이 현저히 줄어들고 있고, 노후주택은 늘어나는 상황이다. 이로 인해 주택 리모델링의 수요가 증가하고 있다. 때문에 한샘의 신규 사업인 주택 패키지 리모델링 전문 브랜드인 한샘 리하우스가 혜택을 볼 것인지 지켜볼 만하다.

:: 그림 2-39 오리온 2018년 3월~2019년 4월 2일까지 일봉 차트 ::

오리온은 사드 배치로 인한 중국 시장 부진에 어닝쇼크로 이어져 하락을 지속하고 있다. 기업가치 상승으로 인해 주가가 오르는 경우가 많아 기업분할도 했고, 액면분할까지 단행했다. 하지만 오리온은 실적 부진과 고평가 논란이 일며 주식 가격이 다시 올라가는 데는 힘겨운 상태다. 정보가 빠른 기관들은 지지선이 무너질 때 공매도했다면 큰 수익을 챙겼을 것이다. 이런 점으로 미루어 보아 공매도가 들어오는 종목은 사업 전망이나 실적 부진의 요인이 있다는 것을 알 수 있다.

개인투자자에게까지 고급 정보가 들어가지는 않는다. 만약 현재 내가 어떤 정보를 알고 있다면 그 정보는 이미 모든 사람이 알고 있다고 생각하는 것이 맞다. 그래서 개미는 당할 수밖에 없고, 항상 주식시장에서 지는 게임만 하게 되는 것이다. 공매도는 개미의 안일한 생각을 환기하는 역할을 하기 때문에 공매도가 들어오거나 대차잔고(투자자가 증권회사로부터 주식을 빌린 후 아직 상환하지 않은 물량)가 늘어나는 종목은 신중하게 대응해야 한다.

:: 그림 2-40 롯데케미칼 2017년 12월~2017년 10월 10일까지 일봉 차트 ::

〈그림 2-40〉의 롯데케미칼 일봉 차트를 보면 2017년 3월 2일 최고점 47만 5,000원 대비 거의 반 토막 난 52주의 신저가인 25만 3,500원을 기록했고, 부진이 지속되는 상태다.

무슨 일이 있었을까?

롯데케미칼은 우량주인데도 불구하고 주식 가격이 지속적으로 하락했다. 중·미 무역전쟁과 유가 상승에 의한 실적 악화 때문이다.

미국에서 대량 화학설비 증설로 공급 과잉도 원인이 되었다. 롯데케미칼은 중국 수요가 늘어나야 실적도 올라갈 것이다. 하지만 우량주가 거의 반 토막 났다고 무조건 사는 것도 매우 위험할 수 있다. 그러므로 앞으로의 화학 업계 업황을 잘 관찰할 필요가 있다.

이런 우량주가 짧은 기간에 거의 반 토막이 났을 때 기관과 외국인투자자는 무엇을 하고 있었을까? 이를 위해 롯데케미칼의 공매도 추이를 한번 알아보자. 이에 대해서는 증권사에서 제공하는 종목별 공매도 추이에서 확인할 수 있다.

2018년 4월 11일 단기 이동평균선이 중기 이동평균선을 무너뜨리면서 주가는 계속 하락했다. 2018년 4월 공매도 비율이 증가하기 시작했고, 대차잔고가 늘어났다.

:: 그림 2-41 롯데케미칼 2018년 4월 20일~5월 15일까지 공매도 추이 ::

일자	종가	대비	등락율	거래량	누적공매도량	매수비중%	공매도거래대금	공매도평균가
18/05/15	379,500 ▼ 15,000	-3.80	133,781	245,178	12.16	6,213,704	381,888
18/05/14	394,500 ▲ 7,500	+1.94	95,075	228,907	16.11	6,046,608	394,842
18/05/11	387,000 ▲ 4,000	+1.04	84,894	213,593	19.42	6,375,232	386,729
18/05/10	383,000 ▼ 6,000	-1.54	116,434	197,108	9.24	4,133,702	384,173
18/05/09	389,000 ▲ 3,000	+0.78	85,771	186,348	14.74	4,891,244	386,935
18/05/08	386,000 ▲ 1,000	+0.26	151,670	173,707	19.75	11,510,946	384,262
18/05/04	385,000 ▼ 21,000	-5.17	163,487	143,751	5.99	3,832,422	391,383
18/05/03	406,000 ▲ 6,000	+1.50	135,438	133,959	21.56	11,969,502	409,872
18/05/02	400,000 ▼ 14,000	-3.38	121,493	104,756	24.91	12,177,986	402,325
18/04/30	414,000 ▲ 9,500	+2.35	56,218	74,487	16.10	3,737,816	412,927
18/04/27	404,500 ▼ 6,500	-1.58	73,068	65,435	14.08	4,194,150	407,555
18/04/26	411,000 ▲ 8,000	+1.99	84,234	55,144	12.41	4,278,482	409,385
18/04/25	403,000 ▼ 3,500	-0.86	98,599	44,693	16.30	6,402,818	398,408
18/04/24	406,500 ▲ 4,500	+1.12	63,324	28,622	7.82	2,010,374	405,726
18/04/23	402,000 ▼ 7,000	-1.71	81,632	23,667	15.56	5,132,156	404,011
18/04/20	409,000 ▲ 7,500	+1.87	76,200	10,964	14.39	4,475,241	408,176

〈그림 2-41〉은 롯데케미칼의 공매도 추이다. 공매도 비율이 10%가 넘어가면 주가는 많이 하락하게 된다. 그런데 롯데케미칼은 4월 20일부터 계속해서 공매도 비중이 두 자리 숫자를 기록하며 거래 대금도 늘어나고 있음을 볼 수 있다.

:: 그림 2-42 롯데케미칼 2018년 11월 27일~12월 18일까지 공매도 추이 ::

일자	종가	대비	등락률	거래량	누적공매도량	매매비중%	공매도거래대금	공매도평균가
18/12/18	268,500 ▼ 6,000		-2.19	91,743	1,951,845	2.76	686,984	271,106
18/12/17	274,500 ▲ 2,500		+0.92	56,727	1,949,311	3.44	533,274	273,194
18/12/14	272,000 ▼ 1,500		-0.55	79,873	1,947,359	3.38	734,605	271,874
18/12/13	273,500 ▲ 6,500		+2.43	156,157	1,944,657	1.55	659,268	272,875
18/12/12	267,000 ▲ 1,500		+0.56	112,257	1,942,241	0.53	159,456	266,649
18/12/11	265,500 ▼ 500		-0.19	87,222	1,941,643	4.03	937,070	266,364
18/12/10	266,000 ▼ 12,500		-4.49	188,927	1,938,125	7.24	3,655,336	267,301
18/12/07	278,500 ▼ 1,000		-0.36	63,322	1,924,450	6.87	1,215,073	279,135
18/12/06	279,500		0	129,819	1,920,097	5.28	1,923,588	280,652
18/12/05	279,500 ▼ 6,000		-2.10	125,804	1,913,243	2.19	770,888	279,712
18/12/04	285,500 ▼ 3,000		-1.04	118,190	1,910,487	4.64	1,568,634	286,195
18/12/03	288,500 ▲ 16,000		+5.87	367,898	1,905,006	0.51	541,219	289,887
18/11/30	272,500 ▼ 3,000		-1.09	171,723	1,903,139	3.38	1,584,422	272,612
18/11/29	275,500 ▼ 500		-0.18	163,571	1,897,327	1.00	456,451	278,834
18/11/28	276,000 ▼ 11,000		-3.83	242,287	1,895,690	7.21	4,828,775	276,499
18/11/27	287,000 ▼ 4,500		-1.54	90,608	1,878,226	3.87	1,005,236	286,473

〈그림 2-42〉는 2018년 11~12월까지의 롯데케미칼 공매도 추이다. 2018년 11월 말부터는 공매도 비중이 한 자리 숫자다. 하락하던 주식 가격이 상승하면서 공매도 거래가 줄었고, 바닥을 다지는 모습을 보였다. 그러다 2019년 2월 19일 주식 가격이 33만 6,000원을 기록했다. 그리고 다시 〈그림 2-43〉을 보면 공매도 비중이 두 자리 숫자로 늘어난다. 주가는 물론 하락했다.

:: 그림 2-43 롯데케미칼 2018년 2월 26일~3월 19일까지 공매도 추이 ::

[0142] 종목별 공매도추이 - 종목별 공매도추이

종목별공매도추이 | 기간별공매도순위

011170 ▾ 🔍 🛄 롯데케미칼   ○시작일 ◉기간 2018/04/20 ▣ - 2019/04/20 ▣ +단위: 천원 조회 다음

+당일자료는 18시 30분 이후에 제공. +평균가는 공매도평균가(원) +누적공매도량: 설정기간의 공매도량 합산데이터

일자	종가	대비	등락율	거래량	누적공매도량	매매비중%	공매도거래대금	공매도평균가
19/03/19	293,500 ▼ 2,500	-0.84	95,560	2,716,686	7.36	2,073,166	294,819
19/03/18	296,000 ▲ 1,000	+0.34	115,407	2,709,654	8.24	2,811,798	295,761
19/03/15	295,000 ▲ 2,500	+0.85	155,163	2,700,147	9.08	4,156,636	294,985
19/03/14	292,500 ▲ 4,500	+1.56	204,605	2,686,056	7.79	4,650,728	291,966
19/03/13	288,000 ▼ 3,000	-1.03	121,992	2,670,127	15.85	5,541,536	286,681
19/03/12	291,000 ▲ 2,000	+0.69	112,464	2,650,797	12.05	3,931,620	290,028
19/03/11	289,000 ▼ 2,500	-0.86	172,958	2,637,241	18.39	9,113,828	286,499
19/03/08	291,500 ▼ 2,500	-0.85	147,853	2,605,430	17.81	7,716,821	293,025
19/03/07	294,000 ▼ 16,000	-5.16	265,132	2,579,095	9.36	7,365,946	296,822
19/03/06	310,000 ▼ 500	-0.16	102,208	2,554,279	16.67	5,268,696	309,141
19/03/05	310,500 ▼ 2,500	-0.80	111,189	2,537,236	16.83	5,822,996	311,240
19/03/04	313,000 ▼ 6,000	-1.88	175,519	2,518,527	19.28	10,675,900	315,426
19/02/28	319,000 ▼ 10,500	-3.19	197,732	2,484,681	11.81	7,511,308	321,725
19/02/27	329,500 ▲ 500	+0.15	58,758	2,461,334	21.78	4,194,288	327,781
19/02/26	329,000 ▲ 1,500	+0.46	99,725	2,448,538	17.96	5,856,828	327,014
19/02/25	327,500 ▼ 3,000	-0.91	142,446	2,430,628	18.92	8,880,812	329,492

:: 그림 2-44 롯데케미칼 2018년 3월 29일~4월 19일까지 공매도 추이 ::

[0142] 종목별 공매도추이 - 종목별 공매도추이

종목별공매도추이 | 기간별공매도순위

011170 ▾ 🔍 🛄 롯데케미칼   ○시작일 ◉기간 2019/01/20 ▣ - 2019/04/20 ▣ +단위: 천원 조회 다음

+당일자료는 18시 30분 이후에 제공. +평균가는 공매도평균가(원) +누적공매도량: 설정기간의 공매도량 합산데이터

일자	종가	대비	등락율	거래량	누적공매도량	매매비중%	공매도거래대금	공매도평균가
19/04/19	282,000	0	112,927	962,460	12.06	3,835,718	281,562
19/04/18	282,000 ▼ 5,000	-1.74	202,570	948,837	2.61	1,498,782	283,689
19/04/17	287,000 ▼ 7,000	-2.38	205,456	943,554	5.43	3,208,895	287,638
19/04/16	294,000 ▼ 6,500	-2.16	125,463	932,398	6.53	2,421,592	295,713
19/04/15	300,500 ▼ 4,000	-1.31	128,121	924,209	9.65	3,750,840	303,221
19/04/12	304,500 ▲ 3,500	+1.16	147,939	911,839	11.37	5,126,700	304,907
19/04/11	301,000 ▲ 5,500	+1.86	143,797	895,025	16.83	7,265,404	300,198
19/04/10	295,500 ▼ 3,000	-1.01	121,223	870,823	9.09	3,241,367	294,108
19/04/09	298,500 ▼ 500	-0.17	76,991	859,802	7.45	1,718,143	299,589
19/04/08	299,000 ▼ 3,500	-1.16	127,902	854,067	9.64	3,701,702	300,268
19/04/05	302,500 ▼ 4,000	-1.31	104,878	841,739	14.16	4,475,865	301,446
19/04/04	306,500 ▼ 1,000	-0.33	102,677	826,891	13.87	4,374,220	302,114
19/04/03	307,500 ▲ 6,500	+2.16	142,642	812,648	7.08	3,089,586	306,021
19/04/02	301,000	0	106,550	802,552	9.27	2,965,310	300,315
19/04/01	301,000 ▲ 10,500	+3.61	290,584	792,678	13.44	11,776,438	301,550
19/03/29	290,500 ▲ 9,000	+3.20	247,435	753,625	25.76	18,320,080	287,401

롯데케미칼은 2019년 2월 25일 240일 이동평균선을 살짝 돌파 상승 후에 다시 주식 가격이 하락하기 시작는데, 〈그림 2-44〉를 보면 바닥에서 오르락내리락하면서 공매도 비중도 늘었다 줄었다 하고 있다. 롯데케미칼에 신규 진입하기는 이르다는 생각을 할 수 있다.

앞에서 한샘, 오리온, 롯데케미칼 등의 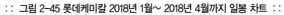차트를 통해서 공매도가 들어온 회사는 당시 분명히 악재가 있었다는 것을 증명한다. 만약 공매도가 이루어지지 않았다고 한다면 개인투자자는 고급 정보를 접할 수 없기 때문에 휩소(whipsaw)*가 일어나도 알지 못한다. 그리고 싼 주식에 매력을 느끼며 위기가 기회라는 생각으로 신규 진입할 수 있다. 하지만 정말 신중하고 신중해야 한다.

:: 그림 2-45 롯데케미칼 2018년 1월~ 2018년 4월까지 일봉 차트 ::

---

* 휩소(whipsaw 좁고 긴 톱): 휩소는 기술적 분석에서 추세선을 돌파하거나 붕괴하는 경우 발생하는 현상으로 기술적 지표들을 속이면서 돌발적으로 나타나는 변화. 즉 기술적 분석의 기준을 벗어나는 경우이기 때문에 기술적 분석도 절대적인 것은 아니다.

〈그림 2-45〉는 롯데케미칼 휩소 차트로 좁고 긴 톱 모양같이 생겼다고 해서 붙여진 이름이다.

:: 그림 2-46 농심 2018년 4월~2018년 11월 6일까지 일봉 차트 ::

박스권에서 지지가 깨지면
폭락하는 차트

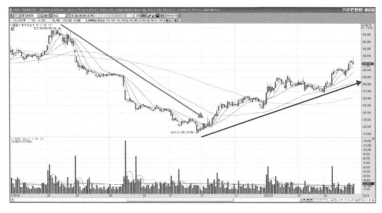

:: 그림 2-47 농심 2018년 4월~2019년 3월 29일까지 일봉 차트 ::

〈그림 2-46〉은 박스권에서 지지가 깨지고 폭락하는 차트 유형이다. 농심은 환율 하락 수혜 종목으로, 라면을 제조 및 판매하기 때문

에 라면의 원료인 밀가루의 수입 원가가 낮아야 한다. 국제 곡물과 팜유(다른 식물성 유지와 달리 불포화 지방산 함량이 낮아 라면, 과자, 식용유를 만드는 데 쓰임) 가격 변동에 따라 원재료 가격에 영향을 많이 미친다. 농심은 라면시장 점유율이 56%로 높았지만, 경쟁사들의 신제품 영향으로 점유율이 감소하는 추세. 농심도 경쟁에서 이기기 위해 지속적인 신제품 개발과 새로운 라면을 출시하는 중이다.

〈그림 2-47〉을 보면 2018년 10월 30일 21만 1,500원으로 저점을 기록한 후 우상향하는 모습을 보인다. 개인투자자가 상승 요인은 정확히 알지 못해도 차트를 통해 기업의 가치나 실적, 사업 전망 등이 녹아 있는 것을 알 수 있다. 농심 차트는 저항선에 대해 이야기할 때 다시 살펴보도록 하자.

저항선

저항선은 주식 가격의 고점을 연결한 선으로 주식 가격이 어느 정도 상승하면 거래량이 증가하게 되지만, 저항 매물대에 막혀 더는 상승하지 못한다. 이를 저항이라고 한다. 특히 주가가 일정 기간 동안 박스권을 유지하고 있을 때 그 사이 단기 파동의 고가를 연결한 선으로,

그 부분에는 잠재적인 매도세가 대기해 있는 것으로 본다. 그 선을

돌파해서 주가가 상승했을 때는 박스권을 돌파했다고 말한다.

:: 그림 2-48 농심 2018년 4월~2019년 3월 29일까지 일봉 차트 ::

:: 그림 2-49 농심 1999년~2019년 1월까지 월봉 차트 ::

〈그림 2-48〉을 보면 2018년 10월 30일 저점 이후 20일 이동평균

선을 타고 우상향하는 모습이다. 일봉에서는 주식 가격이 높지만, 〈그

림 2-49)의 농심 월봉 차트를 보면 그리 높지 않음을 알 수 있다.

그렇다면 농심의 주식 가격이 우상향한 이유는 무엇일까? 농심은 2018년 라면 가격을 인상하겠다고 발표했다. 농심 라면을 대체할 수 있는 상품이 있다면 농심은 경쟁력을 잃고 주식 가격은 계속 하락해야 한다. 하지만 다른 라면들도 가격이 오른다면 이야기가 달라진다. 모든 라면회사가 판매 가격을 10% 올린다면 소비자 입장에서는 기호에 맞는 기존의 라면을 선택할 확률이 높다. 라면 값이 100원에서 110원으로 10% 올랐다고 해도 소비자에게는 그리 크게 와 닿지 않는다. 하지만 1억 원 하는 아파트가 10% 올라서 1억 1,000만 원이 된다면 상승률은 똑같이 10%지만, 소비자가 느끼는 차이의 강도는 크게 다르다. 라면류 같은 상품은 비탄력 소비재라고 한다. 인간의 기본적인 의식주에 관한 상품으로, 가격이 조금 상승하더라도 소비의 변화가 적다.

저항선을 돌파하면 상승 랠리가 시작되기도 하지만 저항선을 돌파하지 못하면 주식 가격은 하락하게 되어 있다. 개인투자자들은 저항선에서 항상 더 상승할 것이라는 기대감에 부풀어서 고점에서 세력이 던진 물량을 받아 기회비용을 잃을 수 있다. 최고점을 찍은 종목들은 모멘텀이 사라지면 세력은 저항선을 돌파하기 위해 돈을 쓰지 않는다. 저항선에서 수익이 난 투자자는 수익을 챙겨야 하며, 손실이 난 투자자는 손절매해야 한다.

돌파선

주식 가격이 고점 가격대에서 캔들이 밀집되면 강한 저항이 생기게 된다. 강한 저항을 돌파하지 못하면 주식 가격이 하락하게 되고, 저항선을 돌파하게 되면 엄청난 매수 거래 대금이 증가하면서 상승할 것을 기대할 수 있다. 주식 가격이 전고점을 넘었다는 것은 저항선이 지지선이 되며 돌파로 인한 지지력이 강해졌음을 보여준다.

:: 그림 2-50 한글과컴퓨터 2018년 5월~2019년 3월 15일까지 일봉 차트 ::

〈그림 2-50〉을 보면 현재 이동평균선이 바닥을 지지하고 강한 저항선을 돌파하려고 한다.

　　〈그림 2-51〉을 보면 저항을 돌파할 것이라는 기대했지만, 강한 저항을 돌파하지 못하고 하락했다. 이때 개인투자자는 반드시 지지선 가까운 곳에서 매수해야 하고, 저항선 가까운 곳에서는 매수하면 안 된다. 저항선 가까운 곳에서 매수하게 되면 기대수익이 너무 적기 때문에 수익을 극대화하는 안전한 매수 자리라고 할 수 없다.

　　한글과컴퓨터는 한컴오피스를 판매하는 한글개발 소프트웨어 기업으로, 총 36개의 계열회사를 갖고 있다. 이 회사는 매출과 영업이익은 증가했으나 관련사 처분 손익으로 당기순이익이 감소했다. 긴 하락 끝에 실적도 좋아지고 있어서 상승을 시도하지만, 주가는 박스권에 갇혀 있다. 하지만 2019년 4월 19일 장대양봉이 출현한 모습에서 지지선을 지키고 있어 좋은 흐름이다.

〈그림 2-52〉를 보면 주식 가격이 하락하다 일정 기간 박스권을 유지한다. 그러나 결국 저항을 돌파하지 못하고 지지선이 깨지면서 크게 하락하는 모습이다. 2018년 한한령* 피해 관련 종목에 들어갔었기 때문에 지속적인 하락을 보였다.

아모레퍼시픽은 설화수, 헤라, 아이오페, 이니스프리, 에뛰드 등 대한민국 여성들이 좋아하는 대표적인 화장품회사다. 그 외 데일리 뷰티 제품 등도 아모레퍼시픽을 통해 공급되고 있다. 아모레퍼시픽은 전년 대비 영업실적과 당기순이익 그리고 매출액 등이 좋아지고 있다. 2019년 들어서면서 한한령 해지와 중국과의 관계가 회복되면서 주가도 조금씩 반등하고 있다.

---

* 한한령(한류 금지령): 한국의 사드 배치에 불만을 품은 중국 정부가 내린 한류 금지령을 말한다. 한국 문화 산업인 한국 연예인 중국 방송 출연 금지, 드라마 방영 금지뿐만 아니라 한국산 제품 통관 불허, 클래식 공연 취소, 한국 단체관광 제한 등으로 대응했다.

〈그림 2-53〉의 대한유화 일봉 차트를 보면 박스권을 유지하다 저항선을 돌파하지 못하고 결국 지지선이 무너지면서 하락하는 모습을 보여주고 있다. 대한유화는 우량주다. 그러나 우량주라 하더라도 저항선을 돌파하지 못하고 지지선이 무너지면 엄청나게 폭락한다는 것을 알 수 있다. 장기이동평균선이 대세 하락하는 모습까지 보여주고 있다. 또한 저점에서 저항선을 돌파하지 못하고 지지선이 무너질 때는 투매가 나오기 때문에 더 하락한다. 대한유화는 유가 하락 수혜 관련주로서 차트가 지속 하락한다면 국제 유가가 지속 상승하고 있다는 것을 짐작할 수 있다. 생산원가가 올라가면 회사는 수익금이 줄어들기 때문에 주식 가격이 상승하기란 쉽지 않을 수 있다.

〈그림 2-54〉의 포스코 일봉 차트를 보면 주식 가격이 박스권을 형성하다 저항선을 돌파하지 못하고 아래로 흐르며 지지선이 무너지면서 저점을 기록한다. 다시 상승해보지만, 저항선을 돌파하지 못하고 다시 흐르는 모습을 보인다. 2019년 1월 3일 저점 23만 500원을 기록하면서 이동평균선이 수렴하는 중이다. 포스코는 저평가된 철강업종으로 꾸준한 실적을 내는 우량기업이지만 2018년 대비 2019년 영업실적 하락으로 신규 진입은 이르다고 볼 수 있다.

〈그림 2-55〉의 KB금융 일봉 차트를 보면 주식 가격이 오르락내리락하면서 계속 하락하는 모습이다. 2018년 4월 25일 최고점 6만 1,400원을 기록했다가 2018년 3월 28일 최저점 4만 650원을 기록했다. KB금융의 주식 가격은 2018년 최고점 대비 39% 하락했다. 하지만 KB금융의 영업이익은 2018년 대비 5.1% 성장했고, 영업이익은 4조 2,194억 원으로 사상 최대 이익을 냈다. 그럼에도 주식 가격은

계속 하락했다.

KB금융은 실적 때문에 주가가 하락했다고 보기는 힘든데, 그렇다면 진짜 이유는 무엇일까? 주가는 실적에 비례한다고 생각하는 개인투자자들은 주식의 가격이 싸다고 무조건 덤볐다가는 큰코다칠 수 있다. 차트가 기업가치를 선행한다면, 주식 가격이 계속 내리고 있는 것을 의심해야 한다.

2018~2019년 사이에 외국인투자자들은 우리가 알고 있는 이름 있는 지주금융사들의 주식을 대거 팔았다. 그중 KB금융의 주식 6,000억 원어치를 팔았다. 그런데 이상한 것은 그 물량은 적지 않은 금액인데, 돈이 샘솟는 듯 개인투자자들이 다 받았다고 한다. 그렇다면 외국인들은 영업이익이 성장한 KB금융 주식을 왜, 무슨 이유로 팔아치웠을까? 그 이유를 알아보자.

첫째, 지속되는 영업점 폐점으로 인한 대규모 희망퇴직자들에게 지급한 비용이 8,600억 원으로 일회성 비용부담이 생겼다. 희망퇴직자 총 3,020명의 퇴직금 비용으로 연간 2,000여억 원의 비용 절감이 예상된다. 하지만 은행에서 가장 높은 비중을 차지하는 급여 비용은 언제부터 하락할 것이며, 언제 반영될지가 관건이다.

둘째, 2017년 우리나라에 인터넷 은행이 출발했다. K은행, 카카오뱅크(한국카카오은행) 등은 기존의 제1금융권 은행과는 달리 저이율 대출 상품과 고이율 예·적금 상품을 출시했다. 기존의 제1금융권 최대 수익은 대출 이자가 대부분을 차지했는데, 고이율 대출 이자와 저이율 예·적금 상품을 판매함으로써 영업이익이 성장한 것이다. 인터넷 은행과의 경쟁을 위해서는 향후 저이율 대출 상품, 고이율 예·적금 상품을 출시해야 하므로 향후 실적 하락이 예상된다고 한다.

KB금융이 인터넷 K은행의 지분을 10% 보유 중이지만, 지분을 더 늘릴 수 없는 상황이다. 그리고 해외 실적도 두드러지게 보여주는 것이 없는 상태이며, 희망퇴직으로 인한 고용 문제로 은행 노조의 재파업 가능성도 크다.

앞으로 KB금융의 주식 가격이 상승하려면 몇 가지 이유가 있어야 한다. 인터넷 은행과 계속 경쟁해야 하고, 블록체인*도 타 금융사와 발맞추어 도입해야 할 것이다. 또한 KB금융의 주요 계열사들의 운영사항 또한 세밀하게 분석해봐야 한다.

---

* 블록체인: 은행과 같은 중개업체가 없이 P2P* 거래로 이루어지는 것
* P2P(person to person): P2P란, 개인과 개인이 또는 단말기와 단말기의 정보데이터 교환을 말한다고 한다.

KB금융뿐만 아니라 다른 지주 금융회사의 차트도 KB금융 차트와 유사한 모습이다. 인터넷 은행이 현재보다 더 성장할 것이라는 전망에 1금융권 은행은 블록체인의 도입뿐만 아니라 거래비용, 거래 속도 등이 월등히 개선되며 지금의 모습과는 다르게 진화할 것이라고 한다. 하나은행은 인터넷 전문은행 진출 가능성도 있다고 하니 앞으로 인터넷 은행이 기존 은행의 근간을 흔들지는 않겠지만, 어쩔 수 없는 경쟁이 시작되고 있다고 봐야 한다.

:: 그림 2-56 휠라코리아 2017년 9월~2018년 5월 18일까지 일봉 차트 ::

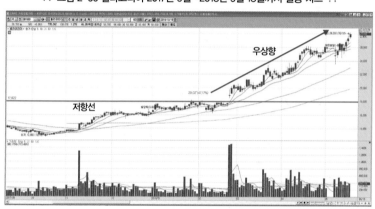

〈그림 2-56〉의 휠라코리아 일봉 차트를 보면 강한 저항선을 돌파한 후 시세 분출이 되면서 우상향하는 모습이다. 강한 저항선을 돌파한다는 것은 대세 국면으로 상승을 예고한다. 개인투자자들은 강한 저항선을 돌파하는 종목을 주시하며 어떤 모멘텀이 있는지 확인하고 투자한다면 좋을 것이다.

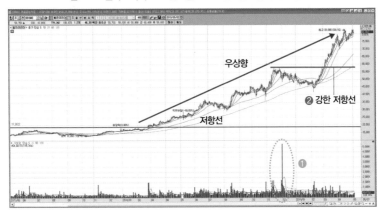

〈그림 2-57〉의 휠라코리아 차트를 보면 주식 가격이 저항선을 돌파한 이후 꾸준히 우상향하는 모습이다. 휠라코리아가 저항을 돌파하고 지속 상승하고 있는 이유는 무엇일까? 휠라코리아는 2016년 12월 7일 최저점인 1만 2,240원을 기록하고 2017년 5월부터 주식 가격이 조금씩 상승을 타기 시작했다. 우리가 알고 있는 중년 브랜드 의류회사로 크게 변화를 볼 수 없었던 휠라코리아의 주식 가격이 2018년 1년 동안 거의 4배 상승했다. 그 이유는 실적이 뒷받침되었기 때문이다.

〈그림 2-58〉의 휠라코리아 재무제표를 보면 매년 매출액과 영업이익이 늘어나고 있다. 스포츠의류로 널리 알려진 휠라코리아는 2011년 영업이익이 550억 원이었지만 2016년 400억 원 적자로 큰 위기를 겪었다. 하지만 중년층이 아닌 10~20대들을 겨냥한 의류, 신발 등을 출시하면서 성공을 거두게 된다. 또 여러 회사와의 콜라보를 통해 새로운 휠라 제품들을 선보이면서 계속해서 매출액과 영

IFRS(연결)	Annual				Net Quarter			
	2016/12	2017/12	2018/12	2019/12(E)	2018/09	2018/12	2019/03	2019/06(E)
매출액	9,671	25,303	29,546	34,685	7,259	7,617	8,346	
영업이익	118	2,175	3,571	4,704	739	826	1,158	
당기순이익	3,111	1,081	2,100	3,471	453	39	962	
지배주주순이익	3,233	624	1,435	2,626	404	-7	703	
비지배주주순이익	-122	457	665		49	46	259	
자산총계	33,849	30,789	33,043	37,499	32,300	33,043	36,635	
부채총계	20,828	18,446	17,978	19,066	17,422	17,978	20,573	
자본총계	13,022	12,343	15,065	18,434	14,878	15,065	16,062	
지배주주지분	8,576	7,990	9,917	12,515	9,812	9,917	10,708	
비지배주주지분	4,446	4,353	5,148	5,919	5,066	5,148	5,354	
자본금	570	611	611	610	611	611	611	
부채비율	159.95	149.44	119.34	103.43	117.10	119.34	128.08	
유보율	1,403.50	1,207.35	1,522.64		1,505.44	1,522.64	1,652.10	
영업이익률	1.22	8.59	12.09	13.56	10.18	10.84	13.88	
지배주주순이익률	33.43	2.47	4.86	7.57	5.57	-0.09	8.42	
ROA	14.26	3.35	6.58	9.84	5.49	0.47	11.05	
ROE	48.35	7.53	16.03	23.41	16.70	-0.29	27.26	
EPS (원)	5,684	1,030	2,349	4,297	661	-12	1,150	
BPS (원)	15,035	13,074	16,226	20,478	16,054	16,226	17,521	
DPS (원)	50	50	50	50		50		
PER	2.48	15.85	22.78	13.75				
PBR	0.94	1.25	3.30	2.89	2.80	3.30	4.45	
발행주식수	57,040	61,115	61,115		61,115	61,115	61,115	
배당수익률	0.35	0.31	0.09			0.09		

업이익이 증가하게 되는 회사로 변화했다. 역사적인 신고가는 저항 매물대가 없기 때문에 큰 시세를 보여줄 수 있다. 신고가 기록 후 2018년 11월 30일 하락하며 1번과 같이 고점에서 거래량이 터졌고, 하락을 예고했다. 하지만 2019년 2월 13일 120일 이동평균선을 터 치하는 의미 있는 양봉이 나온 후 3월 6일 두 번의 강한 저항선을 돌파한 후 더 높이 상승하는 모습을 보인다.

〈그림 2-59〉의 파트론 일봉 차트를 보면 강한 저항대를 돌파한 후 우상향하는 모습을 보여주고 있다. 파트론은 삼성전자에 스마트폰 카메라 모듈 등을 납품하는 회사로 삼성 스마트폰 '갤럭시' 시리즈 카메라 최대 수혜 관련주다. 하지만 매출 대부분이 삼성전자 납품에 의존한다는 것이 단점이다. 최근에는 광마우스와 지문인식 모듈, 전장용 모듈 등으로 제품 다각화를 꾀하고 있다.

〈그림 2-60〉의 메지온 차트를 보면 강한 저항선을 돌파한 후 정배열 우상향하는 모습을 보여주고 있다. 메지온은 글로벌 신약 전문 기업으로 의약품을 제조하고 판매하는 회사다. 전립선암 치료제, 치매치료제 관련 테마주이며, 발기부전과 전립선 비대증에 관한 치료제를 개발 진행 중이라고 한다. 이처럼 박스권을 유지하다가 강한 저항선을 돌파하게 되면 강력한 시세를 주는 경우가 많음을 사례로 직접 확인할 수 있다.

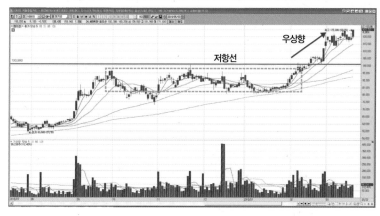

제약업종들은 연말이 다가오면 배당을 받기 때문에 쇼트 커버링
이 일어나는 현상에 의해 주가가 반등하기도 하고 모멘텀이 살아나
면 주가가 크게 반등하는 특성이 있다.

:: 그림 2-61 메지온 재무제표 매출액과 영업이익 ::

IFRS(연결)	Annual				Net Quarter			
	2016/12	2017/12	2018/12	2019/12(E)	2018/06	2018/09	2018/12	2019/03(E)
매출액	88	56	191		45	48	49	
영업이익	-72	-168	-219		-81	-49	-57	
당기순이익	-130	-149	-189		-79	-45	-36	
지배주주순이익	-130	-149	-189		-79	-45	-36	
비지배주주순이익	0	0	0		0	0	0	
자산총계	959	740	751		683	778	751	
부채총계	431	209	177		211	213	177	
자본총계	528	532	573		472	564	573	
지배주주지분	528	532	573		472	564	573	
비지배주주지분	0	0	0		0	0	0	
자본금	41	42	43		43	43	43	
부채비율	81.60	39.25	30.95		44.70	37.76	30.95	
유보율	1,606.93	1,383.47	1,255.28		1,197.51	1,263.33	1,255.28	

〈그림 2-61〉의 2019년 4월 30일 기준 메지온의 재무제표를 보면

매출 감소, 영업이익 적자 폭도 커지고 있다. 하지만 부채비율 양호,
유보율, 유동성은 좋은 편이다. 최근 전립선 비대증 치료제 임상 2상
완료, 선천성 심장병 수술 방법인 폰탄수술환자 치료제는 임상 3상
진행 중에 있다. 바이오주들 특성상 잘 오르지 않는 경향이 있으므
로 철저한 투자 분석이 필요하다.

:: 그림 2-62 효성 2018년 5월~2019년 3월 18일까지 일봉 차트 ::

〈그림 2-62〉의 효성 일봉 차트를 보면 저항선을 뚫은 후 상승을
이어가는 모습을 확인할 수 있다. 효성은 2018년 6월 지주사로 전환
했다. 효성티앤씨는 섬유 및 무역 부분, 효성중공업은 중공업과 건설
부문, 효성첨단소재는 산업자재 부문, 효성화학은 화학 부문을 담당
하며 4개의 신설 회사로 분할했다. 국내외 40여 개 계열사는 신설 회
사의 사업 연관성에 따라 신설 회사로 주식을 승계하고 나머지는 효
성에 존속된다. 효성은 기업설명회도 실시하고, 투명경영을 강화하기
위해 2018년 7월 투명경영위원회를 신설하는 등 지주회사로 변모한

후 주가가 오르고 있다. 튼튼한 실적을 토대로 수소차, 탄소섬유 등 신사업에 대한 기대도 높아지고 있다.

앞에서 우리는 지지, 저항, 돌파에 관한 중요한 내용을 살펴봤다. 주식 가격이 지지선 아래로 돌파하면 그 지지선은 저항선으로 바뀌고, 주식 가격이 저항선 위로 돌파하면 저항선이 다시 지지선이 된다는 것을 알았다. 그럼 이제 앞에서 공부한 것과는 다른 유형의 지지와 저항을 알아보자.

:: 그림 2-63 NHN 2018년 4월~2019년 3월 18일까지 일봉 차트 ::

〈그림 2-63〉의 NHN 일봉 차트를 보면 게임 업황의 장기적인 하락 추세로 2018년 10월 30일 최저점 4만 1,500원을 기록했다. 그리고 강한 저항을 돌파하고 현재 계속 정배열 우상향하고 있다. 최저점에서 5개월 동안 주식 가격이 8만 9,800원으로 200% 상승했다.

2019년 4월 NHN엔터테인먼트에서 NHN으로 회사 이름을 바꿨다. 한게임과 네이버는 합병과 인적 분할로 인해 게임 부문을 맡게 되었다. 그리고 NHN은 게임뿐 아니라 핀테크, 콘텐츠 등으로 다각화된 사업 형태를 보이고 있다.

:: 그림 2-64 KT 2018년 5월~2019년 4월 22일까지 일봉 차트 ::

〈그림 2-64〉의 KT 일봉 차트를 보면 주식 가격이 특정 이동평균선을 넘나들면서 저항선을 돌파하지 못하고 다시 내려온다. 그리고 저점을 찍고 다시 올라가지만 저항선을 돌파하지 못하고 내려오는 것을 반복하는 모습을 보이고 있다.

주식 가격이 우상향할 때는 강한 저항대마다 매물을 소화하고 상승한다. 매물을 소화할 때 횡보하거나 20일 이동평균선 아래까지 주식 가격이 하락한다. 우상향 추세가 시작되면 일정 기간 상승하고 고점을 찍었다 싶으면 주식은 다시 지지선을 찍고 일정 기간 하락한다.

우량주들은 우상향할 때 20일 이동평균선을 지지한다는 개인투자자들의 생각을 깨고 KT는 60일과 120일 이동평균선을 넘나들었다. 이러한 점으로 미루어 보아 세력들은 개인투자자들의 심리를 잘 알고 있다고 볼 수 있다. 그러므로 개인투자자들은 차트에서 지지와 저항을 잘 알고 해석할 수 있어야 하지만, 무조건 맹신해서는 안 된다. 기본을 중요하게 생각하되 예외가 있을 수 있다는 것이다. 특히 주식에서 100%라는 것은 없다고 생각해야 한다.

세력들이 주식 가격을 아무리 흔들어도 올라갈 종목들은 올라간다. 주식 가격은 일반적으로 이동평균선을 크게 벗어나지 않는 성질이 있기 때문이다.

:: 그림 2-65 쏠리드 2018년 5월~2019년 4월 29일까지 일봉 차트 ::

〈그림 2-65〉의 쏠리드 일봉 차트를 보면 상승 삼각형이 만들어지는 과정이다. 강한 매물대를 돌파하지 못하면서 지지선 가격이 점점 우상향하고 있다. 1번 동그라미는 상승 삼각형이 만들어지는 과정에

서 저항선을 돌파하지 못하고 하락하고 있다. 2번 동그라미는 4개월 정도에 걸쳐서 3,500원의 저항대를 돌파해 시세가 분출되며 우상향하고 있다.

:: 그림 2-66 삼성바이오로직스 2017년 5월~20117년 11월 16일까지 일봉 차트 ::

〈그림 2-66〉을 보면 30만 원의 강한 저항선을 돌파하고 주식 가격이 상승하고 있다. 저항선을 돌파하기 전에 지지선이 점점 상승하면서 저항선과 만나 상승 삼각형을 형성한다. 이렇게 저점이 점점 올라가는 차트는 저항선을 돌파할 때 강한 상승이 나온다는 것을 알 수 있다.

저항선을 돌파하는 차트는 박스권 안에서 움직인다. 그리고 저항선을 돌파하는 의미 있는 양봉들이 나온다. 그리고 강한 저항일수록 돌파 후 저항선이 강한 지지선으로 바뀌면서 크게 상승한다. 삼성바이오로직스는 이러한 설명을 뒷받침해주는 대표적인 모습을 보여주고 있다.

지지, 저항, 돌파 요점 정리

- 지지선은 주식 가격의 저점을 연결한 선이다.
- 저항선은 주식 가격의 고점을 연결한 선이다.
- 돌파는 두 가지가 있는데 저항선 위로 돌파하면 주식 가격이 급등하고, 지지선 아래로 돌파하면 주식 가격이 폭락한다.
- 주식 가격이 상승 추세일 때는 지지선에서 매수하고, 저항선에서 매도한다. 저항선을 돌파하고 시세가 분출되면 좀 더 높은 가격에 주식을 매도할 수 있다.
- 주식 가격이 하락 추세일 때는 일반 매매를 한 경우는 지지선에서 매도하고, 대주거래를 하면 지지선이 무너질 때 매도 주문을 시도해볼 수 있다.
- 지지, 저항, 돌파는 추세 전환을 하는 자리이므로 매수, 매도, 손절매할 기회가 된다.
- 장기간 지지를 다진 것은 상승 가능성이 크며, 지지선 저점이 점점 높아지는 것이 더 좋다.

데이짱의 한마디

대형주와 중 · 소형주의 저항선과 지지선에서 목표가 정하기

:: 대형주 매수 자리와 목표가 매도 자리 ::

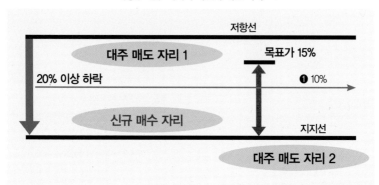

* 기준: 거래소 시가총액 150위 이상, 코스닥 시가총액 100위 이상

왼쪽 〈대형주 매수 자리와 목표가 매도 자리〉 그림을 보면 대주 매도 자리 1은 저항선을 돌파하지 못했기 때문에 보유자는 수익 실현을 해야 하고, 대주거래 신규 매도 자리다. 대주 매도 자리 1에서 20% 이상 하락했을 경우 지지선을 20~30일 이상 지지하며 위로 공간이 열린 후 신규 매수 진입했다면 목표가는 15% 정도로 잡는 것이 좋다. ①번 10% 선에서 매수하면 5% 정도의 수익을 내거나, 수익을 낼 수 없을 수도 있어서 신규 매수를 하지 않는 것이 좋다. 지지선을 지지하지 못했을 때는 대주 매도 자리 2에서 매도하면 된다. 대주 매도 자리 2는 손절매하는 자리다.

오른쪽 〈중 · 소형주 매수 자리와 목표가 매도 자리〉 그림을 보면 대주 매도 자리 1은 저항선을 돌파하지 못했기 때문에 보유자는 수익을 실현해야 하고, 대주거래 신규 매도 자리다. 대주 매도 자리 1에서 30% 이상 하락했을 경우 지지선을 20~30일 정도 지지하며 위로 공간이 열린 후 신규 매수 진입을 했다면 목표가는 20% 정도로 잡는 것이 좋다. ②번 10% 선에서는 매수해도 10% 정도의 수익을 얻거나, 수익을 낼 수 없을 수도 있어서 신규 매수를 하지 않는 것이 좋다. 지지선을 지지하지 못했을 때는 대

:: 중·소형주 매수 자리와 목표가 매도 자리 ::

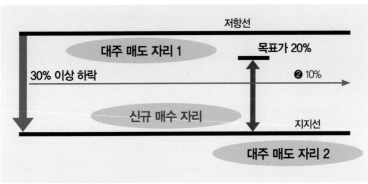

저항선

대주 매도 자리 1

목표가 20%

30% 이상 하락

❷ 10%

신규 매수 자리

지지선

대주 매도 자리 2

* 기준: 거래소 시가총액 150위 이하, 코스닥 시가총액 100위 이하

주 매도 자리 2에서 매도하면 된다. 대주 매도 자리 2는 보유자가 손절매하는 자리다. 투자자가 신규 매수할 것인지 대주거래 신규 매도를 할 것인지를 정한 후에 매매할 종목을 고른다. 그리고 반드시 지지와 저항선을 그어보는 것이 매우 중요하다. 차트에서 일명 '죽음의 계곡'이라 불리는 구간이 있는데, 이 구간에서는 절대로 매수해서는 안 된다. 바닥을 알 수 없는 낭떠러지 같은 구간이기 때문이다.

죽음의 계곡이라 불리는 자리는 차트상에서 단기간에 큰 폭락이 나올 수 있는 곳이다. 따라서 절대 매수해서는 안 된다. 반대로 말하면 이 자리가 대주거래나 공매도하기 가장 좋은 자리가 될 수 있다. 주식 가격이 크게 상승한 후 고점에서 긴 횡보 끝에 이동평균선이 역배열로 바뀔 때 나타나는데, 손절매가 손절매를 부르고 끝도 없이 하락하는 구간이기 때문에 '절대 매수 금지' 자리이다. 하지만 반대로 가장 좋은 대주 거래 자리가 된다.

모멘텀(Momentum)

모멘텀이란 탄력, 가속도가 가던 방향에서 다른 방향으로 전환하려는 힘을 말한다. 사회나 정치적인 의미에서 모멘텀은 어떤 일을 추진하는 과정에서 일의 성공 여부를 논할 때 무엇이 얼마만큼 추진력으로 작용했는지 또는 가속도를 붙게 한 원인은 무엇이었는지를 설명할 때 사용하기도 한다.

주식투자에 있어서 모멘텀은 주가가 상승을 지속하더라도 모멘티이 약하면 주식 가격의 하락을 예상할 수 있으며, 주식 가격이 하락하고 있더라도 모멘텀이 강하면 주가의 상승을 예상할 수 있다. 특정 주식의 가격이 크게 상승했다면 그 상승을 이끌어낸 원인이 얼마만큼 작용했는지에 대한 다양한 재료를 모멘텀이라고 말한다. 반대로 주식 가격이 크게 하락하면 하락으로 추세를 전환하게 한 재료도 모멘텀이라고 한다. 주식투자를 하다 보면 흔히 이런 말을 많이 한다. "한국 증시는 외국인이 모멘텀 역할을 하는 경우가 많아졌다." 또는 "세계 증시, 모멘텀 투자가 강하다." "모멘텀이 살아나고 있다."

그럼 모멘텀 지표가 무엇인지 알아보자.

모멘텀은 주식 가격을 움직일 수 있는 자극제다. 잘 가던 주식이 갑자기 어느 날 급락이나 급등할 때가 있다. 그때 개인투자자들은 급락하게 되면 '무슨 일이지?' 하고 뉴스나 공시 내용을 본다. 당시 악재 공시냐 호재 공시냐에 따라서 주식 가격이 요동을 치고, 그에 따라 주식 가격은 가던 방향에서 반대 방향으로 추세 전환을 한다. 전환 후에는 가던 방향으로 가려는 관성 때문에 새로운 모멘텀이 살아날 때까지는 시간이 걸린다.

다양한 뉴스나 공시는 그날의 주식 가격을 크게 변동시키는 기준이 되기도 한다. 전통적 주식투자 방식은 기업의 실적이나 역량을 바탕으로 투자한다. 반면 모멘텀 투자는 애널리스트들의 투자 의견이 주식시장의 모멘텀이 되기도 하고, 시장의 힘 있는 흐름에 따라 강한 모멘텀이 작용하기도 한다.

모든 공시나 뉴스가 호재라거나, 악재로 판명할 수는 없다. 같은 뉴스라고 해도 상황에 따라서 호재가 되기도 하고 악재가 되기도 한다. 사상 최대 실적이라는 뉴스가 나왔는데도 잘 가던 주식 가격이 하락하기도 한다. 실적이 선반영되면 주식 가격은 최대치에 이를 수 있다. 그러나 실적 발표라는 호재성 재료가 사라지면서 주식 가격은 아래로 하락한다.

"주식 매매를 하다 보면 손절매는 항상 하게 되어 있다.
손절매하지 않을 종목을 매수하는 게 가장 좋다."

데이짱의 필승 공매도 투자

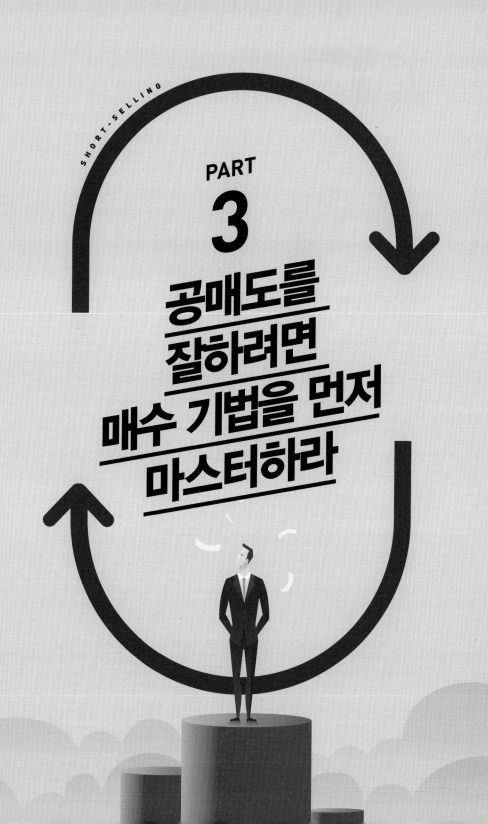

SHORT-SELLING

PART

3

공매도를
잘하려면
매수 기법을 먼저
마스터하라

주식 가격이 상승하든 하락하든 기관과 외국인투자자만 돈을 버는 경우가 있다. 그것은 바로 기관과 외국인투자자는 공매도를 하기 때문이다. 일반 개미투자자들도 공매도를 배우면 주식 수익을 안정적으로 낼 수 있다. 참고로 필자는 10년 전부터 공매도(대주)로 매매해왔고 공매도 기법으로 수익을 많이 내고 있다. 개인도 공매도로 충분히 수익을 낼 수 있다는 사실을 개미투자자들도 알아야 한다. 삼성증권 공매도 사건 이후로 정부에서 개인에게도 공매도의 길을 넓혀준다면서 공매도를 할 수 있는 종목을 확대할 예정이라고 한다. 공매도를 잘하기 위해서는 매수 자리를 정확히 알아야 한다. 매수를 잘하면 자신이 만족할 때 매도하여 수익을 실현하면 된다. 마찬가지로 공매도도 매도를 잘하면 수익 실현이 따르게 된다. 공매도는 항상 상승의 반대로 생각해야 한다.

도대체 기법, 기법 하는데 그 기법이라는 것을 어떻게 공부해야 하는지 막연할 것이다. 주식 책이나 유튜브, 증권 방송에서 설명한 주식 관련 지식은 많다. 그런데 주식 매매는 구체적으로 어떻게 공부해야 하는지는 알려주지 않는다. 골프를 잘하려면 드라이버, 아이언, 퍼터 등 세 가지 분야 모두를 잘해야 좋은 점수가 나온다. 그러나 주식은 완전히 다르다. 골프처럼 세 가지를 다 잘할 필요가 없다.

일반 개미투자자는 주식을 골프처럼 생각하고 드라이버, 아이언, 퍼터 등 세 가지 모두를 잘하려고 하기 때문에 수익을 내기 어려운 것이다. 골프공을 넣는 홀이 있는 그린 가까이에서 60m 남았을 때 힘 조절이 가장 어렵다. 그러나 일반 아마추어가 60m 거리에서 수없이 연습하고 수없이 공을 쳐본다면 60m 거리 보내기는 타이거 우즈보다 더 잘할 것이다. 타이거 우즈는 세 가지를 모두 연습해야 하지만, 60m 한 가지만 연습한 사람은 60m에서는 제일 정확하게 공을 날릴 수 있다. 주식으로 크게 성공해 매스컴에 나오는 사람들은 주식 매매법 중 특정한 기법을 깊이 공부하고 그것을 반복했기에 크게 수익을 내는 데 성공한 것이다. 예를 들면, 가치가 저평가된 종목에 장기투자하기, 상한가 기법, 신고가 매매 기법 등만 선택해서 매매한 것이다.

지금 주식을 어떻게 공부하고, 어떻게 매매하고 있는지 스스로 생각해보라. 매매 원칙은 있는지, 자신만의 특정한 기법을 활용해서 하고 있는지, 지금까지 매매 결과는 어떤지, 기초 지식을 익힌 후 소액으로 시작했는지, 아니면 무모하게 증권계좌에 돈을 입금하고 주변에서 알려주는 종목들을 사고팔고 있는지, 테마주를 매매했다가 물려 있는지 등 자신을 돌아보고 잘못된 방식의 매매법을 과감하게 버리자. 제대로 된 매매 방식을 배워 새로운 마음으로 시작하기를 권한다.

누구든지 특정 기법을 활용해 소액의 투자금으로 실전투자를 하다 보면 처음에는 시행착오를 겪을 수는 있다. 하지만 반복해서 많은 매매를 하다 보면 특정 기법에 대한 경험이 쌓여서 수익을 거두는 성공률이 높아진다. 주식 매매에 관한 공부는 어떻게 하는지 알았는데, 그럼 그 특정 기법을 어떻게 배우는지 알고 싶을 것이다. 수익을 잘 내는 사람을 벤치마킹하면 시간이 절약되고 수익을 내는 기법을 배울 수 있다. 여러 가지 상승 기법을 익힌 후 그중 세 가지 이상의 특정 기법을 자신의 기법으로 만든다. 그리고 이 중에서 한 가지 기법이라도 정확히 터득한다면 상승하는 종목을 잘 고를 수 있다. 뿐만 아니라 지속적으로 수익금을 챙길 수 있을 것이다.

데이짱의
필승 매수기법

안전 그물망을
활용한 매수 기법

앞에서 굳이 누구나 알고 있을 법한 이동평균선, 지지, 저항, 돌파 등을 설명한 데에는 이유가 있다. 공매도를 배우기에 앞서 공매도 기법으로 투자를 잘하려면 반드시 매수를 잘하는 투자자가 되어야 하기 때문이다. 공매도의 기법과 매수는 서로 연결되어 있을 수밖에 없다. 지금부터 설명할 내용은 앞장의 기초를 토대로 어떻게 매수하는가에 대해 알아보려고 한다.

유명한 서커스단 공연을 한 번쯤 구경하거나 TV에서 시청했을 것이다. 서커스단 곡예사들은 아슬아슬하고 위험하지만, 멋진 공연을 하기까지는 연습을 무한반복했을 것이다. 그런데 그 연습을 어떻게 했을까? 한번 상상해보자.

서커스 단원들의 연습장에는 안전 그물망이 설치되어 있고, 이 그물망을 믿고 곡예사는 몇 번이고 새로운 시도해보지 않았을까? 그물망을 믿을수록 곡예사들은 더 큰 위험을 감수하며 멋진 공연을 할 행복한 상상을 하면서 연습했을 것이다. 곡예사 개개인의 자신감과 그들이 감수하는 위험이 모여 무대에서 공연하는 곡예사들의 묘기는 관객들에게 훨씬 더 큰 감동을 준다.

건물을 지을 때 안전 그물망을 설치하는 이유는 모두가 알고 있는 것처럼 위험을 방지하기 위해서다. 주식에서도 이동평균선이 3개 이상 밀집되어 있을 때 밀집된 이동평균선이 튼튼한 안전 그물망 역할을 함으로써 주식 가격이 내려가지 않는 경향이 있다. 주식시장은 많은 변수가 작용하는데, 기술적인 이동평균선 분석에만 의지한다면 개인투자자들은 세력이 의도적으로 주식 가격을 조작하려고 만든 골든크로스, 데드크로스 등의 함정에 빠지게 될 수도 있다. 어떻게 대응해야 안전한 자리에서 매수할 수 있는지, 이동평균선을 활용해서 안전 그물망 매수 시점을 알아보자.

안전 그물망 매수 기법

안전 그물망 매수 자리란 무엇일까? 대부분 투자자는 안전하게 매수하고 좋은 수익으로 결과를 내고 싶어 한다. 직장인이나 전업투자자나 주식 매매를 하는 사람에게는 가장 안전한 자리가 바로 안전 그물망 매수 자리다. 매수를 잘했을 경우에는 투자자가 자유로운 가격에 매도할 수 있다는 장점이 있다. 너무 상승한 종목을 사게 되면 불안해서 수익을 많이 내지 못하거나, 잘못 진입하면 손실이 발생하기도 한다. 안전 그물망 자리는 주식을 사놓고 자주 보지 못하는 투자자가 하루에 한 번만 매수한 종목의 흐름 정도를 파악하고 매도 시점이 오면 매도할 수 있다. 때문에 직장인에게 강력하게 추천하는 기법이기도 하다.

안전 그물망 자리를 필자는 '강남 나이트'라고 부른다. 지역마다 나이트가 있지만, 물도 좋고 부킹도 잘 되는 나이트를 사람들은 좋아한다. 기법을 기억하기 쉽게 하려고 만든 단어이며, 이를 알아두면 충분한 수익을 가져다줄 것이다.

전업투자자로 생활하는 동안 하루에 일봉 차트만 약 3,000번을 봤다. 1개월이면 약 6만 번 이상 본 것이고, 20년이면 약 1억 5,000번 이상 본 것이다. 반복적으로 일봉 차트를 많이 보았더니 가장 매수하기 좋은 자리가 보였다. 그리고 안전 그물망 매수 자리에서 매수했을 때는 안전하기도 했지만, 기대수익이 크게 나온다는 것을 알게 되었다. 종목을 추천해달라고 하는 주변의 지인들은 대부분 직장인이거나 자영업자다. 필자는 그들에게 안전 그물망 매수 자리가 만들어진 종목을 추천해준다. 매매법을 가르쳐달라고 할 때에도 안전 그물망 자리의 매수와 매도법을 가르쳐준다. 그만큼 안전 그물망 매수 자리는 수익을 낼 수 있는 가장 좋은 기법이라고 생각한다.

> ‣ 5일, 10일, 20일 이동평균선을 3개 이상 수렴하고, 정배열 우상향할 것
> ‣ 봉은 수렴한 이동평균선을 확실히 딛고 올라탈 것
> ‣ 손절매는 20일 이동평균선을 기준으로 잡을 것

안전 그물망 매수 자리가 만들어진 종목 5개 정도로 포트폴리오 매수를 한다. 소액으로 반복적 매수를 한 후 승률이 80~90% 이상 나올 때만 투자금을 늘려가는 것이 좋다. 종목 선정은 코스피 시가

총액 200위 이내, 코스닥은 시가총액 100위 이내에서 고르는 것이 수익 실현 가능성이 크다.

손절매는 생명선인 20일 이동평균선 아래로 종가가 형성되면 종가 부근에서 반드시 손절매하는 것이 좋다. 다시 20일 이동평균선 위로 올라오면 재매수하면 된다. 주식 매매에서 기회비용을 잃지 않는 것이 중요하다. 가끔 세력들은 20일 이동평균선을 이탈시켜서 개미투자자들이 잦은 손절매를 하게 만든다. 이런 속임수에 넘어가지 않도록 하자. 상승할 종목을 선택했다면 잔파도에 흔들리지 말아야 한다. 매수해둔 종목 중 빠르게 상승하는 종목은 5일 이동평균선이 10일 이동평균선을 지지하지 못할 때 매도한다. 천천히 상승하는 종목은 5일 이동평균선이 20일 이동평균선을 지지하지 못할 때 매도한다. 이런 매도 방법은 잔파도에 흔들리지 않고 고점 매도가 가능하다.

:: 그림 3-1 제넥신 2018년 11월~2019년 5월 3일까지 일봉 차트 ::

〈그림 3-1〉의 제넥신 일봉 차트를 보자. 제넥신은 흑자 바이오 기

업이라는 호평을 받으며 상장 후 2018년 4월 4일 사상 최고점 12만 4,100원을 기록했다. 이후 하락하다 2018년 9월 20일 11만 1,500원을 기록한 이후 계속 하락했다.

2019년 1월 4일 저점 6만 4,400원을 기록하고 골든크로스를 형성한 후 최근 바이오시밀러 붐을 따라 상승하며 2019년 3월 5일 9만 8,300원을 기록하고 하락하는 모습을 보인다.

:: 그림 3-2 제넥신 A 부분 확대 차트 ::

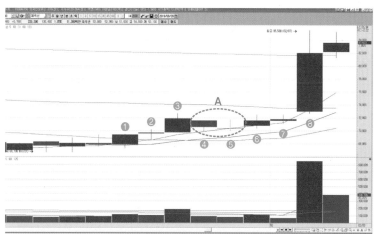

〈그림 3-2〉를 보면 2019년 1월 24일 골든크로스가 형성되었다. 골든크로스가 나타났다고 무조건 매수하는 것은 실패할 경우가 있다. 작전 세력의 함정일 수도 있기 때문이다.

〈그림 3-2〉는 〈그림 3-1〉의 A 부분을 확대한 것으로 골든크로스가 나타난 이후 설명을 위해서 캔들에 번호를 붙였다. 골든크로스가 나온 날 1번 아래 꼬리를 단 굵은 양봉 출현, 다음 날 2번 도지 양봉

이 나타나 상승을 예고하고 있다. 2번 도지 양봉 캔들의 상승 예고는 정확히 맞아떨어져 3번 굵은 양봉이 나왔다. 이제 안심이라고 생각한 개인투자자는 1, 2, 3번에서 매수하기 쉽다. 1, 2, 3번도 매수 자리로 좋을 수도 있다.

하지만 3번 양봉 출현 후 4, 5번 음봉이 나타났다. 개인투자자의 심장을 쫄깃하게 하는, 심장을 쿵쿵 뛰게 만드는 음봉들이다. 주식 매매에 오랜 경험이 있는 개인투자자는 4, 5번 음봉에서 오히려 더 매수하거나 느긋하게 기다릴 것이다. 1, 2, 3번 매수 자리를 놓친 개인투자자에게 다시 매수 기회가 온 것이기 때문에 오히려 1, 2, 3번보다는 4, 5번이 매수 자리로 더 좋다고 볼 수 있다. 4, 5번 자리는 안전 그물망 매수 자리이다. 주식을 매수할 때도 가장 안전한 자리인 안전 그물망 매수 자리에서 해야 한다. 강남 나이트 자리는 5일, 10일, 20일 이동평균선이 수렴한 후 정배열 우상향하는 자리로 전환하는 곳이어서 강한 상승을 기대할 수 있다.

심장을 쿵쿵 뛰게 하는 4, 5번 음봉 이후 상승을 위한 발돋움을 알려주는 6, 7번 같은 단봉(짧은 봉)들이 나타난다. 그리고 강한 상승 장악형 8번 양봉 출현으로 시세 분출, 대량 거래가 터진 모습을 볼 수 있다. 상승장악형 윗꼬리 장대양봉 출현은 더욱더 상승을 기대하게 한다.

주식을 매매할 때 눌림목이나 플랫폼이라는 말을 들어봤을 것이다. 이는 시세 분출 후 쉬어가는 자리를 말한다. 그동안 물려 있던 개인투자자들은 이 눌림목에서 손절매하거나, 1~5번에서 매수한 개인투자자들은 수익을 실현한다. 상승장악형 양봉이 나온 후 가격 조정을 거쳐 상승장악형 양봉 길이만큼 다시 상승하는 경우가 많다.

:: 그림 3-3 제넥신 상승장악형 일봉 출현 이후 플랫폼 형성 차트 ::

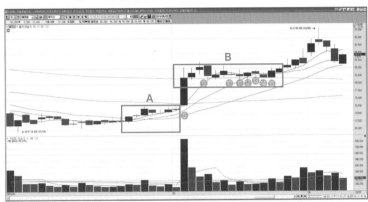

〈그림 3-3〉은 〈그림 3-1〉의 A, B 부분을 확대한 것이다. 8번에 거래량을 실은 상승장악형 장대양봉이 나타난 이후 단기 상승에 따른 조정에 들어가는 모습을 보이며 9~14번과 같이 플랫폼을 형성한다. 플랫폼에서는 투자자들이 주식 가격이 더 올라갈 줄 알고 머뭇거리다가 9번 음봉이 나타나면 당황한다. 그러다 9~11번 음봉 자리에서 매도하기 쉽다. 플랫폼은 정거장 개념으로 생각하면 된다. 세력이 운전하는 버스가 목적지에 도착한 손님을 정류장에 내려주고 목적지가 다른 새로운 손님을 태운다. 이처럼 플랫폼에서는 안전 그물망 자리에서 매수했거나 단타 매매를 하는 개인투자자들이 수익을 실현하고 매도하는 자리다.

제넉신의 버스 기사는 수익 실현한 투자자들을 내려주고 버티는 투자자와 새로운 투자자들을 태운다. 상승장악형 장대양봉이 나타나면 주식 매매의 경험이 많은 개인투자자는 다음 상승을 기대하며 기다린다. 1~5번 안전 그물망 자리에서 매수한 투자자는 B 구간에서도 수익이 난 상태이므로 약간의 주가 출렁임을 견딜 수 있다. 하지만 8번에서 뇌동 매수를 했거나 고점 매수를 한 투자자는 B 구간에서 버티지 못하고 손절매하기도 한다.

버스가 출발할 때 한두 명의 손님을 태우거나 빈 차로 출발한다. 출발지에서 가까울수록 편히 앉아서 갈 수 있는 확률이 높다. 좌석에 앉은 사람은 버스가 흔들려도 서 있는 사람보다는 안정적으로 목적지까지 편하게 갈 수 있다. 목적지는 사람마다 다르다. 어떤 사람은 서너 정거장을 가서 내리고, 어떤 사람은 더 가기도 한다. 심지어는 종점까지 편히 앉아서 가는 사람도 있다. 이렇듯 주식도 안전 그물망 자리에서 매수해 9번에서 매도하는 사람도 있고, 최고점 부근까지 가서 매도하는 사람도 있다. 하지만 출발 후 시간이 지난 버스에는 손님이 가득 타고 있어서 서서 가거나 끼어가다 보면 운전기사가 버스를 이리저리 흔들면서 운전하기도 한다. 여기서 버스 운전기사는 세력이라고 볼 수 있다.

정비가 잘된 회사의 버스를 운전하는 기사는 출발지에서 목적지까지 안전하게 달려갈 수 있다. 간혹 손님들이 버스에 올라타서 졸다가 엉뚱한 곳에서 내리기도 하고, 처음부터 자신의 목적지로 가지 않는 버스를 타기도 한다. 단타 매매를 원하는 사람들이 중장기 종목에 투자하거나, 자신의 목표와는 다르게 다른 사람들의 말을 듣고 주식을 매수하거나, 주식에 관하여 무지한 상태에서 투자하는 사람들도 있다. 버스는 운행코스를 달려가다 접촉사고가 나기도 하고 전복될 수도 있다. 단순한 접촉사고라면 사고 처리 후 다시 목적지를 향해 달릴 수 있다. 하지만 버스가 전복되거나 큰 사고가 나면 버스에 탄 손님이 다치거나 사망하는 일이 생기고, 버스는 폐차장으로 보내진다. 세력은 버스가 이미 고장난 것을 알고 있을 수 있다. 그리고 정비가 제대로 안 된 차를 무리하게 운행할 수도 있다. 그러나 버스에 탄 손님은 그런 속사정을 알 수가 없다.

주식 매매를 하면서 고급 정보가 없는 개인투자자는 매수하자마자 거래정지가 되는 경우도 있다. 그리고 실적이나 업황이 나빠져서 원금이 계속 줄어드는 경우도 있다. 심지어는 투자금 전체를 잃어버릴 수도 있다. 버스의 운행이나 정비는 버스회사에서 해야 한다. 그러나 세력인 운전기사도 이를 모르고 버스를 운전하다가 사고를 낼 수도 있다. 세력들도 투자 회사의 속사정을 알게 되면 투매를 하거나 속임수 차트를 만들어서 개인투자자들에게 물량을 떠넘기는 경우도 있다. 새로운 버스를 샀는데 리콜 제품이었다면, 이 버스는 리콜이 결정되기 전까지는 잦은 고장으로 달리다 서기도 했을 것이다. 그리고 사고가 난 부분을 도색해서 새 차로 보이게 한다. 리콜 차량이 되었다면 사고가 없던 차였다 하더라도 위험을 느낄 수밖에 없다. 하지만 신규 상장된 종목이 성장성이 좋다면 리콜 버스처럼 되지는 않을 것이다.

:: 그림 3-4 제넥신 상승장악형 일봉 출현 차트 ::

〈그림 3-4〉를 보면 상승장악형 양봉의 길이만큼 상승한 후 〈그림 3-3〉의 플랫폼에서 13번 음봉을 감싸 안는 15번 상승장악형 양봉이 나타나 새로운 투자자들을 버스에 태우고 다시 상승한다.

2019년 2월 7일 8번 상승장악형 양봉 C 길이만큼 D 높이의 상승을 보인다. 이후 2019년 3월 5일 9만 8,300원을 찍고 하락장악형 음봉들이 나타나면서 하락하는 모습이다.

상승장악형 양봉이 출현했다고 해서 반드시 금방 상승하지 않는 경우도 많다. 세력들은 다양한 패턴으로 개인투자자들이 돈을 잃게 만든다. 주식은 결국 심리전인데, 이 심리에서 밀리면 계속 돈을 잃게 된다. 상승장악형 양봉이 나타났으니 무조건 매수하자고 생각하면 큰 오산이다. 상승장악형 장대양봉이 거래량을 수반하고 나타났다가 개인투자자가 알지 못하는 악재로 인해 다음 날부터 하락으로 달리기 시작한다는 것을 잊지 말자.

세력들은 개인투자자들을 유인하기 위해 골든크로스를 일부러 만들기도 하는 등 다양한 속임수를 쓴다는 것은 알고 있는 사실이다. 그러므로 주식투자는 늘 신중하게 선택해야 한다.

제넥신 차트를 거꾸로 놓고 보면 대주거래 기법으로 바뀐다. 어떻게 바뀌는지 한번 살펴보자.

:: 그림 3-5 제넥신 2018년 10월~2019년 4월까지 일봉 차트 ::

〈그림 3-5〉 제넥신의 일봉 차트를 보면 A는 5일, 10일, 20일 이동평균선이 수렴하며 안전 그물망 매수 자리가 만들어졌다. 바닥에서 횡보하는 동안 위로 공간이 열렸다. 그리고 상승장악형 양봉이 출현하며 플랫폼을 형성하여 재상승한 후 C에서 매도해야 한다. B는 죽음의

계곡으로 빠지는 자리다. 상승 기법에서는 A는 매수, C는 매도 자리다. 이 차트를 거꾸로 놓고 보면 대주거래 매도와 매수 자리가 보인다.

:: 그림 3-6 제넥신 2018년 10월~2019년 4월 일봉 거꾸로 차트 ::

〈그림 3-6〉은 〈그림 3-5〉의 제넥신 일봉 차트를 거꾸로 본 차트다. A는 5일, 10일, 20일 이동평균선이 수렴하는 A 자리에서 대주거래를 한다면, 생명선인 20일 이동평균선을 캔들이 머리에 무겁게 이고 있어서 위로 가기 힘들어 보이는 안전한 매도 자리다. 고점에서 횡보하는 동안 아래로 공간이 열려 많이 하락할 수 있는 여지를 보여준다. B는 죽음의 계곡으로 빠지는 자리로 '절대 매수 금지' '절대 추가 매수 금지' 자리다. 상승 기법에서 A는 매수, B는 매도 자리다.

이 차트를 거꾸로 놓고 보면 A는 대주거래 매도 자리이고, C는 대주거래 매수 자리다. 즉 대주거래 매수 자리란, 먼저 A에서 빌려온 주식을 C의 자리에서 갚는다는 뜻이다.

안전 그물망 기법을 반대로 생각하면 대주거래 안전 그물망 기법이 된다.

안전 그물망 기법

- 직장인이나 초보투자자가 할 수 있는 가장 안전한 기법이다.
- 바닥에서 횡보가 길면 위로 공간이 열리므로 모멘텀이 좋거나 테마가 형성되면 저항대가 가벼워 높이 상승하기 좋다.
- 최소한 5일, 10일, 20일 이동평균선을 3개 이상 수렴한 이동평균선을 딛고 봉이 올라타야 한다.
- 빠른 상승을 한 종목은 5일 이동평균선이 10일 이동평균선을 지지하지 못하면 매도해야 한다.
- 느리게 상승하는 종목은 5일 이동평균선이 20일 이동평균선을 지지하지 못하면 매도해야 한다.
- 안전 그물망 차트를 거꾸로 놓고 보면 대주거래 안전 그물망 차트가 된다.

:: 그림 3-7 에이비엘바이오 2018년 12월~2019년 4월 10일까지 일봉 차트 ::

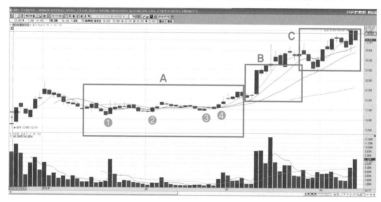

에이비엘바이오는 한화케미칼이 바이오 사업을 정리 매각한 후

바이오 사업 관련 임직원들이 마음을 합해 설립한 회사이다. 2018년 12월 18일에 기술특례 상장을 했다. 기술특례 상장이란, 상장 요건을 충족하지 못해도 기술력이 우수한 기업에게 심사를 통해 상장 기회를 주는 제도이다. 에이비엘바이오는 이중항체 기술력 하나로 상장되었다. 신규 상장주는 초보자가 접근하기는 어려운 종목이다. 상장하는 날 급등이나 급락하는 경우가 많기 때문이다.

〈그림 3-7〉 에이비엘바이오의 일봉 차트를 보면 상장 후 급등했다가 하락한 이후 다시 상승하는 모습을 보인다. 상승의 이유는 에이비엘바이오가 가지고 있는 파이프라인과 우수한 이중항체 기술력 때문이다. 2019년 4월 30일, 에이비엘바이오는 'DLL 4'와 'VEGF'에 특이점으로 결합하는 신규 이중표적 단백질 및 이의 용도'에 관한 유럽 특허권을 취득했다는 공시가 나왔다. 그로 인해 주식 가격이 전날 대비 12.5% 상승했다.

1, 2번 자리에서 매수하게 되면 약간의 수익이 발생하지만, 저항선을 돌파하고 높이 올라가는 데 시간이 걸린다. 안전 그물망이 처진 4번 자리가 가장 좋은 매수 자리다.

4번 같은 강남 나이트 매수 자리는 5일, 10일, 20일 이동평균선들이 수렴하면서 짱짱하게 안전 그물망을 치고 있는 모습을 볼 수 있다. 4번은 전날 음봉을 감싸 안고 20일 이동평균선 위에 안착한다. 조금 더 설명하자면 1번 상승장악형 양봉에서는 평소보다 거래량이 증가했다. 그 이후 2번 자리에서 다시 전날보다 많은 거래가 이루어지다가 3번까지는 거래량이 줄고, 4번 전날 음봉부터 평소 거래량보다 많아지는 것을 볼 수 있다. 삼중바닥에서는 거래량이 급격히 줄었다.

이중바닥에서 저항선을 돌파하지 못하고 삼중바닥을 찍으면 투자 심리가 약해져서 봉들이 20일 이동평균선을 지지하기 전까지는 거래량이 줄어드는 경향이 있다.

:: 그림 3-8 에이비엘바이오 A 부분 확대 차트 ::

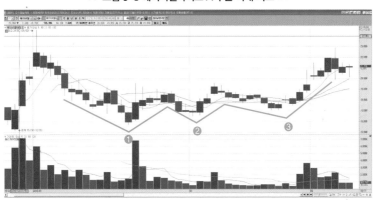

〈그림 3-8〉은 〈그림 3-7〉 차트에서 A 부분을 확대한 것이다. 하락 이후 삼중바닥을 찍고 상승하는 모습을 보인다. 일반적으로 이중바닥에서 저항선을 돌파하지 못하면 삼중바닥을 찍고 상승한다. 저항 구간에 있는 물량을 소화하면 시세 분출이 일어나면서 거래량이 터지고, 크게 상승하는 것을 기대해볼 수 있다.

옛날 옛적에 한 부자에게 3명의 아들이 있었다. 이 부자는 죽기 전에 아들들을 불러놓고 나뭇가지를 한 개씩 나눠주고 부러뜨려 보라고 했다. 아들들은 한 개의 나뭇가지는 쉽게 부러뜨렸다. 그러자

나뭇가지 두 개씩을 나눠주고 부러뜨려 보라고 했다. 이번에도 아들들은 쉽게 부러뜨렸다. 마지막으로 나뭇가지 여러 개를 주고 부러뜨려 보라고 했다. 하지만 아들들은 여러 개의 나뭇가지를 부러뜨리지 못했다. 그 부자는 아들들에게 힘을 합쳐 화목하게 지내라는 교훈을 주기 위해 나뭇가지를 부러뜨려 보라고 한 것이다. 3명의 아들은 아버지가 돌아가신 후에도 힘을 합쳐 오랫동안 행복하게 살았다.

안전 그물망도 이 이야기에 나오는 여러 개의 나뭇가지와 같다. 그물망이 튼튼할수록 지지선이 무너지지 않으며, 바닥에서 횡보하는 시간이 길수록 하락할 확률이 낮다.

:: 그림 3-9 에이비엘바이오 B와 C 부분 확대 차트 ::

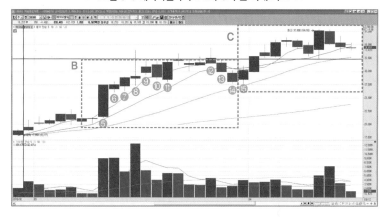

〈그림 3-9〉는 〈그림 3-7〉의 에이비엘바이오 차트에서 B와 C 부분을 확대한 것으로, 5번에 상승장악형 양봉이 출현한다. 6, 7, 8, 9번은 플랫폼을 형성하며 마치 금방 윗꼬리를 넘어 상승할 것처럼 보인다. 하지만 10번 속임수 거래량이 실린 하락장악형 음봉에 속아 매도하

는 투자자가 발생한다. 미처 매도하지 못한 투자자는 12, 13, 14번 흑삼병이 나타날 때 에이비엘바이오 버스에서 내릴 가능성이 높다. 다음 날 14번을 감싸 안은 상승장악형 양봉 15번이 나타나면서 새로운 투자자들을 태우고 다시 목적지를 향해 출발한다.

에이비엘바이오 버스에서 내린 투자자는 닭 쫓던 개 지붕 쳐다보듯 흑삼병에 놀라서 신규 진입을 하지 못한다. 결국 심리전에서 밀려 투자 의욕이 약해진 것이다. 에이비엘바이오 버스는 투자 덕후들과 새로운 투자자들을 태우고 5번 상승장악형 양봉의 B 높이만큼 다시 상승하는 것을 볼 수 있다.

안전 그물망 매수 후 목표가 정하기

다음은 안전 그물망 매수 자리에서 매수한 후 목표가를 정하는 방법에 관해 알아보자. 고점에서 20~30% 하락한 후 바닥에서 20~40일 정도 횡보하는 동안 위로 공간이 열리고, 안전 그물망 매수 자리에서 매수한 후 어디서 매도해야 할까?

전업이 아닌 투자자들은 안전 그물망에서 매수한 후 어디에서 매도할 것인지가 가장 큰 고민거리다. 안전 그물망 자리에서 매수한 후 급상승하는 종목은 5일 이동평균선이 10일 이동평균선을 지지하지 못할 때 매도하는 것이 좋다. 이것이 그리고 천천히 상승하는 종목은 5일 이동평균선이 20일 이동평균선을 지지하지 못할 때 매도하는 것이 좋다.

안전 그물망 기법은 손절매가 잘 나오지 않으며, 매도 타이밍만 정확히 잡으면 수익을 가장 많이 낼 수 있다. 이 기법을 잘 활용한다면 안전하게 매매할 수 있다. 1종목당 100만 원씩 5종목을 안전한 매수 자리에서 실전 매매를 해보는 것도 좋은 방법이다.

> **5일 이동평균선이 20일 이동평균선을 지지하지 못할 때 고점 저항 가격의 80% 정도를 목표가로 설정할 것**

:: 그림 3-10 대화제약 2018년 3월~ 2018년 9월까지 일봉 차트 ::

〈그림 3-10〉 대화제약의 일봉 차트를 보면 고점에서 20~30% 정도 하락한 후 B 부분에서 20~40일 동안 횡보하는 동안 위로 공간이 열렸다. 그리고 5일, 10일, 20일 이동평균선이 봉 아래에 있는 1번 안전 그물망 매수 자리에서 매수한 후 천천히 상승하다가 5일 이동평균선이 20일 이동평균선을 지지하지 못할 때 매도한다. A는 고점 저항 가격이다.

1번에서 매수하여 A 고점 저항 가격의 80% 정도 되는 가격을 목표 가로 정한다. 이 차트는 전형적인 안전 그물망 차트로 일명 세숫대야 차트라고도 한다. 하락한 만큼 바닥을 다지고, 다시 하락한 만큼 상승하는 패턴이다. 이런 패턴을 보일 때 고점 저항대를 돌파할 거라는 생각으로 욕심을 부리면 안 된다.

:: 그림 3-11 코오롱생명과학 일봉 차트 ::

〈그림 3-11〉 코오롱생명과학의 일봉 차트를 보면 고점에서 많이 하락한 모습으로 A 구간에서 거래일수 20일 동안 횡보하며 위로 공간이 열린다. 그리고 1번 안전 그물망 매수 자리에서 매수한 후 단기 급등했다가 5일 이동평균선이 10일 이동평균선을 지지하지 못할 때 바로 매도한다. B 구간에서 음봉이 계속 나오고 20일 이동평균선을 지지하지 못하고 무너진다면 하락을 예고하는 것이다. B 구간은 대주 거래에서는 매도하기 가장 안전한 좋은 자리다. 차트에서 음봉이 계속 나오는 것은 모멘텀이 사라지고 있거나, 악재가 있음을 의미한다.

주식 가격이 계속 하락하면 싸게 주식을 매수하는 개인투자자들이 많이 있는데 매우 위험한 투자다.

:: 그림 3-12 한화에어로스페이스 일봉 차트 ::

〈그림 3-12〉 한화에어로스페이스의 일봉 차트를 보면 고점에서 하락 폭이 컸고, B 구간에서 거래일수 30일 동안 횡보하며 위로 공간이 열렸다. 그리고 1번 안전 그물망 매수 자리에서 매수한 후 천천히 상승했다. 그러므로 A 고점 저항 가격의 80% 정도를 목표가로 잡

:: 그림 3-13 S-Oil 2019년 1월~2019년 8월까지 일봉 차트 ::

고 2번에서 매도하면 된다. 2번에서 매도하지 못했다면 5일 이동평균선이 20일 이동평균선을 지지하지 못하는 3번 자리에서 매도한다.

〈그림 3-13〉 S-Oil의 일봉 차트를 보면 고점에서 하락한 후 A 구간에서 저항대를 돌파하지 못하고 하락한 차트이다. B 구간에서 거래일수 30일 횡보하는 동안 위로 공간이 열리고, 1번 안전 그물망에서 매수한 후 A 저항 가격인 2번에서 매도한다. 2번에서 매도하지 못했을 때는 3번 20일 이동평균선을 지지하지 못한 자리에서 매도하면 된다. 하락에 하락을 거듭하는 차트에서는 가장 가까운 저항대 가격에서 매도하는 것이 좋다.

:: 그림 3-14 경동나비엔 2017년 5월~2017년 12월까지 일봉 차트 ::

〈그림 3-14〉 경동나비엔의 일봉 차트를 보면 A 구간에서 저항대를 돌파하지 못하고 하락한 후 B 구간에서 거래일수 40일 횡보하는 동안 위로 공간이 열렸다. 그리고 1번 안전 그물망 자리에서 매수한 후 A 저항대를 돌파하면서 상승 랠리를 이어갔다. 그리고 2017년 11월

16일 최고가 5만 2,000원을 기록했다. 고점 횡보 후 20일 이동평균선을 지지하지 못하는 2번 자리에서 매도하면 된다.

경동나비엔처럼 B 구간에서 40일 이상 길게 횡보하며 저점을 다지는 동안 위로 공간이 크게 열리고, A 저항 구간을 돌파한 후 신고가가 나오는 패턴은 더 상승할 여지가 있다.

:: 그림 3-15 헬릭스미스 2018년 8월~2019년 2월까지 일봉 차트 ::

〈그림 3-15〉의 헬릭스미스 일봉 차트를 보면 고점에서 하락한 후 A 구간에서 저항대를 돌파하지 못하고, B 구간에서 거래일수 25일 동안 횡보했다. 위로 공간이 열리고 1번 안전 그물망 자리에서 매수한 후 천천히 플랫폼을 형성하면서 상승을 이어갔다. 2번 20일 이동평균선을 지지하지 못한 자리에서 매도하면 된다.

헬릭스미스는 1차, 2차 저항대를 모두 돌파하면서 플랫폼을 형성하는 동안 위로 공간이 더 열렸고, 상승을 이어가는 모습을 보이고 있다. 이런 차트를 거꾸로 보면 대주거래에서는 죽음의 계곡이 나오고, 저점에서 횡보하다 지지선이 무너지면서 지하실로 직행하는 차트가 된다.

::: 그림 3-16 에스에프에이 2018년 9월~2019년 3월까지 일봉 차트 :::

〈그림 3-16〉의 에스에프에이 일봉 차트를 보자. 고점에서 하락한 후 B 구간에서 거래일수 20일 동안 횡보한 후 이중바닥을 찍고 급상 승했다. A 구간 저항대를 돌파하고 플랫폼을 형성한 후 상승을 이어간 차트다. 이중바닥을 찍고 급상승했다면 이 종목에 대한 호재나 모멘텀 이 크게 작용한 것이다. 급상승한 차트는 5일 이동평균선이 10일 이동 평균선을 지지하지 못할 때 매도하는 것이 좋다. 5일, 10일, 20일 이동 평균선을 봉들이 딛고 안전 그물망이 만들어지면 평소보다 거래량 이 적다. 1번에서 안전 그물망 매수 자리가 만들어진 후 양봉이 계속 나오는 것은 주로 상승을 예고한다. 앞에서 음봉이 계속될 때는 하 락을 예상해야 한다고 했지만, 양봉이 계속 나온 후에는 이동평균선 들이 정배열로 상승한다는 것을 보여준다.

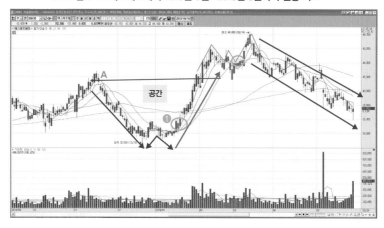

〈그림 3-17〉 에스에프에이 일봉 차트를 보면 급상승한 후 고점에
서 횡보하다 계속 하락하는 모습이다. '고점 하락 → 바닥에서 20~40일
횡보→위로 공간 열림→급상승'할 때는 5일 이동평균선이 10일 이
동평균선을 지지하지 못할 때 매도한다. 천천히 상승하는 종목은 5일

이동평균선이 20일 이동평균선을 지지하지 못할 때 매도한다.

〈그림 3-18〉의 NICE평가정보 일봉 차트를 보자. 고점에서 수직으로 하락에 하락을 거듭한 후 거래일수 40일 횡보하는 동안 위로 공간이 열렸다. 그리고 1번 안전 그물망 자리에서 급상승했다. A 저항대 가격의 2번 자리에서 매도하면 된다. 이처럼 급상승한 차트는 욕심을 내면 안 된다.

:: 그림 3-19 코엔텍 2018년 11월~2018년 5월까지 일봉 차트 ::

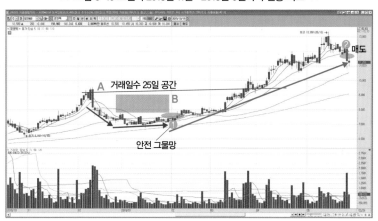

〈그림 3-19〉 코엔텍의 일봉 차트를 보자. A 구간에서 하락한 후 거래일수 25일 동안 횡보했고, A 구간 저항대를 돌파하고 플랫폼을 형성하며 천천히 상승했다. 1번 안전 그물망 자리에서 매수한 후 2번 5일 이동평균선이 20일 이동평균선을 지지하지 못하고 하락할 때 매도하면 된다. 2번은 하락장악형 음봉이 나왔으므로 대주거래에서는 안전한 매도 자리가 된다. 급상승세를 타다가 음봉이 계속 나오면 주의해야 한다.

:: 그림 3-20 기아차 2018년 8월~2019년 2월까지 일봉 차트 ::

:: 그림 3-20 기아차 2018년 8월~2019년 2월까지 일봉 차트 ::

〈그림 3-20〉 기아차의 일봉 차트를 보면 고점에서 하락한 후 A 구간에서 거래일수 25일 횡보하는 동안 위로 공간이 열렸다. 그리고 1번 안전 그물망 매수 자리에서 매수한 후 천천히 상승했다. 때문에 20일 이동평균선을 지지하지 못하는 2번 자리에서 매도하면 된다.

어떤 종목이든 계속 상승하다가도 쉬어가기 마련이다. 2번 매도 자리에서 위로 공간이 막혀 있기 때문에 더 상승하기는 어렵다. 공간이 열리려면 횡보 구간이 다시 만들어져야만 한다. 자동차 업종은 같이 움직이는 경향이 있으므로 현대차, 현대모비스, 만도 등도 확률적으로 비슷한 모양이 나타날 가능성이 높다.

열린 공간이 핵심인
상승 랠리 기법

주식이 우상향 추세를 타고 있다면 투자자는 상승 랠리를 기대한다. 투자자는 세력이 이끄는 버스를 타고 있지만, 각자의 목적지가 다르다. 세력의 목적지는 버스 종점이다. 개인투자자가 세력의 목적지까지 쫓아가다 보면 그들이 떠넘기는 수익 실현 물량을 모두 받게 된다. 그러다 너무 무거워서 뒤로 넘어져 버린다. 세력이 언제 수익 실현한 물량을 떠넘길지 모르고 있다가 갑자기 쓰나미처럼 떠안게 되면서 초토화되는 것이다.

안전 그물망에서 매수한 투자자는 버스 종점에서도 수익 실현이 가능하다. 저가에 매수했다면 세력의 장난에도 흔들리지 않고 수익을 낸 후 웃으면서 버스에서 내릴 수 있다. 길가에 핀 들꽃도 감상하고 지저귀는 새소리에 맞춰 노래도 흥얼거리며 행복하다. 그러나 버스 종점까지 쫓아간 투자자들은 밀려온 쓰나미에 수익이 난 것도 챙기지 못하거나, 크게 손실이 나기도 한다.

개인투자자는 세력과 똑같을 수는 없다. 최저가 매수와 최고가 매도를 할 수 없다. 때문에 발목에서 사지 못했으면 무릎이나 허리에서 사고, 어깨나 목에서 매도하는 투자 습관을 갖도록 해야 한다. 정수리에서 팔려는 욕심은 금물이다.

강남 나이트든 지방 나이트든 좋은 자리에서 매수했다면, 개인투자자는 어떻게 매도해야 하는지 알아야 한다. 좋은 가격에 매수했는데 매도 시점을 놓쳐버린다면 너무 억울하다. 그렇다면 도대체 가슴은 어디고 어깨는 어디고 목은 어딘지 알아보자.

버스가 종점까지 달려가는데 도로 중간에 공사 중이거나 다른 차가 사고가 나서 사고 수습이 끝날 때까지 기다려야 한다면 버스는 종점까지 도착하는 시간이 지연된다. 주식도 마찬가지다. 상승하기 위해서는 대나무 마디처럼 저항 매물이 많으면 쉽게 상승할 수 없다. 반대로 저항 매물이 없다면 상승 랠리로 이어진다. 그렇다면 저항 매물이 많은지, 없는지는 어떻게 알 수 있을까?

:: 그림 3-21 에이비엘바이오 2018년 12월~2019년 7월 2일까지 일봉 차트 ::

〈그림 3-21〉에이비엘바이오 일봉 차트를 보면 1번 매수 자리가 나타나기 전에 삼중바닥이 형성되는 동안 저항 물량이 소화되었다. 그리고 상승할 수 있는 공간이 만들어지고 거래량이 크게 실리면서 상승장악형 장대양봉이 나타났다. 이 상승장악형 장대양봉의 높이 만큼 상승을 기대할 수도 있다.

전 세계 대통령 중 미국 대통령의 영향력이 가장 크다. 그리고 미국 대통령이 되면 백악관에 입성하게 된다. 주식 매매에 있어서 상승 랠리가 이어지면서 최고점까지 가기 위해서는 개인투자자도 백악관에 입성해야 한다. 백악관에 입성하면 전 세계 사람들이 주목하고 힘을 발휘할 수 있다. 1번 매수 자리를 놓치고 발목, 무릎에서도 매수하지 못했다면 신고가 임박한 2번 자리에서 매수해보는 것도 좋은 방법이다. 2번에서 매수하면 짧은 기간에 수익을 낼 수 있다.

:: 그림 3-22 케이엠더블유 2018년 10월~2019년 5월 3일까지 일봉 차트 ::

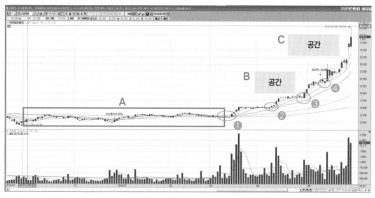

〈그림 3-22〉케이엠더블유 일봉 차트를 보면 A 구간에서 저항매

물이 소화됐고, 안전 그물망 매수 자리가 출현했다. B와 C 구간에는 저항 물량이 없어서 상승 랠리가 이어지는 모습을 보인다. 가장 좋은 자리 1번에서 이동평균선이 수렴한 안전한 매수 자리를 놓쳤다면 2, 3, 4번 자리에서 매수해 빠른 기간 안에 수익을 챙길 수 있다.

〈그림 3-22〉 차트에서 신고가 매수 자리를 보면 앞에서 배운 플랫폼이 생각난다. 플랫폼에 대해 충분히 알고 있다면 신고가 신규 진입도 어렵지 않다는 것을 알 수 있다.

상승 랠리가 이어지는 케이엠더블유의 재무제표를 살펴보자.

:: 그림 3-23 케이엠더블유 재무제표(5월 3일 기준) ::

Financial Highlight [연결|전체]				단위 : 억원, %, 배, 천주 연결 별도 전체 연간 분기				
IFRS(연결)	Annual				Net Quarter			
	2016/12	2017/12	2018/12	2019/12(E)	2018/06	2018/09	2018/12	2019/03(E)
매출액	2,105	2,037	2,963	4,256	850	867	542	928
영업이익	-145	-30	-262 A	554	-74	-7	-210	88
당기순이익	37	-87	-313	504	-76	-26	-217	62
지배주주순이익	39	-87	-313	404	-76	-26	-217	113
비지배주주순이익	-2	0	0		0	0	0	
자산총계	2,083	2,134	2,735	3,401	3,004	2,825	2,735	
부채총계	1,627	1,621	1,873	2,195	2,392	2,259	1,873	
자본총계	456	513	862	1,206	613	565	862	
지배주주지분	456	513	862	1,206	613	565	862	
비지배주주지분	0	0	0	0	0	0	0	
자본금	81	81	94	88	81	81	94	
부채비율	357.17	315.86	217.21	182.06	390.48	399.75	217.21	
유보율	652.67	613.86	824.40		660.89	602.11	824.40	
영업이익률	-6.88	-1.50	-8.85	13.02	-8.65	-0.77	-38.70	9.51
지배주주순이익률	1.87	-4.26	-10.56	9.49	-8.96	-2.99	-40.13	12.17
ROA	1.40	-4.12	-12.85	16.42	-11.00	-3.56	-31.30	9.02
ROE	8.96	-17.94	-45.51	39.07	-49.49	-17.62	-121.90	52.42
EPS (원)	238	-526	-1,882	2,148	-461	-157	-1,284	601
BPS (원)	3,668	3,479	4,622	6,448	3,708	3,422	4,622	
DPS (원)								
PER	30.34	N/A	N/A	21.53				

〈그림 3-23〉케이엠더블유의 재무제표(5월 3일 기준)를 보면 매출이 늘어나면서 적자에서 흑자로 전환했음을 알 수 있다. 특히 A 부분을 살펴보자. 회계전문가들은 주식투자를 할 때 개인투자자가 볼 수 있는 재무제표를 보고 투자한다는 것은 어리석다고 지적한다. 하지만 고급 정보가 없는 개인투자자는 기업에 대해 정확한 분석은 언감생심 답답한 상황이다. 그렇다고 손 놓고 있을 수는 없다. 정답은 없지만 주어진 정보에서 최선의 투자 방향을 찾아나가야 한다.

A 부분을 통해 개인투자자는 매우 중요한 정보를 얻게 된다. A 부분을 컨센서스(추정, 예상, 평가)라 한다. 컨센서스는 시장 예상치를 뜻하는데, 사전적인 의미는 '동의'다. 즉 시장 참가자들이 특정 회사의 실적에 대해 묵시적으로 동의한 수치라고 보면 된다. 실적을 가장 낮게 예상한 증권사에서 가장 높게 예상한 증권사까지의 예상 수치 범위를 일반적으로 컨센서스라고 한다. 종목별 재무제표를 분석하다 보면 컨센서스(Estimate) 칸에 숫자 없이 공란으로 되어 있는 회사가 더 많다. 어떤 회사는 숫자가 기록되어 있고, 어떤 회사는 공란으로 되어 있다는 것은 분명 차이가 있는 것이다.

케이엠더블유의 재무제표상에는 컨센서스 칸에 숫자가 기록되어 있다. 여기에 기록된 숫자를 자세히 살펴보면 지난 기간 수치와 비교해 예상치가 상회하고 있다는 것을 알 수 있다. 실제로 실적이 컨센서스 수치보다 올라간다면 '어닝 서프라이즈'라고 하고, 반대로 크게 내려가면 '어닝 쇼크'라고 말한다.

2019년 3월 5G 서비스 상용화로 인해 케이엠더블유는 매출액이

증가, 영업이익 증가 등에 대해서 예상할 수 있음으로 투자에 도움을
얻을 수 있다.

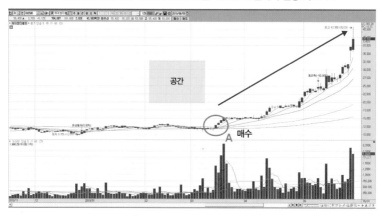

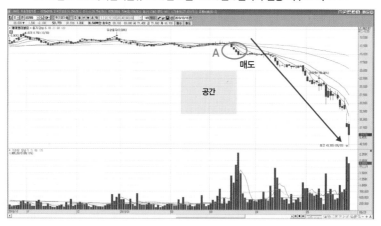

〈그림 3-25〉는 〈그림 3-24〉의 케이엠더블유 일봉 차트를 거꾸로
본 차트다. 열린 공간 상승 랠리 기법은 대주거래에서는 아래로 열린

공간 저점에서 지지선을 지지하지 못하면 지하실로 직행하게 된다. 종목마다 차트를 거꾸로 보면 대주거래 매도 자리가 보인다. 안전 그물망 매수 자리는 대주거래에서는 좋은 매도 자리라는 것을 몇 개의 차트를 거꾸로 보면 이해가 될 것이다.

:: 그림 3-26 파트론 2018년 8월~2019년 5월 21일까지 일봉 차트 ::

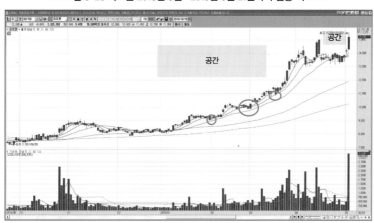

〈그림 3-26〉 파트론 일봉 차트를 보면 정배열 우상향하는 모습을 볼 수 있다. 파트론은 삼성전자와의 협력 관계사로 지문인식과 홍채 인식 모듈을 납품하고 있다. 향후에는 디스플레이 지문인식 모듈 관련 부품 매출 확대로 매출액이 증가할 전망이다. 그리고 해외 공장을 통해 원가절감을 추진하고 있다. 강한 저항선을 돌파하면서 신고가를 갱신할 때는 강한 시세가 나온다는 것을 앞에서 배웠다. 위의 차트도 신고가 갱신의 전형적인 차트다.

Financial Highlight [연결|전체]				단위 : 억원, %, 배, 천주	연결	별도		전체	연간	분기	
IFRS(연결)	Annual					Net Quarter					
	2016/12	2017/12	2018/12	2019/12(E)■		2018/06	2018/09	2018/12	2019/03(P)■		
매출액	7,914	7,913	7,965	11,379		1,700	1,851	2,116	2,934		
영업이익	382	110	305	A 834		-37	96	151	261		
당기순이익	283	45	115	666		-52	76	11	206		
지배주주순이익	218	12	97	599		-51	73	10	194		
비지배주주이익	65	32	19			-1	3	1			
자산총계	5,062	5,111	4,705	5,495		4,782	4,842	4,705			
부채총계	1,211	1,523	1,188	1,436		1,216	1,314	1,188			
자본총계	3,851	3,588	3,518	4,100		3,565	3,528	3,518			
지배주주지분	3,385	3,091	3,034	3,587		3,073	3,046	3,034			
비지배주주지분	467	497	484	514		493	482	484			
자본금	271	271	271	270		271	271	271			
부채비율 ■	31.44	42.44	33.76	35.02		34.11	37.26	33.76			
유보율 ■	1,204.22	1,097.03	1,110.56			1,094.17	1,101.55	1,110.56			
영업이익률 ■	4.83	1.40	3.83	7.33		-2.18	5.19	7.14			
지배주주순이익률 ■	2.75	0.16	1.21	5.26		-3.00	3.93	0.48	7.02		
ROA ■	5.57	0.88	2.35	13.07		-4.15	6.32	0.95			
ROE ■	6.56	0.38	3.16	18.09		-6.66	9.52	1.35			
EPS ■ (원)	402	23	179	1,106		-94	134	19	358		
BPS ■ (원)	6,521	5,985	6,053	7,073		5,971	6,008	6,053			
DPS ■ (원)	200	175	200	215				200			
PER ■	25.73	413.86	45.81	13.75							
PBR ■	1.59	1.58	1.35	2.15		1.19	1.25	1.35			
발행주식수	54,156	54,156	54,156			54,156	54,156	54,156			
배당수익률 ■	1.93	1.85	2.44					2.44			

〈그림 3-27〉 파트론 재무제표를 보면 A 부분의 컨센선스 칸에 예상 수치가 기록되어 있다. 회사의 컨센서스를 통해 투자자들은 여러 가지 정보를 알아낼 수 있다. 파트론은 부채비율도 낮고 유보율은 높은 편이다. 그리고 배당도 주는 회사다. 기본적인 재무제표 정도는 개인투자자도 참고하는 것이 좋다. 재무제표에서 매출액의 증가, 영업이익의 증가, 배당수익률, 부채율, 유보율 등을 확인해보는 것은 안전한 투자에 도움이 된다.

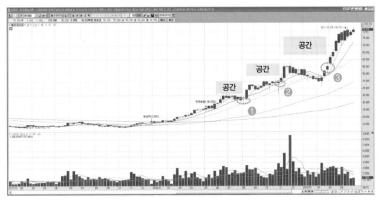

〈그림 3-28〉 휠라코리아 주봉 차트를 보면 오랜 침체 구간을 벗어나 정배열 우상향하는 모습을 보인다. 1, 2, 3번 자리는 저항을 돌파하는 상승장악형 양봉이 나타난 자리로 안전 그물망이 쳐져 있어 저점에서 매수하지 못했다고 해도 저항대를 돌파할 때마다 매수할 수 있는 자리다. 공간이 열려 있으면 회사의 성장 동력에 따라 신고가가 만들어지기 쉽다. 신고가가 경신될 때마다 세력은 달려들 것이다.

휠라코리아 주식 가격은 오랜 기간 바닥권이었다. 저항 매물이 없다 보니 회사의 성장과 함께 주식 가격이 쭉쭉 뻗어 올라가는 모습이다. 최저점 대비 주식 가격은 4배가 올랐다. 성장성이 좋은 회사가 저항 매물까지 없다면 주식 가격의 상승 랠리가 어디까지 이어질지는 아무도 모른다. 이렇게 쭉쭉 뻗어 올라가는 종목은 어떻게 대응해야 할지 고민하지 않을 수 없다. 주식 가격이 고점일 때는 항상 신중하게 투자해야 한다. 그럼 휠라코리아 재무제표를 살펴보자.

:: 그림 3-29 휠라코리아 재무제표(2019년 5월 3일 기준) ::

Financial Highlight [연결|전체]　　　　　단위 : 억원, %, 배, 천주　연결 | 별도 | 전체 | 연간 | 분기

IFRS(연결)	Annual				Net Quarter			
	2016/12	2017/12	2018/12	2019/12(E)	2018/06	2018/09	2018/12	2019/03(P)
매출액	7,914	7,913	7,965	11,379	1,700	1,851	2,116	2,934
영업이익	382	110	305	834	-37	96	151	261
당기순이익	283	45	115	666	-52	76	11	206
지배주주순이익	218	12	97	599	-51	73	10	194
비지배주주순이익	65	32	19		-1	3	1	
자산총계	5,062	5,111	4,705	5,495	4,782	4,842	4,705	
부채총계	1,211	1,523	1,188	1,436	1,216	1,314	1,188	
자본총계	3,851	3,588	3,518	4,100	3,565	3,528	3,518	
지배주주지분	3,385	3,091	3,034	3,587	3,073	3,046	3,034	
비지배주주지분	467	497	484	514	493	482	484	
자본금	271	271	271	270	271	271	271	
부채비율	31.44	42.44	33.76	35.02	34.11	37.26	33.76	
유보율	1,204.22	1,097.03	1,110.56		1,094.17	1,101.55	1,110.56	
영업이익률	4.83	1.40	3.83	7.33	-2.18	5.19	7.14	
지배주주순이익률	2.75	0.16	1.21	5.26	-3.00	3.93	0.48	7.02
ROA	5.57	0.88	2.35	13.07	-4.15	6.32	0.95	
ROE	6.56	0.38	3.16	18.09	-6.66	9.52	1.35	
EPS (원)	402	23	179	1,106	-94	134	19	358
BPS (원)	6,521	5,985	6,053	7,073	5,971	6,008	6,053	
DPS (원)	200	175	200	215			200	
PER	25.73	413.86	45.81	13.75				
PBR	1.59	1.58	1.35	2.15	1.19	1.25	1.35	
발행주식수	54,156	54,156	54,156		54,156	54,156	54,156	
배당수익률	1.93	1.85	2.44				2.44	

〈그림 3-29〉 휠라코리아 재무제표(2019년 5월 3일 기준)를 보면 휠라 역시 다르지 않다. 정배열 우상향 상승 랠리가 이어지는 회사는 컨센서스(A 부분) 수치가 재무제표상에 기록되어 있고, 성장도 엿보인다는 것을 알아낼 수 있다.

앞에서 상승 랠리가 이어지기 위해서는 저항 매물이 없어야 한다. 그리고 플랫폼 구간마다 수익 실현을 할 수 있다. 작전 세력이 운전하는 버스에서 개인투자자는 자신의 목적지를 정확히 알고 내려

야 한다. 수익 실현은 자신의 몫이라는 것을 잊지 말자.

지금까지 상승에 관한 내용을 살펴봤다. 공매도는 하락해야 수익을 내는 매매인데, 왜 공매도 책에서 상승에 관한 이야기를 계속하고 있을까 궁금할 수 있다. 상승에 관해서 정확히 알아야 상승과 반대로 수익을 내는 공매도도 쉽게 할 수 있다. 공매도 시 증권사에서 제공하는 기본적인 재무제표 정도는 개인투자자도 참고하는 것이 좋다. 재무제표에서 매출액의 증가, 영업이익의 증가, 배당수익률, 부채율, 유보율 등을 체크하는 것도 투자에 큰 도움이 된다. 나무에 올라가지 않으면 내려올 필요가 없듯이 상승 기법을 정확히 모른다면 나무에서 내려오는 방법도 알 수 없다. 나무에 올라가는 방법은 다양하다. 사다리를 타고 올라갈 수도 있고, 줄을 타고 올라갈 수도 있다. 또 기어 올라갈 수도 있다. 어떤 방법으로든지 올라가야 내려오는 방법도 찾을 수 있다.

주식 가격이 상승하거나 상승 랠리가 이어질 때는 위로 열린 공간이 있어야 하고, 강한 모멘텀이 작용해야 한다. 모멘텀이 있으면서 위로 공간이 열려 있다면 주식 가격은 상승할 가능성이 크다.

공매도는 반대로 아래로 공간이 열려 있으면 주식 가격이 하락할 때 관성에 의해서 더 하락하게 된다. 그러므로 공매도를 할 때는 아래로 공간이 열려 있다면 지지선을 잘 지켜봐야 한다. 지지선이 무너진다면 하락에 하락을 거듭할 수 있기 때문이다. 한 번 하락을 하게 되면 추가 매수하는 세력이나 개미투자자들로 인해 잠시 횡보하다,

두려움에 견디지 못하는 투자자들의 투매가 나오게 되면서 한 번 더 하락하는 경우가 많다.

〈그림 3-30〉 LG상사의 일봉 차트를 보면 지지선이 무너지면서 하락한 후에 횡보하다가 다시 하락하는 모습을 보여주고 있다.

:: 그림 3-30 LG상사 2018년 5월~2018년 10월 24일까지 일봉 차트 ::

1953년 설립된 LG계열 기업집단에 소속된 종합상사로서 자원, 원자재 부문 및 산업재 부문의 산업을 영위하고 있는 회사다. 세계 경기침체의 영향을 받고 있어 매출과 영업이익이 줄었다.

대주거래 할 때 지지선이 무너지고 공간이 열려 있는 A 지점이 매도 진입 자리다. B도 A와 똑같은 패턴이다. A는 고점 가격대에서의 매도 진입 자리고, B는 저점 가격대에서 매도하는 자리다.

주식 매매할 때 차트를 정확하게 보기 위해서 이동평균선, 정배열, 골든크로스, 데드크로스, 이동평균선이 밀집된 안전 그물망이 처진 가장 좋은 매수 자리, 상승장악형 매수 자리와 플랫폼에 관해서 배웠다. 그리고 대주거래를 할 때는 일반 매매와는 반대의 개념을 갖고 매도 자리를 알아내는 방법도 배웠다. 이제 대주거래를 어떻게 하는지 알아보자. 지금까지 배운 내용을 복습하는 시간도 될 것이다.

:: 안전 그물망 매수 후 고점 매도 기법 ::

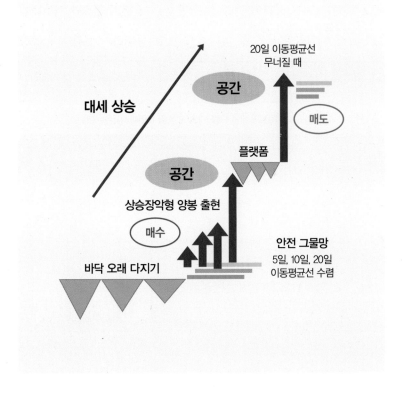

돌파가 쉬운 차트와
어려운 차트

돌파가 쉬운 차트는 일봉이나 분봉이나 똑같다. 주식 가격이 상승하기 위해서는 위로 공간이 열려야 한다. 공간이 열려 있으면 저항대에 매물이 소화되었다고 볼 수 있다. 그러므로 상승하기 쉬워진다. 공간이 열려서 상승하는 차트를 한번 살펴보자.

:: 그림 3-31 삼호 2018년 12월~2019년 6월 14일까지 일봉 차트 ::

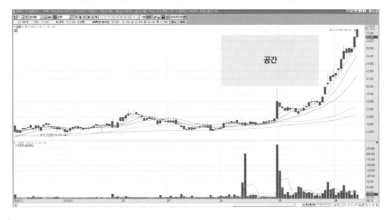

〈그림 3-31〉 삼호의 일봉 차트를 보면 삼호라는 종목이 무슨 호재가 있구나 하는 생각을 갖게끔 한다. 연일 신고가를 갱신하면서 상승하는 모습을 보여주고 있으며, 위로 공간이 열려 있다.

삼호는 우리가 잘 알고 있는 'e편한세상' 아파트를 짓는 건설회사로, 52주 신고가를 경신하며 상승하는 실적주다. 삼호는 대림그룹 계열의 종합건설사로 2019년 3월 재무제표를 보면 매출액이 87.62% 증가하였고, 영업이익도 282.01% 증가했다. 특히 건축 부문의 매출액이 대폭 증가하였고 영업이익, 당기순이익도 모두 큰 폭으로 증가했다. 재무구조도 크게 개선되고, 토목 부문의 업황 개선에 대한 기대감도 높아지고 있어 주가가 상승했다.

공매도는 상승과 반대로만 하면 된다. 삼호처럼 위로 공간이 열려 있다면 공매도를 하면 안 된다. 아래로 공간이 열려 있고 점점 하락할 가능성이 커 보일 때 공매도를 해야 한다. 주식 가격이 상승하기 위해서는 위로 공간이 열려야 한다. 공간이 확보되지 않는다면 저항대에 매물이 막혀서 상승하기 힘들다. 저항대 돌파가 어려운 차트를 한번 살펴보자.

:: 그림 3-32 우리기술투자 2018년 12월~2019년 5월 24일 일봉 차트 ::

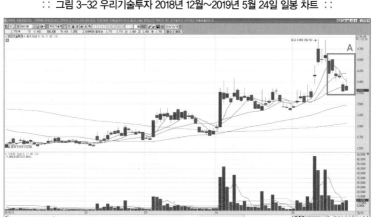

〈그림 3-32〉 우리기술투자 일봉 차트를 보자. 우리기술투자는 가상화폐 관련 수혜주로서 2019년 5월 14일 고점을 기록한 후 계속 하락했다. 반등하기 위해서는 공간이 열려야 하는데 왼쪽에 벽처럼 음봉들로 막혀 있는 것을 볼 수 있다. 공간이 막혀 있으면 강한 모멘텀이 작용하지 않는 이상 저항대를 돌파하기 힘들다.

:: 그림 3-33 우리기술투자 2018년 12월~2019년 7월 3일 일봉 차트 ::

〈그림 3-33〉 우리기술투자 일봉 차트를 보자. B 구간에서 저항대를 돌파하지 못한 모습을 보여주다가 가상화폐 비트코인의 강한 모멘텀 뉴스로 저항대를 돌파하는 모습을 보여준다. 우리기술투자 차트뿐만 아니라 대부분의 차트는 공간이 막히면 저항 매물이 무거워 상승하기 힘들다.

〈그림 3-34〉 센트럴바이오 일봉 차트를 보자. A, B, C 구간마다 왼쪽에 공간이 열리지 않아 저항대를 돌파하기 힘든 모습을 볼 수

있다. 저항대를 돌파하기 전에 주가가 하락하며 저점을 올리거나 길게 횡보하며 상승할 수 있는 공간을 확보하게 되는데, B 구간에서 횡보하는 동안 위로 공간이 열렸다. C 구간은 저항벽이 강해 위로 공간이 없어 상상하기 어렵고, 모멘텀이 소멸하며 하락하고 있음을 예상할 수 있다.

2019년 7월 3일 세화피엔씨는 화장품, 센트럴바이오는 플라스틱 창호는 호실적임에도 불구하고 주가가 하락했다. 만일 투자자가 이 종목을 보유 중이라면 분명 왜 종목이 하락하는지 알아보기 위해 재무제표도 확인하고, 무슨 악재가 있는지 확인할 것이다. 이것저것 살펴보고 확인했지만 별다른 악재도 없고, 재무제표도 좋다. 그렇다면 왜 하락하는 것일까? 주식 가격이 상승하기 위해서는 강력한 모멘텀이 있어야 하기 때문이다. 이 차트는 모멘텀이 부진하면 주식 가격은 하락하게 된다는 것을 보여준다. 주식 가격이 계속 하락할 때는 앞에서 배운 안전 그물망 형태의 안전한 진입점이 나오기 전까지는 신규 매수를 신중하게 고려하자.

잘 안 가는 일봉과 분봉 차트 비교

〈그림 3-35〉 전파기지국 일봉 차트(좌측)와 5분봉 차트(우측)를 보자. 전파기지국은 5G 테마주다. 2019년 4월 8일부터 상승하기 시작하면서 5월 말까지 고공행진하는 중이다. 왼쪽 초록색 네모 안은 일봉 매물대가 많고 열린 공간도 없다. 5분봉을 살펴보면 5월 29일 5분봉이 상승으로 끝났다. 전날 분봉 상승은 다음 날 갭이 뜨고 하락한 후 다시 올라가기가 힘들다.

분봉에서도 위로 공간이 열릴 때까지는 상승이 어렵다. 축구 경기에서 수비수보다 공격수가 많다면 더 많은 골을 넣을 수 있는 원리와 같다. 주식 가격이 상승하기 위해서는 왼쪽에 물려 있는 투자자(수비수)들이 없어야 쉽게 상승한다. 즉 공간이 열려 있어야만 상승한다는 것이다.

:: 그림 3-35 전파기지국 2019년 5월 30일 일봉 차트(좌측)와 5분봉 차트(우측) ::

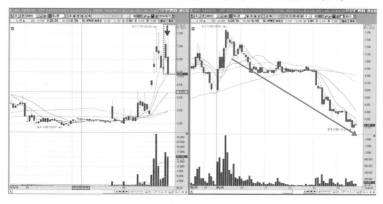

〈그림 3-36〉 유니온 일봉 차트(좌측)와 5분봉 차트(우측)를 보자. 고점에서 장대음봉이 출현하고 강한 매물대에 막혀서 더는 상승하지 못하는 모습을 보여주고 있다. 우측 5분봉 차트를 보면 갭 상승한 후 고점에서 하락한 후 잠시 횡보하다가 결국 지속적으로 하락하는 모습이다. 유니온은 유니온머티리얼과 함께 움직이는 종목인데 유니온머티리얼이 1% 하락하면 유니온은 3.5% 정도 하락한다.

:: 그림 3-37 2019년 5월 30일 유니온머티리얼 일봉 차트(좌측)와 5분봉 차트(우측) ::

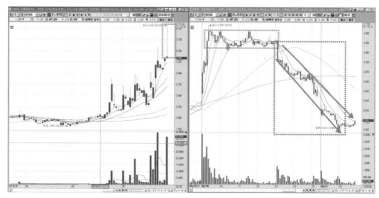

같은 날 유니온머티리얼 차트도 살펴보도록 하자.

〈그림 3-37〉 유니온머티리얼 일봉 차트(좌측)와 5분봉 차트(우측)를 보면 최고점 4,090원을 기록하고 급락했다. 우측 5분봉 차트도 갭 상승 후 고점에서 빨랫줄 형태로 횡보하다가 분봉 20일 이동평균선이 무너지면서 지속 하락한 모습을 보여준다.

외봉 신고가 기법

외봉 신고가 기법이란, 우상향 정배열 차트에서 90일 신고가 발생 후 다음과 같은 조건을 충족하는 종목을 선택한다.

> ‣ 우상향 정배열 차트에서 시세 분출 전의 양봉
> ‣ 반드시 기관, 외국계, 외국인, 프로그램의 순매수
> ‣ 기관+외인+외국인(1/2) = 합계가 당일 거래량의 30% 정도가 되어야 한다.
> ‣ 3시 이후 기관, 외국계, 외국인 양 매수 확인 후 종가 부근 매수
> ‣ 전일 종가를 깨면 매도, 양봉이 나오는 날까지 보유

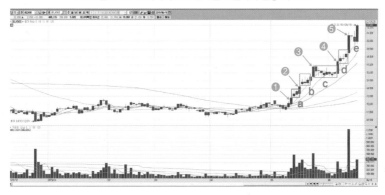

〈그림 3-38〉 코나아이 일봉 차트를 보자. 1번은 2019년 5월 14일 캔들이다. 1번 캔들은 저항대를 돌파하지는 못했지만 의미 있는 외봉이 탄생했다. a 구간 2개의 캔들은 저항을 돌파한 후 저점이 상승했다. 그리고 2016년 5월 16일 기관, 외국인, 외국계, 프로그램 순매수가 들어왔다. 2019년 5월 15일 1분기 영업이익이 흑자 전환 뉴스가 나오면서 2016년 5월 24일까지 저점을 높이며 상승을 이어갔다.

2019년 5월 16일에는 기관, 외국인, 외국계, 프로그램 매수가 네 군데서 모두 들어왔고 다음 날 8.68% 상승했다. 하지만 여기서 8% 이상 상승했으나 대량 거래량이 터지지 않았음을 간과해서는 안 된다. 이 구간에서 대량 거래량이 터지지 않았다는 것은 주포가 아직 물량을 내놓지 않았다는 의미이다. 즉 더 상승할 것으로 예측할 수 있다. 하지만 세력들이 어디서 대량 물량을 터뜨릴지는 모른다.

2019년 5월 24일까지 이슈가 될 만한 뉴스가 나오지도 않았는데

b 구간 지지선을 무너뜨리지 않고 5월 22일 기관, 외국인, 외국계, 프로그램 등 네 군데에서 순매수가 들어왔다. 5월 23일 양봉이 나오면서 저점이 올라갔다. 그리고 5월 24일도 뉴스 없이 9.68% 상승하면서 62만 2,984주가 거래되었다. 2주 정도 쉬지 않고 올라왔기 때문에 c 구간에서 쉬어가는 모습을 보여준다. 여기서 수익을 실현할 사람들은 매도했을 것이다. 8일 동안 횡보 후 10% 이상 상승한 저항선 돌파 양봉이 나왔다. 하지만 이날도 41만 5,665주만 거래되었다.

d 구간 3일 동안 횡보하면서 저점을 올리고 6월 13일 17.22% 상승한 후 그동안에는 없었던 123만 4,130주가 거래되었다. 그리고 e 구간에서 숨을 돌리며 거래가 감소된 후 6월 18일 11% 이상의 상승이 나왔는데, 거래량은 46만 9,115주가 거래되었다. 11% 이상 상승할 경우 전날 거래량의 2배 이상 터져야 하는데, 오히려 거래량이 감소했다. 아직도 주포가 물량을 다 내놓지 않았다는 의미다.

6월 19일 52주 신고가를 경신했다. 8.64% 상승하고 72만 5,938주 거래되었다. 지금까지 양봉은 윗꼬리를 짧게 달거나 윗꼬리가 없었는데 6월 19일 양봉은 윗꼬리를 달았다. 고점에서 윗꼬리를 다는 것은 개미들에게 좋은 것은 아니다. 하락을 예상해봐야 한다.

코나아이는 스마트카드 종합솔루션과 카드결제 플랫폼을 제공하는 기업이다. 코나아이는 카드에 들어가는 칩을 제조하기 때문에 카드가 많이 풀리면 영업이익이 늘어난다. 최근 코나카드 발급자가 빠르게 증가하고 있으며, 2019년 4월까지 젊은 층을 중심으로 34만 개가 발급되었다. 그리고 B2B(business to business: 기업과 기업이 전자 상거래를 하는 것을 말함) 시장인 신규 지자체나 기업 등을 유치하는 등 사업을 확장하고 있다.

'소상공인 보호' 정부정책의 간접 수혜주이다. 또한 신용카드 수수료 문제에 있어서 코나아이는 수수료가 낮고 코나카드는 연회비가 무료에 스타벅스 30% 할인 등 혜택이 다양하고 편리하다는 점에서 경쟁력이 높다. 코나아이는 글로벌 SE 시장점유율은 금융시장 4위, 통신시장 2위, 글로벌 금융사 500여 곳에 국제표준 EMV 기반 IC칩 카드를 공급하고 있다. 그리고 통신 분야는 국내 최초로 NFC USIM 카드를 50개 통신사에 공급하고 있다. 코나아이는 지문카드 시범 서비스에 참여해 지문인식카드가 본격적으로 상용화되면 수혜 가능성도 보인다.

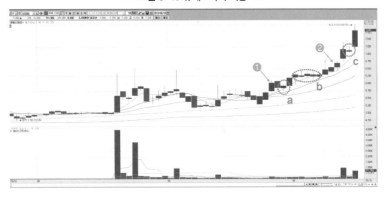

〈그림 3-40〉 큐에스아이 외봉 일봉 차트를 보자. 1번과 2번은 돌파 양봉이고 a, b, c 구간에서 거래가 감소한 후 다시 시세 분출이 나오는 것을 볼 수 있다. 1번은 저항 돌파 캔들이다.

:: 그림 3-41 큐에스아이 일별 주가 ::

일자	시가	고가	저가	종가	등락률	거래량	개인	기관	외인(수량)	외국계	프로그램	외인비
2019/05/28	5,750	6,110	5,700	6,030	+5.79	185,789	-14,141	-362	14,503	10,218	2,779	1.59
2019/05/27	5,460	5,740	5,460	5,700	+2.33	63,334	-4,896	1,270	3,628	2,917	3,628	1.41
2019/05/24	5,310	5,710	5,310	5,570	+2.20	38,252	-2,122	0	2,122	2,044	2,123	1.37
2019/05/23	5,600	5,640	5,450	5,450	-1.98	28,008	-7,400	0	7,400	5,223	7,400	1.34
2019/05/22	5,740	5,740	5,460	5,560	-0.71	33,628	-1,656	-650	2,306	1,947	2,247	1.25
2019/05/21	5,620	5,770	5,510	5,600	-0.53	56,914	-10,544	0	10,544	5,357	11,338	1.22
2019/05/20	5,620	5,830	5,620	5,630	-0.53	75,572	3,004	0	-3,203	-5,301	-3,566	1.10
2019/05/17	5,630	5,770	5,570	5,660	+1.62	100,743	-3,198	0	3,197	1,942	3,424	1.13
2019/05/16	5,500	5,750	5,460	5,570	+2.20	119,400	2,794	0	-2,782	-1,473	-3,310	1.10
2019/05/15	5,240	5,960	5,230	5,450	+4.41	383,434	-28,892	0	28,900	14,544	26,727	1.13
2019/05/14	5,250	5,380	5,130	5,220	-1.32	59,170	-10,268	0	10,272	7,634	10,023	0.78
2019/05/13	5,250	5,410	5,210	5,290	+0.38	46,935	1,191	0	-1,185	-1,225	-527	0.66
2019/05/10	5,230	5,350	5,130	5,270	+1.35	52,730	-1,690	-482	2,459	1,762	2,293	0.67
2019/05/09	5,590	5,640	5,130	5,200	-6.81	126,075	19,829	0	-21,829	-8,239	-20,833	0.64
2019/05/08	5,400	5,580	5,380	5,580	+0.90	102,230	-9,115	0	9,112	11,898	9,420	0.90
2019/05/07	5,700	5,750	5,530	5,530	-4.98	149,215	5,854	0	-7,189	-3,624	-9,421	0.79

〈그림 3-41〉 큐에스아이 일별 주가를 보면 5월 27일 기관, 외국인, 외국계, 프로그램 등의 네 군데에서 매수가 들어왔음을 알 수 있다. 1번 캔들 다음 날 a와 b 구간에서 조정을 준 후 저점을 올리면서

거래량 없이 지속 상승했다. 6월 14일 99만 주 정도 거래량이 터졌다가 전일 거래량 대비 감소한 후 52주 신고가를 경신했다.

큐에스아이는 2006년 11월 24일 코스닥 상장한 회사로 자율주행차 지능형 레이더 개발 수혜주다. 자율주행차에서는 없어서는 안 되는 국내 유일 라이다 센서 기술력을 보유하고 있다. 또한 고객 맞춤형 제품을 생산할 수 있는 토털 솔루션을 갖추고 있어 같은 업종에서 차별화된 경쟁력을 갖추고 있다.

:: 그림 3-42 비즈니스온 2019년 6월 일봉 차트 ::

〈그림 3-42〉 일봉 차트를 보면 1번 저항 돌파 외봉이 나왔다. 그리고 a, b 구간의 거래가 감소한 후 양봉이 나오는 것을 볼 수 있다.

안전 그물망 자리가 나온 후 거래량이 줄어드는 전형적인 차트로 외봉의 양봉은 거래량이 강하지 않다. 세력들이 아직 물량을 풀지 않았다는 것을 예상할 수 있다.

:: 그림 3-43 비즈니스온 6월 17~18일 일별 주가 ::

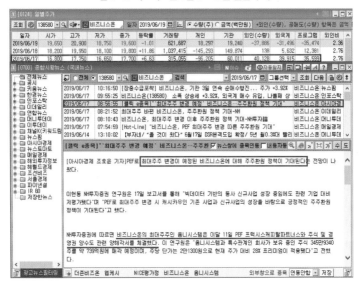

〈그림 3-43〉 비즈니스온의 일별 주가와 관련 뉴스를 보면 기관, 외국인, 외국계, 프로그램 매수가 들어왔음을 알 수 있다. 6월 17일 거래량은 31만 5,095주다. 이날 기관, 외국인, 외국계 수량을 합하면 당일 총 거래량의 30%를 넘는다. 이런 종목은 다음 날 상승할 수 있는 조건을 갖추고 있기 때문에 기준가를 넘어가면 상승세를 탄다. 비즈니스온은 빅데이터를 기반으로 사업을 하는 회사다. 국내 1위 전자세금계산서 발행 업체로 다수의 대기업 고객을 보유하고 있다.

외봉 기법은 신고가 차트로 왼쪽에 공간이 열려 있고, 양(기관+외국계+외국인)매수가 들어온 종목으로 단기에 큰 수익을 낼 수 있는 기법이다. 오후에 주식장을 컴퓨터로 볼 수 있는 개인투자자는 외봉 기법에 한번 도전해볼 만하다.

윗꼬리 다음 날
거래급감 기법

정배열 차트에서 대량 거래가 터진 윗꼬리를 발견한다면 주목해봐야
한다. 거래량이 급증하며 만들어진 윗꼬리 양봉이어야 하며, 이때 반드
시 차트는 정배열이어야 한다. 이렇게 만들어진 윗꼬리를 발견하면 하
루나 이틀간의 조정 기간을 눈여겨보는 것이다. 조건을 충족하는 윗
꼬리가 나온 다음 날 거래가 급격하게 감소했다가 하루나 이틀 후
다시 상승하는 종목으로 수익을 낼 수 있는 기법이다. 한 가지 유의
할 점은 거래량을 수반한 윗꼬리를 발견했다고 해서 무조건 통한다
고 생각하면 안 된다는 점이다. 만일 해당 종목이 윗꼬리를 만들 때
뉴스가 나왔다면 이는 절대 선택해서는 안 된다.

> ‣ 대량 거래량 터진 후 윗꼬리를 단 종목: 윗꼬리를 만들 때 뉴
> 스가 나왔으면 절대 선택하지 말아야 한다.
> ‣ 전일 거래량의 5분의 1 이상 감소(전일 대비 20% 이하)
> ‣ 윗꼬리 다음 날부터 2일 안에 상승이 나와야 한다: 2일 이상
> 지연될 경우 진입하지 말자.
> ‣ 목표가는 안전하게 윗꼬리의 80% 정도 부근에서 매도하면
> 된다.

:: 그림 3-44 베셀 2019년 6월 18일 일봉 차트 ::

〈그림 3-44〉 베셀의 일봉 차트를 통해 실전에서 어떻게 적용할 수 있는지 확인해보자. 정배열이 된 차트에서 1번 캔들이 24%까지 상승하고 거래량은 438만 3,414주로 급증했다. 이 양봉 캔들이 윗꼬리를 달고 거래량이 터진 모습이다. 그다음 날인 2번 캔들에서의 거래량은 42만 5,655주로 전일 거래량과 비교해 급격하게 줄어들었다. 그다음날인 3번 캔들은 1번 캔들의 윗꼬리 80% 부근까지 상승했다.

:: 그림 3-45 베셀 2019년 6월 13일~6월 18일까지 일별 거래량 ::

일자	시가	고가	저가	종가	등락률	거래량	개인	기관	외인(수량)	외국계	프로그램	외인비	
2019/06/18	4,025	4,140	3,935	4,140	+1.97	377,038	2,027	0	-8,171	6,816	-263	0.66	
2019/06/17	3,850	4,440	3,850	4,060	+5.59	3,114,104	25,433	0	-13,145	-7,421	-8,478	0.73	
2019/06/14	3,945	3,950	3,795	3,845	-2.78	425,655	13,314	0	-11,485	-12,079	-7,697	0.85	
2019/06/13	3,650	4,490	3,555	3,955	+9.41	4,383,414	20,293	0	-11,892	-14,782	-8,113	0.95	
2019/06/12	3,605	3,630	3,555	3,615	+1.26	27,239	4,788	0	-6,877	-4,350	-2,864	1.06	
2019/06/11	3,405	3,640	3,405	3,570	+4.85	69,238	11,234	0	-13,958	-9,746	-10,101	1.12	
2019/06/10	3,410	3,475	3,375	3,405	-0.15	16,981	561	0	-4,243	0	-1,734	1.24	
2019/06/07	3,370	3,430	3,315	3,410	+1.79	34,502	-830	0	-5,704	0	830	1.28	
2019/06/05	3,360	3,400	3,255	3,350	+3.40	46,460	-10,952	0	6,550	0	9,519	1.33	
2019/06/04	3,390	3,445	3,200	3,240	-4.42	87,713	-10,536	0	10,130	0	12,664	1.27	
2019/06/03	3,525	3,530	3,320	3,390	-3.83	66,260	-7,308	0	8,488	0	6,788	1.18	
2019/05/31	3,565	3,595	3,480	3,525	-1.81	36,539	4,436	0	-4,436	-3,417	-4,807	1.11	
2019/05/30	3,595	3,650	3,505	3,590	-0.97	36,049	558	0	-558	-2,222	-558	1.15	
2019/05/29	3,680	3,710	3,600	3,625	-1.09	46,888	7,322	0	-7,322	-7,318	-4,214	1.15	
2019/05/28	3,480	3,745	3,395	3,665	+2.66	121,249	-4,551	0	8,251	5,868	2,551	1.22	
2019/05/27	3,565	3,665	3,500	3,570	-2.59	58,437	1,407	0	-1,407	-1,349	-1,720	1.14	
2019/05/24	3,615	3,705	3,610	3,665	-0.27	23,469	-1,475	0	1,475	1,211	1,472	1.16	
2019/05/23	3,865	3,865	3,675	3,675	-4.67	57,290	-1,622	0	-78	-241	-78	1.14	
2019/05/22	3,805	3,885	3,780	3,855	+0.26	22,025	1,894	0	-894	-1,700	-1,894	1.14	
2019/05/21	3,805	3,880	3,765	3,845	+1.45	57,928	1,689	0	-8,689	-279	-765	1.15	

이때 윗꼬리를 넘어가는 경우도 있지만 실전에서는 안전한 자리에서 매도하는 것이 안전하다.

:: 그림 3-46 베셀 2019년 5월 31일 중국 업체와 공급계약 해지 뉴스 ::

베셀은 LCD/OLED 장비의 개발, 제작 및 판매 업체로 알려져 있다. 2019년 5월 31일 뉴스에 따르면 베셀은 중국과 디스플레이 40억 원의 공급계약을 해지한 후 2019년 6월 4일 52주 최저 가격인 3,200원을 기록했다. 그리고 단기 골든크로스를 형성하며 거래량이 터졌다. 2019년 6월 7일 정부의 드론 활성화 정책으로 드론주들이 상승하면서 베셀도 함께 단기 골든크로스를 형성했다.

김해공항 관제권 내 약 900건 이상 불법 드론 비행이 발생하면서 정부는 앞으로의 사고를 방지하기 위한 5G 기반의 가드 드론이 현재 모의 훈련 중이다. 그리고 24시간 실시간 불법 드론 관제 솔루션

개발과 체계를 구축해나갈 예정이다. 이로 인해 2019년 6월 7일 드론 관련주들이 상승했다.

:: 그림 3-47 린드먼아시아 2019년 6월 18일까지 일봉 차트 ::

:: 그림 3-48 린드먼아시아 2019년 6월 14일~6월 18일까지 일별 거래량 ::

일자	시가	고가	저가	종가	등락률	거래량	개인	기관	외인(수량)	외국계	프로그램	외인비
2019/06/18	5,290	6,090	5,290	5,490	+4.37	2,867,488	34,275	0	-36,633	0	-36,633	0.36
2019/06/17	5,390	5,480	5,150	5,260	-2.59	369,215	-7,577	0	7,129	7,227	9,133	0.66
2019/06/14	4,815	5,950	4,800	5,400	+11.34	3,450,916	42,639	0	-27,667	-28,919	-35,988	0.60
2019/06/13	4,825	4,850	4,765	4,850	+0.62	15,065	-1,995	0	1,347	1,496	1,123	0.81
2019/06/12	4,820	4,900	4,770	4,820	-0.41	16,353	1,333	0	-1,927	215	-1,333	0.80
2019/06/11	4,800	4,880	4,795	4,840	+1.04	16,529	-614	0	624	925	824	0.81
2019/06/10	4,730	4,795	4,725	4,790	+0.52	20,239	-1,967	0	703	2,137	1,967	0.81
2019/06/07	4,670	4,770	4,670	4,765	+0.74	11,636	291	0	-1,262	-145	-291	0.80
2019/06/05	4,670	4,740	4,645	4,730	+1.83	14,367	-3,787	0	3,264	3,786	3,786	0.81
2019/06/04	4,650	4,670	4,600	4,645	+0.22	12,144	-825	0	-137	597	810	0.79
2019/06/03	4,650	4,665	4,590	4,635	-0.54	5,768	-145	0	257	438	124	0.79
2019/05/31	4,590	4,660	4,585	4,660	+1.64	13,248	-1,594	0	1,594	1,585	1,594	0.79

〈그림 3-47〉의 린드먼아시아의 일봉 차트도 살펴보자. 이것 또한 정배열 차트에서 거래량을 수반한 윗꼬리가 나왔다. 1번 캔들이 나온 2016년 6월 14일 22.68%까지 상승했고, 이때의 거래량은 3,450만 916주로 거래량이 터지며 윗꼬리를 달고 마감했다. 그리고 그다음 날인 6월 17일 거래가 현격히 급감했고, 6월 18일에는 15.78%까지 다시

상승했다. 이처럼 조건에 맞는 윗꼬리를 발견하면 관심 종목에 넣어두고 관찰하는 습관을 들여보자.

상한가 기법

상한가 기법은 여러 가지가 있으나 기법이 난해하고 어렵다. 그러므로 점 상한가와 장중 상한가 두 가지 기법에 대해서 알아보자.

점 상한가 기법

점 상한가는 장 시작 전 동시호가 거래시간 9시까지의 주문접수로 상한가가 되어 장 시작 후 시작 가격부터 상한가로 주문해야 체결된다. 동시호가는 같은 시간에 같은 호가로 들어온 주문이기 때문에 주문을 한군데로 모아 동시에 체결시키는 것이다. 9시에 거래를 시작하는데, 8시 20분부터 주문을 받기 시작하지만 9시 전까지는 실시간 거래가 이루어지지 않는다. 모든 주문을 모아서 9시에 한꺼번에 거래된다. 동시호가는 주문 폭주로 인해 주가가 왜곡되는 것을 방지하기 위한 매매 방식이다. 동시호가 때 상한가로 매수하면 체결되자마자 크게 하락하므로 점 상한가 매매를 하기 위해서는 정확한 체결 방법을 알아야 한다.

점 상한가는 상한가 가격이 시초가(시작 가격)가 되는 경우로, 시초가로 사려는 힘이 팔려는 힘을 압도하는 경우다. 동시호가에 상한가로 매수를 걸어두어 자금력이 약한 개미들에게 매수할 기회를 주지 않는다. 상한가 동시호가 체결 우선순위는 위탁 매매와 수량 우선순위가 적용되기 때문이다. 즉 수량이 많은 사람이 우선으로 100주 단위로 분배를 받는다. 그렇기 때문에 수량을 적게 신청한 개미들은 매수할 수 없다. 우연히 매수가 되었다면 그날은 매도세가 매수세를 압도하여 상한가가 풀리는 날일 수도 있다.

주식 체결의 4가지 원칙

1. 가격우선 원칙: 낮은 가격의 매도 주문과 높은 가격의 매수 주문이 우선
2. 시간우선 원칙: 같은 가격일 경우 먼저 주문한 것이 우선
3. 수량우선 원칙: 동일 시각에 주문했을 경우, 수량이 많은 주문이 우선
4. 위탁우선 원칙: 위탁거래자의 주문이 우선

주식 체결의 우선순위는 가격 ⇨ 시간 ⇨ 수량이다. 그러나 동시호가 주문은 시간우선의 원칙을 적용하지 않는다. 즉 가격과 수량만으로 주문의 우선순위가 정해진다. 시가가 상한가나 하한가로 결정되는 경우에만 가격 ⇨ 수량 ⇨ 시간의 원칙을 적용하며, 종가는 해당 사항이 없다.

이 원칙은 2007년 8월 6일부터 기회의 균등함을 이루기 위해서 예외사항을 적용하게 되었다. 9시까지 상·하한가로 접수된 미체결이 있는 경우 15시 30분까지 수량을 배분한다. 만약 9시 이전의 주문이 모두 체결된다면 9시 이후 주문 접수분부터는 가격 ⇨ 시간 순으로 체결된다.

상한가에 매수 주문이 몰리면 모두 같은 가격인 상한가로 주문했기 때문에 가격우선의 법칙은 적용되지 않는다. 이때는 수량우선 원칙에 의해 정량배분하게 된다.

정량배분이란 상한가, 하한가 매수와 매도 주문을 할 때 투자자에게 체결 수량을 배분하는 것이다. 즉 한 사람이 많은 물량을 사고 파는 것을 막고, 모든 투자자에게 골고루 물량을 배분하여 거래할 수 있도록 하는 것이다. 정량배분은 수량우선 원칙에 따라 수량이 가장 많은 주문자로부터 내림차순으로 체결된다. 우리나라 주식시장에서의 매매 단위 수량은 1주다. 그럼 점 상한가 정량배분은 어떻게 되는지 알아보자.

> ▸ **매매 수량 단위의 100배**
> ▸ **매매 수량 단위의 500배**

- 매매 수량 단위의 1,000배
- 매매 수량 단위의 2,000배
- 매수 주문 잔량의 2분의 1(미만 수량은 4사 5입)
- 잔량 전부

예를 들어 동시호가가 상한가로 시작할 때 총 매도 수량은 2만 주이고, 총 매수 수량은 4만 2,027주라고 가정해보자.

- 매수 주문자 A: 3만 2,000주   · B : 7,300주
- C: 2,650주   · D : 77주

	주문 수량	1차 배분	2차 배분	3차 배분	4차 배분	5차 배분	주문 잔량
A	3만 2,000	100	500	1,000	2,000	1만 1,973	2만 3,627
B	7,300	100	500	1,000	2,000		3,700
C	2,650	100	500	1,000	1,050		0
D	77	77					0

상한가가 시초가일 때 정량배분 순서는 수량우선 원칙에 따라서 A→B→C→D 순으로 배분된다.

A의 주문량은 3만 2,000주이고 1, 2, 3, 4차 배분 때 3,600주를 받았다. 3만 2,000주에서 배분받은 3,600주를 뺀 매수 주문 잔량은

2만 8,400주다. 2만 8,400주의 2분의 1은 1만 4,200주다. 5차 배분 때 매수 잔량의 2분의 1인 1만 4,200주를 배분받아야 하지만 매도 잔량이 1만 1,973주밖에 남지 않았기 때문에 1만 1,973주 모두를 배분받게 된다. A는 3만 2,000주를 주문했지만 2만 3,627주는 매수되지 않았고, B는 3,700주가 매수되지 않았다. C와 D는 주문한 수량을 다 받았다. 그리고 A가 남아 있는 수량을 다 받게 되기 때문에 B는 수량우선 원칙에 의해 더는 배분받지 못하게 된다. 이처럼 수량우선의 원칙에 의해 배분을 받기 때문에 상한가로 동시호가 매수할 때 100주씩 주문하면 매수가 잘 되지 않는다. 때문에 101주, 106주, 108주 등으로 매수 주문을 하면 좋다.

점 상한가 종목에 투자하기 위해서는 장 전에 먼저 예상 등락률 창에서 점 상한가 종목을 찾아본다. 점 상한가 종목은 반드시 점 상한가로 가기 위한 내용이 있어야 하므로 뉴스나 공시를 확인해봐야 한다. 그 내용이란 최대주주 변경, 제3자 배정 유상증자, 정부정책,

:: 그림 3-49 제이스테판 5월 17일, 5월 20일, 5월 21일 3일 동안 점 상한가를 기록한 차트 ::

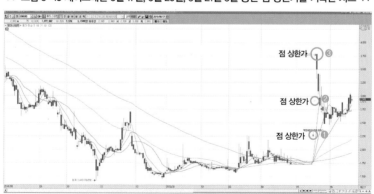

:: 그림 3-50 제이스테판 최대주주 변경 뉴스 ::

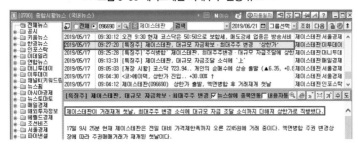

:: 그림 3-51 데이짱 제이스테판 점 상한가 매매 수익 계좌 ::

역사상 신고가 등이다. 만약 내용이 없는 점 상한가 종목을 매수하 게 되면 상한가가 무너지면서 큰 손실을 볼 수도 있다.

〈그림 3-49〉 제이스테판은 3일 동안(5월 17일, 5월 20일, 5월 21일) 점 상한가를 기록했다. 점 상한가는 반드시 내용이 있어야 하는데, 〈그 림 3-50〉을 보면 최대주주 변경 뉴스가 나왔다. 세 번째 점 상한가 자리에서 상한가가 무너져 내렸다. 점 상한가는 수익이 많이 나기도 하지만, 무너져 내리는 날에는 반드시 매도해야 한다.

〈그림 3-52〉 바른테크놀로지의 점 상한가 차트를 보자. 점 상한 가 다음 날에 상한가가 무너져 내렸다. 점 상한가로 가는 종목들은

:: 그림 3-52 바른테크놀로지 점 상한가 일봉과 분봉 차트 ::

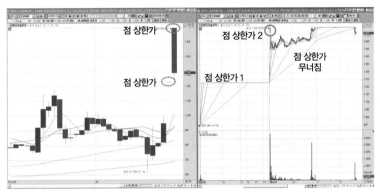

:: 그림 3-53 바른테크놀로지 점 상한가 가기 전 뉴스 ::

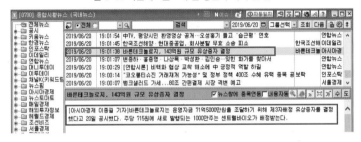

:: 그림 3-54 바른테크놀로지 점 상한가 동시호가창 보기 ::

두 번에서 세 번도 가기 때문에 욕심을 내면 안 된다. 점 상한가는 첫 점 상한가에서만 도전하는 습관을 갖도록 하자.

점 상한가를 잘 활용하려면 8시 55분 이후 동시호가 예상 체결량과 매수 잔량의 변화를 잘 살펴야 한다. 바른테크놀로지는 점 상한가로 간 날 2019년 6월 21일 9시 2분 예상 체결량이 약 38만 주고, 매수 잔량은 약 6,300만 주다. 바른테크놀로지를 점 상한가에 매수하겠다는 사람들이 동시호가 매도 잔량의 100배가 넘어야 좋다. 바른테크놀로지는 예상 체결량의 거의 200배 가까이 매수 잔량이 쌓였다. 점 상한가 매수 수량이 매도 잔량에 비해 적으면 상이 무너지지 쉽다.

∷ 그림 3-55 데이짱 바른테크놀로지 점 상한가 수익 계좌 ∷

〈그림 3-55〉는 필자의 바른테크놀로지 점 상한가 수익 계좌이다. 필자는 점 상한가 다음 날 상한가에 적절히 매도를 잘했다.

일반 상한가 기법

하루에 몇 개씩 상한가 종목이 나온다. 오후 동시호가 전까지 상한가에 도달한 종목 중 다음 날 갭 상승이 예상되는 종목을 매수한다.

그럼 어떤 종목을 골라야 하는가?

고점에서 한두 시간 이상 횡보한 종목을 찾자.

고점에서 한두 시간 이상 횡보한 후 상한가에 도달하는 종목을 고르자. 고점에서 횡보하는 동안 수익을 실현하려는 단타 투자자나 오랫동안 보유했던 개미투자자가 물량을 소화하는 데 시간이 필요하기 때문이다.

:: 그림 3-56 2019년 6월 5일 종가 상한가 따라잡기 일봉 차트와 분봉 차트 ::

〈그림 3-56〉의 일봉 차트와 분봉 차트를 보면, 오후 2시 40분 이후에 고점에서 횡보하는 동안 개미들이 물량을 소화하는 과정을 보여준다. 다음 날 수익을 충분히 낼 수 있도록 갭 상승한 후 분봉 하락했다. 동시호가 전에 상한가 따라잡기 기법으로 다음 날 갭 상승할 때 수익을 챙겨두는 것이 안전하고 좋다.

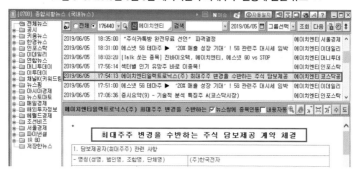

2019년 6월 5일 에이치엔티 최대주주 변경에 관한 뉴스가 나왔다. 에이치엔티는 장을 마친 후 17시 54분에 최대주주 변경을 수반하는 주식담보 제공 계약이 체결되었다는 공시가 나왔다. 이 공시 뉴스만 봐도 다음 날 점 상한가나 갭 상승을 예측할 수 있다. 즉 수익을 충분히 챙길 수 있다는 뜻이다.

:: 그림 3-58 데이짱 에이치엔티 상한가 따라잡기 매매 수익 계좌 ::

종목명	금일매수			금일매도			손익금액	수익률
	평균가	수량	매입금액	평균가	수량	매도금액		
KH바텍	10,500	20	210,000	10,700	20	214,000	3,405	1.62%
도이치모터	11,300	1,000	11,300,000	11,300	1,000	11,300,000	-31,630	-0.28%
에스디시스	4,955	1	4,955	4,970	1	4,970	3	0.06%
에이치엔티	14,500	300	4,350,000	14,075	5,300	74,595,000	6,546,689	9.65%

2019년 6월 5일 에이치엔티 최대주주 변경 공시가 나오기 전이었지만 고점에서 3~4시간 동안 개미 물량을 충분히 소화하면서 장 후

반에 상한가에 안착했다. 이로 인해 필자는 다음 날 10% 정도 갭 상승을 예측하고 상한가 따라잡기를 했고, 다음 날 매도로 9.65%의 수익을 냈다.

우리가 대학에 진학할 때, 가고 싶은 대학을 선택할 경우 성적이 낮으면 갈 수 없다. 결국 성적에 맞춰서 대학에 진학하는 사람이 있고, 성적은 좋은데 경제적인 문제로 대학에 낮춰 가는 사람도 있다. 또는 적성에 맞는 대학과 과를 선택하는 사람도 있다. 주식도 자신의 투자금, 전업투자자, 직장인 등을 고려해서 주식 환경에 맞게 접근해야 한다. 장기투자를 할 것인지, 단기투자를 할 것인지도 선택해야 한다. 직접투자를 한다면 가치투자를 할 것인지 배당주만 할 것인지, 간접투자로 한다면 때에 따라 여러 방법을 선택할 수 있다. 수능시험은 모든 과목을 골고루 잘해야 좋은 성적을 낼 수 있다. 그러나 주식은 수능처럼 공부할 필요가 없다. 하나의 기법을 선택한 후 반복해서 매매해봐야만 좋은 결과로 나타난다.

예를 들면, 만약 종가 매매 기법을 공부하고 싶다고 해보자. 종가 매매 기법은 당일 장 마감 무렵에 매수해서 다음 날 주가가 상승하면 수익을 내는 기법이다. 그러므로 오전에 주가가 많이 상승한 종목들의 전날 일봉이 어떤 모양인지, 분봉이 어떻게 움직였는지, 기관이나 외국인, 프로그램 등의 수급도 분석한다. 그리고 거래량은 얼마나 터졌는지도 확인하고, 공통점은 무엇이 있는지를 반복해서 학습한다. 반복학습하다 보면 대부분의 종가 매매 종목들은 신고가 종목이 대부분이라는 것을 알게 될 것이다. 거래량이 전날보다 감소하고 있거나, 분봉이 당일 고점으로 끝난 경우, 그리고 수급은 기관, 외국인, 양매수(쌍끌이) 종목이 많다.

이런 내용을 확인한다면 어떤 종목을 종가에 매수해야 하는지도 알게 된다. 반복 학습한 내용을 바탕으로 데이터를 작성해보고, 소액으로 실전 매매를 해보자. 10번 매수해서 8번 정도 수익이 나면 금액을 조금씩 올려서 해보자.

시초가 매매 방법에 대해 한 가지 팁을 준다면, 9시 동시호가 시작 후 짧은 시간에 큰 폭으로 상승한 종목들을 선별해서 어떤 공통점이 있는지 반복적으로 매일 분석해보는 것이다. 그럼 몇 가지 공통점을 알 수 있게 된다.

시초가 매매 기법 공통점

- 시가가 갭 상승으로 시작하는 종목이 많다(갭 상승하지 않고 눌러준 후 전일 종가를 돌파하면서 상승하기도 한다).
- 재료나 뉴스가 있는 경우다.
- 신고가 종목이 많다.
- 중·대형주는 기관, 외국인, 프로그램 순매수량을 확인할 수 있다.

반복적인 학습으로 찾아낸 공통점을 적용해 시초가 부근에서 크게 상승할 종목을 미리 알 수 있다. 스스로 종목을 찾아보고 결과를 확인해보자. 자신이 하고 싶은 기법을 어떻게 공부할 것인지 방법을 알게 될 것이다. 이제 매매하고 싶은 기법을 선택하자. 그리고 지속적인 반복 학습을 통해서 공통점을 찾고, 소액으로 실전 매매를 해보기를 바란다.

상승 기법의 중요한 핵심 포인트

- 안전 그물망 자리에서 매수한다.
- 공간이 열려 있어야 상승하기 쉽다.
- 강력한 모멘텀이 있어야 한다.

주식투자에는 비법은 없고, 기법은 있다고 했다. 하지만 기법의 일부를 배웠다고 해서 모든 사람이 수익을 낼 수는 없다. 매일 열리는 주식시장은 셀 수도 없는 다양한 상황이 연출된다. 따라서 반드시 '실전'이라는 단어를 기억해야 한다. 기법을 배웠다고 해도 이 기법이 시장 상황에 따라 어떻게 적용되는지, 돌발 상황에 어떻게 대처할 수 있는지, 심리는 어떻게 컨트롤할 것인지 등을 실전에서 계속 테스트해봐야 한다. 기법을 배웠다는 욕심에 처음부터 큰돈을 투자하다가는 낭패를 보기 쉽다. 반복적으로 실전에서 연습하며 자신만의 기법으로 다듬어야 비로소 통하는 기법으로 만들어낼 수 있다. 소액으로 연습하며 자신감과 시장 상황에 대응할 수 있는 역량을 기르는 것이 중요하다.

데이짱의 한마디

점 하한가 대처 방법

보유 종목의 큰 악재로 인해서 큰 물량이 점 하한가로 출발할 때 101주, 102주 등으로
물량을 분할 매도 주문하는 것이 좋다. 점 상한와 체결 원리가 같으며, 한꺼번에 물량
을 내놓으면 팔리지 않을 경우도 생기기 때문이다.

:: 그림 3-59 두올산업 2019년 4월~2019년 8월까지 일봉 차트 ::

〈그림 3-59〉 두올산업의 일봉 차트를 보자. 2019년 7월 30일 두올산업은 점 하한가로
출발했다. 그리고 그 이후 계속 하락했다. 두올산업은 악재로 인하여 큰 물량이 크게
쏟아져 나왔다. 때문에 보유하고 있는 투자자가 빨리 물량을 처분하려고 한다면 점 상

:: 그림 3-60 두올산업 7월 30일 하한가 관련 뉴스 ::

:: 그림 3-61 두올산업 일별 거래량 ::

일자	시가	고가	저가	종가	등락률	거래량	개인	기관	외인(수량)	외국계	프로그램	외인비
2019/08/09	671	697	634	655	-2.09	4,450,197	143,086	2	-145,926	-146,984	-120,837	1.70
2019/08/08	662	706	651	669	+2.14	8,444,853	526,780	2	-496,036	-455,674	-451,885	1.97
2019/08/07	655	676	638	655	+1.71	5,532,561	-21,684	3	38,481	30,507	28,287	2.91
2019/08/06	647	710	644	644	-1.68	11,307,064	-156,081	5	506,871	530,121	548,974	2.64
2019/08/05	769	775	655	655	-12.67	13,903,763	-479,540	3	496,697	545,960	534,284	1.88
2019/08/02	781	843	745	750	-8.54	16,330,741	-438,361	3	97,039	84,776	58,366	0.94
2019/08/01	908	915	820	820	-11.16	17,434,931	22,170	4	-35,682	-35,353	-22,661	0.75
2019/07/31	1,050	1,070	905	923	-23.08	46,931,014	-262,550	-11	38,075	-3,280	31,723	0.82
2019/07/30	1,200	1,200	1,200	1,200	-29.82	1,233,211	-7,840	6	9,469	9,469	9,469	0.75
2019/07/29	1,590	1,780	1,585	1,710	+17.12	40,852,650	110,207	0	-59,373	-61,673	-124,932	0.73
2019/07/26	1,365	1,760	1,345	1,460	+4.66	54,500,863	303,296	0	92,994	91,820	171,377	0.84
2019/07/25	1,460	1,470	1,355	1,395	-4.45	5,046,385	162,857	0	-181,905	-131,851	-128,631	0.67
2019/07/24	1,505	1,580	1,415	1,460	-3.31	9,649,381	23,253	0	-52,628	-27,924	-28,908	1.01
2019/07/23	1,650	1,665	1,470	1,510	-8.21	7,493,090	-185,359	0	-26,763	-1,602	-5,512	1.11
2019/07/22	1,725	1,770	1,615	1,645	-5.46	3,706,668	46,687	0	40,686	-16,508	-23,735	1.16
2019/07/19	1,835	1,875	1,720	1,740	-7.45	6,691,780	91,148	0	-130,445	2,115	2,160	1.09
2019/07/18	2,185	2,270	1,865	1,880	-1.83	18,727,716	203,707	0	-33,030	-211	-186	1.33
2019/07/17	1,755	1,965	1,720	1,915	+6.39	13,289,984	-185,748	0	685	-1,869	85	1.40

한가 기법처럼 물량을 100주 이상의 단위로 분할해서 주문을 걸어야 최대한 빨리 많은 물량을 처분할 수 있다.

두올산업은 빗썸 인수 철회로 하한가를 갔으며 불성실공시 지정법인 지정 예고와 유상증자 결정 철회 등 공시 번복에 대한 뉴스가 연달아 나왔다.

〈그림 3-61〉의 산업 일별 거래량을 보면 2019년 7월 30일 점 하한가에 간 날 거래량은 약 120만 주밖에 되지 않았다. 그런데 그다음 날 7월 31일 이후 지속적인 물량이 쏟아져 나오게 된다. 큰 악재와 더불어 큰 물량이 나오는 점 하한가는 절대로 매수하면 안 되며, 보유 중인 투자자는 물량을 100주 단위로 나누어서 분할 매도해야 한다. 이렇게 분할로 모두 매도된다면 손실을 크게 줄일 수 있다.

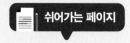

4대 천왕과 수익률 대회에 참가하다

전업투자자로 생활하는 동안 주식 지역 정기모임에 참석했었다. 그때 우리 지역에는 월 5,000만 원 이상 수익을 내는 4대 천왕이 있었는데, 필자도 그중 한 명이었다. 닉네임이 신화, 밀레, 엥겔 그리고 필자인 데이짱이었다. 우리 4명은 매주 골프도 같이 쳤다. 2010년 전후에는 증권사마다 수익률 대회를 많이 개최했는데, 지역 동호회 회원들 몇 명이 수익률 대회에 나가 입상했다. 그래서 필자도 재미 삼아 수익률 대회에 참가해서 두 번이나 입상했다.

대회마다 수천 명이 참가하고 수익률은 대회 기간 약 300% 정도를 내야 입상권에 들 수 있었다. 2001년 한화증권 주최 수익률 대회에서 두 번 입상하게 되었고, 2011년도는 아시아 경제신문 주최로 한화증권사에서 '재야의 고수 실전투자대회'에 초대장을 받아 참가했다. 이 대회에 참가한 사람들은 실전투자대회 입상자 10명과 경제TV 등에서 활동하는 유명한 애널리스트 10명이었다. 대회 결과 애널리스트 10명은 마이너스 수익률로 끝났지만, 실전 투자자 10명은 수익을 냈다. 이처럼 주식은 실전과 이론이 전혀 다르다는 것을 보여준다. 여담이지만 애널리스트들의 수익률이 마이너스가 났다는 이유로 똑같은 대회를 계속 이어가지 못했다고 전해진다.

2019년 키움 영웅전
실전투자대회 결과

필자는 이 책을 준비하며 10년 만에 '2019년 키움 영웅전 실전투자대회'에 참가했다. 2019년 10월 7일~11월 15일까지 5주 동안 진행되었고, 젊었을 때의 과감한 패기를 버리고 안정성을 추구하며 최선을 다해 대회에 임했다.

10년 만에 실전투자대회에 참여하는 탓도 있겠지만, 다소 다른 기분이었다. 예전에는 수익률 대회 참가할 때마다 입상권이었다. 하지만 나이가 드니 매매할 때 민첩성과 과감성이 떨어지는 느낌이었다. 다행히 수익금 순위 상위에 링크되어서 만족한다. 필자는 독수리 타법이라 종목을 찾을 때도 젊은 사람들과는 차이가 있다. 그러나 나도 수익을 잘 낸다는 것을 조금은 알리고 싶고, 여러분은 나보다 더 잘할 수 있다고 말하고 싶다 .

> ## 2019년 키움 영웅전 실전투자대회 결과
>
> 수익률 순위 20등 (상위 1%)
> 수익금 순위 6위 (상위 0.3%)

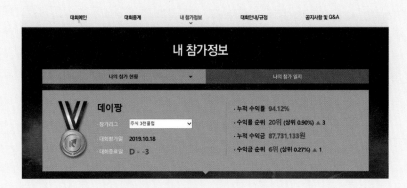

데
이
짱
의

필
승

공
매
도

투
자

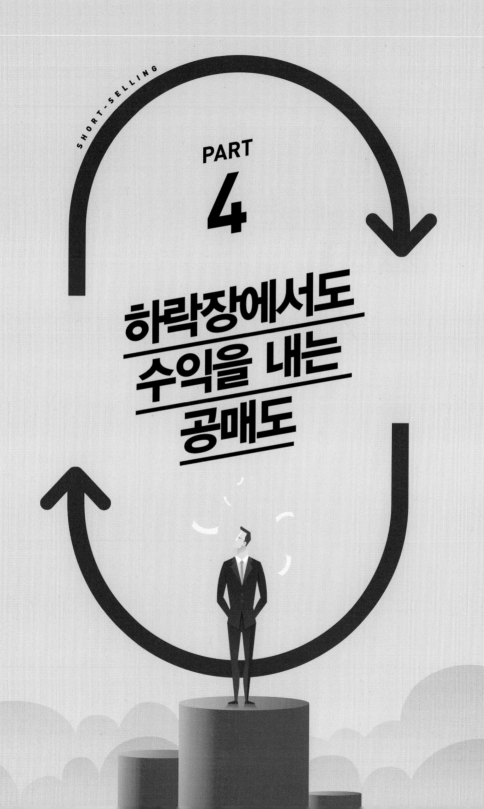

PART

4

하락장에서도
수익을 내는
공매도

06

공매도
(Short selling)는
무엇인가

공매도에 대해
알아보자

공매도(空賣渡)의 공(空)자는 한자로 '빌 공' 자로 사전을 찾아보면 '비다, 없다, 부질없다' 등의 뜻이 있으며, 아라비아 숫자 '0'으로 풀이된다. 말 그대로 가지고 있지도 않은 주식을 파는 것을 말한다. 그래서 개인투자자에게는 이해되지 않을 수 있다.

공매도는 주식을 갖고 있지 않기 때문에 우선 남의 주식을 빌려서 비싸게 팔고, 나중에 싸게 사서 빌려온 주식을 갚는 것이다. 주식은 '싸게 사서 비싸게 판다'라고 생각하면 무슨 말인지 더 이해되지 않을 수도 있다. 좀 더 쉽게 말한다면 하락하는 주식을 샀는데 주가가 더 하락할수록 수익을 낼 수도 있다고 생각하면 된다. 그러나 우리나라는 기관과 외국인에게만 허용하고 있다. 개인투자자는 하락장에서 놀란 토끼 눈을 하고 하락하는 장을 그저 바라보는 방법밖에 없는 것이 현실이다.

2018년 4월 17일 삼성증권 배당 사고는 공매도와 관련 없는 사고라고 판정이 났다. 그런데도 이 사고는 많은 투자자가 공매도 제도에 대한 불만을 터뜨리기에 충분했다. 급기야 삼성증권 배당사고 한 달후에 골드만삭스의 400억 원 무차입 공매도 사고가 불거져 청와대

국민신문고에는 공매도 폐지에 관한 청원이 20만 건이 넘었다고 한다. 그러나 금융당국은 공매도가 주가 하락의 주원인으로 보기는 어렵다며, 개인투자자에게 공매도 시장에 참가할 수 있는 길을 넓혀줄 의견을 내놓겠다고 밝혔다. 또 금융당국은 더는 국민연금 등 기관투자자들에게 주식을 빌려주지 않겠다고도 했다.

주식시장에서 현실적으로 공매도를 없애는 것은 어려운 과제이다. 선진국에서는 이미 공매도가 하나의 금융투자 기법으로 활용되고 있으며, 공매도의 장점이 주가 하락에 주원인이 될 수는 없다는 견해다. 주가에는 금리, 환율, 국내 또는 글로벌 경기 상황, 정치적인 문제, 중·미 무역전쟁 같은 외교 문제 등 여러 가지 요인이 영향을 준다. 삼성증권 배당사고 이후 민원이 빗발치자 정부는 대여 가능 주식의 규모를 늘리기로 했다. 대여 가능 주식의 규모가 늘어난다는 것은 대주거래를 하는 개인투자자에게는 좋은 소식이 아닐 수 없다. "하늘이 무너져도 솟아날 구멍이 있다"라는 속담이 있듯이 주식이 하락해도 솟아날 구멍이 있다면 두 손 두 발 놓고 있지 말고, 그 구멍으로 탈출해보자. 아직은 개인투자자에게 공매도가 허용되고 있지 않지만, 공매도와 유사한 대주거래와 CFD 거래를 통해 그 희망을 이룰 수 있다. 대주거래에 익숙해 있으면, 개인투자자들에게 공매도가 허용되는 날 쉽게 적응할 수 있을 것이다.

세계 금융위기,
공매도를 금지하다

역사적으로 공매도에 관련된 일화 중 우리에게 가장 기억나게 하는 것은 2008년 세계 금융위기일 것이다. 1997년 IMF 외환위기가 한국만의 문제였다면, 2008년 세계 금융위기는 선진국에서 일어난 금융 문제로 수습도 급속도로 진행되었다. 모든 일은 갑자기 발생하기도 하지만, 원인이 되는 시작점이 있다.

2001년 9월 11일 미국의 쌍둥이 빌딩에 테러 사건이 일어나면서 미국은 역사적으로 큰 위기를 맞게 되었다. 이런 어마어마한 테러 사건이 미국이라는 강대국에서 일어났다는 것은 당시 뉴스를 접한 모든 나라 사람에게 큰 충격을 주었다. 뿐만 아니라 경기침체로 이어지게 되었다. 9·11 사태 전, 미국은 IT 산업의 거품이 꺼져가던 중이었다. 때문에 경기부양책으로 몇 차례의 금리 인하를 단행했다.

2008년 세계 금융위기는 리먼 브라더스 파산으로 전 세계로 퍼져나갔다. 세계 금융위기를 맞게 된 이유는 여러 가지가 있었겠지만, 많은 이유 중 한국 이민자들의 미국 부동산 투자도 하나의 원인이 될 수도 있지 않았을까 한다. 한국인은 미국, 뉴질랜드, 호주 등으로 이민을 가면 한국에서 하듯이 부동산 투자를 하며 명함에 부동산컨

설팅이라고 넣는다. 한국인은 좁은 반도국가에서 살아왔고, 토지를 소유하는 것에 집착이 강하다. 또한 이미 주택담보로 대출받아 집을 사는 것에 익숙한 장점을 살려 미국의 경기부양책인 몇 차례의 금리 인하를 이용해 집을 담보로 대출을 받아 집을 샀다. 그리고 그 집을 임대하여 받은 임대료로 원금과 이자를 갚아 나갔다.

시간이 흐르면서 집이라는 부동산은 화폐 가치가 하락하면서 실물 보유자 이익의 인플레이션으로 인해 집값이 올라 대출한 돈을 다 갚고도 부동산 차익을 챙기게 된다. 한국의 주택담보대출비율(LTV; Loan To Value ratio)은 60~80%이나 미국의 주택담보대출비율은 100%에 달한다. 때문에 돈이 없어도 주택담보대출만으로도 집을 살 수 있다. 그리고 신용사회인 미국의 은행은 대출받은 사람이 돈을 성실하게 잘 갚으면 80% 정도 갚았을 때 남은 대출금을 탕감해주기도 한다.

우리나라의 신용등급은 1~10등급까지 있는데 미국은 〈표 4-1〉처럼 3개의 신용등급으로 나눠진다. 미국 사회는 신용등급을 올리고 싶다고 해서 올라가는 것이 아니고, 애초에 정해져 있다. 그래서 이민자들은 신용등급이 낮은 편이다. 이 중 서브프라임(Sub-prime)은 신용등급이 낮은 사람에게 적용되는 금리다. 이 등급은 돈을 잘 갚지 못할 위험률이 높다는 이유로 미리 많은 이자를 받아두는 것이다. 당시 미국 기준금리가 아무리 낮다고 해도 신용등급이 낮은 사람에게는 높은 이자율을 적용했을 것이다.

대한민국	미국
1등급	Prime
2~3등급	Alt-A
4~7등급	Sub-prime
8~9등급	
등급 은행 자율 부여	제도적으로 고정

　　그렇다면 신용등급이 낮은 사람은 어떻게 돈을 빌려서 집을 살 수 있을까? 신용등급이 낮은 사람이 대출을 받아 집을 샀는데, 이 서브프라임 모기지론의 붕괴로 리먼 브라더스가 파산한 것이다.

　　집을 사기 위해 은행에 대출 상담을 하러 가면 대출담당자는 고정금리와 변동금리에 대해 설명한다. 고정금리는 변동금리보다는 높아서 일반적으로 변동금리로 대출을 많이 받는다. 실제 한국도 트럼프 대통령이 당선되기 전까지는 금리가 많이 내렸고, 우리나라 주택담보대출 변동금리가 연 2.8%까지 내려가기도 했다. 미국은 당시 기준금리 1.0%로 금리가 더는 내려갈 수 없는 상황이었다. 때문에 신용등급이 낮은 사람에게는 변동금리로 대출해주었다.

　　리먼 브라더스는 미국의 투자은행 빅 5 중 하나였다. 1850년에 설립된 세계적인 규모의 투자은행인 리먼 브라더스는 서브프라임 모기지론의 붕괴로 2008년 9월 15일 파산 신청을 하게 된다. 서브프라임 모기지론은 우리나라의 주택담보대출 같은 제도로서, 미국에서 저소득층이 집을 살 때 주로 이용하는 대출 제도다.

한국 이민자들은 이 서브프라임 모기지론을 잘 이용해서 부동산 투자로 성공했다. 그리고 다른 나라 이민자들도 한국 이민자들이 부동산 투자로 돈을 버는 것을 보고 부동산 투자에 참여하게 된다. 한국인들처럼 대출을 받아 집을 사기 시작한 것이다. 하지만 미국 금리가 조금씩 오르기 시작하면서 변동금리로 대출을 받은 서브프라임 신용등급자들은 원금과 이자를 갚지 못하는 사태가 발생하기 시작했다. 결국 리먼 브라더스는 국가의 도움을 받으려 했으나, 당시 미국 부시 대통령은 리먼 브라더스의 파산을 막지 못했다.

은행은 예금자들의 돈을 이용해 여러 가지 방법으로 불린다. 미국에는 5,300개가 넘는 은행들이 있으며, 돈을 불리는 형태 중 이자 수익이 63% 이상을 차지할 정도이다. 그리고 비이자 수익으로 신탁 4.9%, 서비스 수수료 5.3%, 트레이딩 계정 3.6%, 기타 수수료 23.1%의 수익구조로 이루어져 있다. 투자은행들은 그 밖에 해외 주식이나 헤지펀드에도 투자한다. 하지만 리먼 브라더스는 파산을 막기 위해 이렇게 투자한 돈들을 회수해야만 했고, 전 세계 금융시장은 어려움을 겪게 될 수밖에 없었다.

우리나라도 리먼 브라더스의 파산으로 인한 사태를 피해갈 수 없었다. 2008년 가을, 대한민국 주식시장은 40%나 하락해 코스피지수가 1,000포인트 밑으로 내려갔다. 또한 코스닥지수는 300포인트 밑으로 곤두박질치는 끔찍한 하락장이 펼쳐졌다. 증권회사 직원들은 고객들에게 시달려 다른 지점으로 옮기기도 하고, 스스로 목숨을 끊기도 했다. 증권사뿐만 아니라 각 보험회사에서 판매했던 변액보험의 해약금은 반 토막이 났다. 그리고 회사마다 고객들의 문의 전화가 쇄도했다. 주식시장 폭락의 원인으로 공매도가 원흉으로 찍혔고, 결국 정부에서 2008년 10월에서 2009년 6월까지 공매도를 금지했다. 미국도 19개 투자은행 주식에 대해 30일간 거래를 금지했다. 이어서 프랑스, 스페인, 이탈리아, 벨기에 등에서도 공매도가 금지되었다.

공매도를 무작정 욕하기 전에 왜 금융당국은 공매도를 제도적으로 허용하고 있는 것일까? 이 책을 쓰게 된 이유는 이것이다. 개인투자자가 주식에 대한 지식도 없이, 또는 다른 사람이 추천해주는 종목을 분석도 하지 않은 채 투자해서 투자금을 전부 날려 버리거나, 원금이 크게 줄어드는 것을 보았다. 그래서 주식에 대한 지식을 정확히 갖게 해주고 싶었다. 그리고 공매도에 대하여 올바르게 이해하고 잘 활용한다면 지금보다 우리들의 소중한 자산을 쑥쑥 키울 수 있을 것이라고 생각한다. 삼성증권 사태 이후 정부는 개인에게도 공매도를 늘려주려는 방향으로 정책을 펴는 모양새다. 앞으로 개인에게도 공매도를 허용하는 추세이다. 그러므로 앞으로 공매도 확대에 대비해 공매도 실전 매매법을 준비하는 것은 중요하다.

07

공매도의
장점과
단점

공매도의
장점은 무엇인가

첫째, 주주들이 어떤 이유로든지 주식을 장기 보유하게 되면 그 숫자만큼 시장에서 거래되는 주식 수가 줄어든다. 이런 부동 주식을 시장으로 나오게 해서 시장의 거래를 증가시켜 주식시장의 유동성을 높여준다.

둘째, 공매도는 증권시장에서 개인투자자들에게 고평가된 주식투자의 위험을 경감시켜주는 기능을 한다. 예를 들어 K라는 주식이 성장성이나 실적도 없는데 본래 가치보다 너무 높게 평가되었다거나 사업 전망도 나빠질 것으로 예상된다면, 보이지 않는 거품은 언젠가는 꺼질 것이다. 정확한 정보를 알 수 없는 개인투자자는 공매도 숫자가 늘어나는 종목을 보면서 하락을 예측할 수 있다. 때문에 신규 진입하지 않거나 보유 중인 주식은 손절매할 수 있고, 기회비용도 잃지 않게 된다. 이처럼 공매도는 가격의 거품을 꺼지게 해주고, 주가를 실제 가치에 가까워지게 한다.

셋째, 주가가 급락할 때 신규 개인투자자들은 떨어지는 칼날을 잡는 것이 두려워 쉽게 주식을 사려고 하지 않는다. 그로 인해 매수세가 약해져 주가가 더 많이 내려가기도 한다. 이때 공매도 상환은 사려는 힘으로 작용하여 급락하는 주가를 반등시키는 역할을 하기도 한다. 즉 공매도 세력은 어느 정도 주가가 하락하면 추가 하락으로 수익을 더 내기보다 이미 난 수익을 챙기고 싶은 심리가 더 강해진다. 따라서 이때는 신규 개인투자자들은 저점에서 매수할 기회가 되기도 한다.

사례를 하나 보자. 2008년 세계 금융위기 여파로 여러 국가에서는 공매도를 금지했지만, 주가는 더욱 하락했다. 주식시장을 상승 반전시킬 수 있는 세력들이 주식을 매수하고 싶어도 공매도가 금지되어 매수할 수 있는 물량이 적었다. 결국 큰손들의 매수 시기가 늦어졌다. 당시 공매도 금지 조치의 효과가 크지 않았음을 나타내는 것이다. 오히려 가치투자나 장기투자를 하는 개인투자자 중에는 하락장을 매수할 기회라고 생각하기도 한다.

넷째, 장기 보유 주주에게는 대여 수수료로 수익이 발생하게 된다. 개인투자자가 어떤 회사 종목을 높은 가격에 샀는데, 이후로 계속해서 하락한다면 선뜻 손절매를 하지 못한다. 그러면 1년이고 2년이고 3년이고 장기적으로 주식을 보유하면서 추가 매수를 하기도 하고, 한숨만 푹푹 쉬기도 한다. 이렇게 고통스러운 나날을 보내면서 언제 올라갈지도 모르는 주식을 대여한다면 기다리는 동안 대여 수수료를 챙길 수 있다. 참고로 국민연금은 배당 수익 이외에도 주식 대여 수수료로 138억 원이라는 큰 수익을 올리기도 했다.

SEC(미국증권거래위원회)의 자료를 분석해보면 나스닥에서 31%, 뉴욕증권거래소에서는 24%로 전체 거래량에서 공매도가 차지하는 비율이 높다. 이 자료는 공매도가 주식시장에 많은 영향을 끼치며, 중요한 역할을 하고 있다는 것을 보여준다.

우리가 이름만 대면 알 수 있는 미국의 가치투자자인 워런 버핏도 공매도가 증가하는 종목에는 투자하지 않는다고 했다. 특정 종목의 공매도 수량 증가 이유는 여러 가지가 있는데, 그중 가장 큰 이유는 주식의 하락을 바라는 투자자들이 있기 때문이다. 적대적 M&A(인수합병)를 하는 세력이나 대주주가 경영권 방어를 위해 주식을 대량으로 보유하면서 대여 수수료만 챙기려는 경우, 이미 투자한 회사의 악재를 우려해 짧은 기간에 매집하기 위해서 큰손들은 주식의 하락을 바라고 있다. 그렇다면 정확한 정보를 얻기 힘든 개인투자자에게 공매도는 주식을 신규로 매수할 때 대차잔고가 늘어나는 종목을 피할 수 있는 안전 그물망 같은 역할을 할 것이다.

큰손들뿐 아니라 외국인들의 투자 형태는 단기가 아니다. 보통 3~5년의 기간을 갖고 투자한다고 한다. 충분히 수익을 낼 수 있을 때 고점(상투)에서 횡보하며 개미투자자들에게 물량을 다 떠넘긴다. 그리고 공매도로 또 수익을 내려고 주식 가격을 하락시킨다.

공매도의
단점은 무엇인가

첫째, 공매도는 주가가 하락해야 돈을 버는 투자의 방식이다. 따라서 공매도 투자를 한 누군가는 주가의 하락을 애타게 기다릴지도 모른다. 그런데 이때 공매도 투자를 한 특정 세력이 주가 하락을 유도하기 위해 허위 정보를 유포할 수도 있다. 실제로 특정 종목에 기관과 외국인의 공매도가 들어갔다는 말만 나와도 주가 하락을 부추기는 효과가 생긴다.

그리고 주가가 하락할 때는 나쁜 정보에 더 민감하게 반응하기 때문에 심리적으로 위축된 개인투자자는 손절매하는 경우가 많다. 이로 인해 주가의 변동성이 더욱 커지게 되고, 공매도 세력은 증권 시장의 변동성을 악용해서 주가가 크게 하락할 때 큰 이익을 얻기도 한다.

텔루스는 '공매도 거래 금지' 공시가 나온 후 주가가 많이 하락했다. 당시 텔루스는 삼성전자 갤럭시 10의 렌즈를 공급하는 디오스텍과 인수합병 절차를 밟고 있었다. 텔루스를 대량으로 샀던 조합원 K 씨는 사업 자금 회전이 안 된다는 이유로 큰 손해를 보고 팔았다. 그리고 K 씨는 다시는 주식을 하지 않겠다고 하소연했다.

공매도 거래 금지 공시만 나왔을 뿐인데, 그 후 텔루스의 주가는 계속 하락했다. 어디 텔루스뿐이겠는가. 수많은 종목이 공시만 나와도 투매가 나오고, 투자 심리가 약해지는 것은 개인투자자들이라면 모두 공감하는 내용이다.

둘째, 공매도한 후에 주가가 하락할 것이라는 예측을 벗어나 주가가 급등하면 공매도한 투자자의 손실은 커진다. 그래서 공매도한 투자자가 빌려온 주식을 약속 기일까지 반환하지 못하는 사태가 발생하게 된다. 공매도 투자로 수익을 내려다 오히려 큰 손실을 볼 수도 있다. 때문에 정확한 분석과 기법 없이 공매도를 시도했다가는 큰코다칠 수 있다. 필자가 공매도 책에서 굳이 앞장을 할애하여 차트보는 방법부터 매수하는 기법을 실어둔 이유다. 공매도를 배우기에 앞서 주식의 기초를 튼튼히 하고, 어떻게 매수하여 수익을 내는지 배워야 공매도를 이용해 수익을 낼 수 있다. 즉 매수한 주식을 언제 매도할 것인지 잘 이해한다면 반대로 그 지점이 공매도 투자가 가능한 곳이기 때문이다. 오를 것이라 생각해 매수한 주식에서 손실이 나면 최대 100% 손해로 그친다. 그러나 공매도를 잘못하면 이론적으로 손실이 100%, 200% 이상 무한대이므로 열심히 공부하고 연구해야 한다. 하지만 개인도 공매도 투자를 배우면 상승장과 하락장 어디에서나 수익을 낼 수 있는 엄청난 무기를 갖는 셈이다. 또한 반드시 공매도 투자를 하지 않더라도 이를 잘 알면 자신의 매수 기법을 정교하게 만들 수 있는 좋은 자양분이 될 것이다.

공매도의
종류

차입 공매도

차입 공매도란, 주식을 가지고 있는 사람으로부터 주식을 빌려와 그 수량 한도 내에서만 공매도할 수 있는 제도다. 차입 공매도는 투자 주체가 누구인지에 따라서 대차거래와 대주거래로 나눈다.

대차거래

빌리는 사람이 주식을 비교적 장기로 보유하는 기관에 일정한 수수료를 내고 주식을 빌린다. 그런 후 계약이 종료되면 빌려준 기관에 같은 주식을 갚는 거래를 말한다. 대차거래는 주로 증권사가 이용하며, 이렇게 빌려온 주식은 기관, 외국인 공매도 투자자에게 제공된다. 쉽게 말하면 기관끼리 빌리는 것이다. 대차거래는 규모가 매우 크며, 기간도 공매도가 3일 이내인 것과는 달리 6개월~1년으로 길다.

이렇게 설명해도 잘 이해가 되지 않을 수 있다. 좀 더 쉽게 설명하면 공매도와 대차거래는 모두 기관끼리 거래하는 것이다. 차이점은 공매도는 애초부터 아무것도 없는 주식을 파는 것이고, 대차거래는 누군가가 가지고 있는 주식을 빌려와서 파는 것이다.

	공매도	대차거래
거래 형식	애초에 없는 주식을 매도	어디엔가 있는 주식을 빌려와서 매도
거래 대상	기관, 외국인에게만 허용	기관, 외국인에게만 허용
만기	3일 이내	6개월~1년
수수료	증권사별 정함	증권사별 정함

〈표 4-2〉에 공매도와 대차거래의 차이점을 정리해봤다. 하지만 공매도와 대차거래는 개인투자자에게 허용된 거래가 아니므로, 이 책에서는 간략하게 이 정도만 살펴보고 넘어가자.

대주거래

개인투자자가 증권회사로부터 주식을 빌려오는 거래로, 증권회사가 개인에게 주식을 빌려주는 것을 말한다. 증권회사가 개인투자자에게 주식을 빌려주는 신용거래는 매수 대금을 빌려주는 신용대출 거래와 같다. 대주거래는 자기대주와 유통대주가 있다. 자기대주는 증권회사가 보유한 주식을 공매도 계좌를 개설한 고객에게 빌려주는 것이다. 유통대주는 증권 금융사들이 보유한 주식을 모아서 고객에게 빌려주는 형태로, 거래 규모가 큰 기관과 기관이 주고받는 경우가 많아서 개인투자자에게는 서비스하는 곳이 거의 없다.

〈표 4-3〉에 대차거래와 대주거래 사이의 몇 가지 차이점을 정리해봤다. 개인투자자에게 허용된 대주거래에 대해서 확실하게 숙지해두면 매매할 때 많은 도움이 될 것이다.

	대주거래	대차거래
거래 형식	증권사로부터 주식을 빌려서 매도	대여자와 차입자가 개별거래 계약
거래 장소	증권 HTS에서 거래가 가능함	장외시장 등의 중개기관을 통해 계약
거래 대상	개인투자자에게 허용된 거래	기관과 외국인에게만 허용된 거래
수수료	증권사별 수수료를 정함	계약사항에 따라서 다름
한도	증권사마다 고객별로 관리함	계약 당사자들이 정하고 한도가 없음
담보	대주 매도 대금을 담보로 함	주식을 빌린 사람이 현금이나 유가증권을 담보로 제공함
만기일	30일(한 번 연장 가능함)	계약자들끼리 정하기 나름

무차입 공매도

무차입 공매도는 차입 공매도와는 반대로 주식을 빌려오지 않은 상태에서 증거금 등 담보를 제공하여 공매도할 수 있는 제도로서, 우리나라는 허용하지 않고 있다. 그러므로 우리나라에서 거래되는 공매도는 모두 차입 공매도라고 이해하면 된다(미국은 증거금만 있으면 무차입 공매도가 무제한 가능하다). 무차입 공매도는 매도할 때 주식을 빌려오지 않기 때문에 실제 거래되는 주식이 없다. 주식이 없다면 결제일에 주식을 갚을 수 없기 때문에 불법적인 행위라고 볼 수 있다.

우리나라는 자본시장법과 한국거래소 유가증권시장 업무 규정에서 엄격하게 무차입공매도를 금지하고 있다. 그런데도 외국 증권사들의 공공연한 무차입공매도로 인해 공매도를 더욱더 나쁘게 인식하게 했다.

무차입 공매도를 한 국내외 금융사 4곳이 과태료 처분을 받았다. 불법 무차입 공매도를 한 국내외 증권사 중 적발된 외국 금융투자업자 3개사는 골드만삭스 인디아인베스트먼트(GSII), OLA AG, Kepler Cheuvreux S.A이고, 국내 금융투자 업자는 1개사로 씨지에스씨아이엠비증권 한국 지점이다. 이 총 4개사에 1억 2,000만 원의 과태료를 부과했다. 과태료 처분을 받은 4개 금융사 중 골드만삭스는 2018년에도 75억 원의 과태료가 부과되었다. 빌려오지도 않은 주식을 매도하는 행위가 시장 질서를 흐린다는 판단에 10억 원에서 대폭 상향해 75억 원의 과태료를 부과했다고 한다. 심지어는 현재까지 적발된 무차입 공매도는 빙산의 일각이라는 말도 있고, 최근 5년간의 공매도 거래를 모두 조사해야 한다는 의견도 있다. 정부에서 공매도 단속을 철저하게 하지 않고 있는 까닭에 다수의 개인투자자가 큰 손실을 보고 있다. 공매도 제도 활용에 익숙한 기관과 외국인투자자들만 공매도로 수익을 올리고 있으며, 급등락이 심한 테마주에서도 개인투자자들은 주가 하락에 물려서 공매도로 인한 피해를 고스란히 보고 있다는 것이다. 강력한 공매도 단속은 주식시장에 활력을 불어넣을 것이라는 견해가 많다.

공매도와 대주거래는
어떤 차이가 있을까

대주거래는 개인투자자에게 열려 있는 공매도 시장이며, 하락하는 주식으로도 수익을 낼 수 있다는 것을 알았다. 그럼 〈표 4-4〉를 보면서 대주거래와 공매도의 차이를 알아보자.

:: 표 4-4 대주거래와 공매도의 차이점 ::

	대주거래	공매도
거래 형식	증권사로부터 주식을 빌려서 매도	국민연금 등에서 주식을 빌려서 매도
거래 장소	HTS에서 가능	증권사 통해 거래
거래 대상	개인(신용 계좌), 기관, 외국인 모두 허용	기관, 외국인에게만 허용
수수료	일반거래 수수료의 3~7배	증권사별 수수료 정함
한도	증권사별 개인별로 관리	한도 없음
담보 비율	140%	105%
만기일	90일(연장 가능)	없음

공매도와 대주거래는 주가가 하락해야 수익을 낼 수 있기 때문에 매매 기법은 거의 유사하다. 공매도는 우선 매도(주식을 비싸게 빌려와 판다)한 후 반드시 3일 이내에 매수해야 하는 제한 조건이 있다. 그래서 실제 거래에는 활용하기 쉽지 않다. 주가가 하락한다고 해도 3일

뒤 주가가 다시 상승한다면 손실이 발생하게 된다. 그러므로 앞으로 3일 동안 주가 하락이 확실하다고 생각될 때 공매도를 해야 한다. 이러한 위험성 때문에 개인투자자에게 공매도를 허용하게 되면 확실한 지식이 없는 경우 큰 손실이 날 수 있다. 그러나 개인투자자가 할 수 있는 대주거래는 30~90일 동안 여유가 있어 일시적으로 주가가 급등하더라도 기다릴 수 있는 여유가 있다.

수수료는 일반거래 수수료보다 3~7배 정도 비싸다. 하지만 공매도가 횡행하는 종목들은 하락률이 15~40% 정도로 높아서 수수료는 크게 부담되지 않는다고 생각한다. 증권회사는 고객들의 주식 거래 수수료로 수익을 내는 회사다. 만약 주식시장에 공매도가 없다면 주식들이 모두 잠자고 있을 때 증권회사의 수수료 수입은 없어지게 된다. 그래서 이를 해결하기 위해 개인투자자에게 공매도를 할 수 있도록 한 것이 대주거래이다.

대주거래는 미국과 우리나라는 조금 다른데, 우리나라도 언젠가는 미국의 복잡한 대주거래를 도입할 수 있을 것이다. 현재 우리나라의 대주거래는 신토불이 대주거래라고 말할 수 있다. 우리나라 개인투자자가 거래하기 쉽기 때문에 미국의 대주거래가 도입되기 전에 이를 많이 활용해서 기법을 쌓아두면 어떠한 새로운 공매도가 도입된다 해도 잘 적응할 수 있을 것이다.

주식거래의 형태는 시대의 흐름에 따라서 조금씩 달라지지만, 주식에 대한 정확한 지식을 갖고 있다면 어떤 흐름에도 대응할 수 있다. 어떤 시장 상황에서도 수익을 낼 수 있도록 개인투자자는 무장해야 한다. 피 같은 돈을 잃으면 실제로 피가 마르고 뼈까지 마르는 일이 발생하기 때문이다.

이미 선진국이나 가까운 일본에서는 개인투자자들의 공매도 비중이 점점 높아져 가고 있다. 우리나라에서는 개인이 할 수 있는 대주거래의 특성상 보유 기간이 길면 길수록 수익을 크게 낼 수 있는 확률이 높아진다. 그런데 현재 보유 기간이 30~90일로 너무 짧고 수수료도 비싼 편이다. 외국인과 기관은 상장 주식 전부를 낮은 이율로 만기 없이 빌릴 수 있기 때문에 너무나 불공평하고 답답한 실정이 아닐 수 없다.

실제로 한국의 개인투자자들은 공매도하는 방법도 거의 모르고, 고수들의 영역이라고 생각해 참여도 미미하다. 그러나 일본은 개인투자자들의 공매도 거래가 전체 거래량의 23.5%로 미국과 유럽의 35~40%의 비중과 비슷하다.

::표 4-5 한국과 일본 개인투자자들의 공매도 비교::

	한국	일본
수수료	기관, 외국인보다 높다.	기관, 외국인과 똑같은 혜택을 받는다.
보유 기간	30~90일	6개월
참여 비율	코스피 5.5%, 코스닥 0.9%	23.5%(한국의 각각 34~60배)
종목	현재 300여 종	종목 제한 없다.
수량	수량 제한 있다.	수량 제한 없다.
공급 기관	개별증권사가 대주재원 확보가 어려운 현실이다.	중앙집중방식 (주식 대차재원 공급기관이 존재한다.)

왜 일본의 개인투자자들은 공매도 참여율이 높을까?

일본은 외국인과 기관에 동일하게 적용하는 혜택을 개인투자자들에게도 주는 정책을 쓰고 있다. 우리나라도 이런 좋은 정책이 하루라도 빨리 도입되기를 바란다.

우리나라 공매도 제도는 선진국들과 달라서 규제가 심하다. 규제가 심하다 보니 오히려 그 규제를 이용해 공매도하기 쉽다. 미국과 한국의 공매도를 비교해보자.

:: 표 4-6 미국과 한국의 공매도 차이 ::

미국	한국
하루 가격 제한 폭이 없다. 즉 며칠 만에도 큰 수익을 낼 수 있다. 또 며칠 만에도 큰 손실을 볼 수 있다.	하루 가격 제한 폭이 있다.
외국 공매도는 시스템이 달라서 기법이 난해하다.	한국 공매도는 쉽게 할 수 있다.
한국 공매도의 규제를 이용해 외국인들이 공매도할 수 있는 여건이 좋다.	개미투자자도 외국인처럼 규제를 이용해 안전한 대주거래를 할 수 있다.
공매도 시장에 요구가 많아지면 그 수요에 맞춘 공급이 늘어난다. 수요가 많아지면 미국은 브로커들이 주식을 매수해서 빌려주기도 한다. 하지만 새로 공매도에 참여하는 투자자는 브로커들이 주식을 매수하는 바람에 주가가 상승하는 쇼트 스퀴즈(Short squeeze) 현상이 발생한다.	주식을 빌려주는 주체가 한정되어 있어 그 양을 조절하거나 정해져 있다. 그러므로 미국에서 일어나는 쇼트 스퀴즈 현상이 일어나지는 않는다. 하지만 쇼트 커버링 수요를 거래량이 받쳐주지 못할 때는 쇼트 스퀴즈가 발생할 수도 있다. 한국은 대주거래를 함에 있어 미국보다는 좋다고 볼 수 있다.

쇼트 스퀴즈(Short squeeze) 현상이란, 공매도를 한 투자자가 손실을 줄이기 위해서 매수하는 것을 의미한다. 실물의 양이 충분하지 않은 공매도 시장에서 실물 품귀 현상이 나타나 가격 급등으로 이어지는 것을 말한다. 우리나라는 선진국의 공매도 제도와 차이점이 많아서 오히려 개미투자자가 대주거래를 할 때 안전장치가 많다고 볼 수 있다.

주식 가격이 상승할 때는 상승의 이유가 있고, 하락할 때는 하락하는 이유가 반드시 있다. 그러므로 공매도 세력이 들어온 종목들은 피하는 것이 좋다. 하지만 대주거래를 하는 투자자는 그 종목에 왜 공매도 세력이 들어왔는지에 대한 이유를 알고 대주거래를 해야 한다. 이 책의 앞부분에서 익힌 차트 보는 법과 매수 기법을 대주거래 매매 시 어떻게 적용하는지 공부해보자. 그리고 이제 개미투자자가 할 수 있는 공매도는 무엇이 있고, 어떻게 공매도할 수 있는지 알아보도록 하자.

2019년 11월부터 전문투자자 자격 조건의 완화로 CFD를 통한 투자가 대폭 늘어날 것으로 예상된다. 그동안 대주 물량이 적어서 대주거래에 참여하지 못했던 개인투자자들도 지금보다는 상대적으로 참여가 늘어날 것으로 기대된다. 개인 공매도 시대가 도래하는 분위기 속에서 공매도 매매법을 익혀두는 것은 투자에 큰 도움이 될 것이다.

09

공매도를
시작하기 전
반드시
알아야 할
용어

업틱룰
(Up-tick rule)

빌려온 주식을 팔 때(매도 포지션을 취할 때) 공매도 세력들이 주가를 찍어 내리지 못하게 하기 위한 제도로, 현재가(시장가)보다 높은 호가에서만 주문을 넣게 하는 것이다. 전문가들의 말에 의하면 업틱룰이 주가 하락을 낮추는 효과가 있다고 한다. 하지만 그리 큰 효과는 없다. 〈그림 4-1〉에서처럼 대주거래 호가창에서 매도 주문을 한다면, 시장가(a)보다 높은 가격(b)으로만 주문을 넣어야만 한다.

대주거래 주문화면을 보면 공매도도 일반 주식 매매처럼 호가창

:: 그림 4-1 대주거래 주문화면 ::

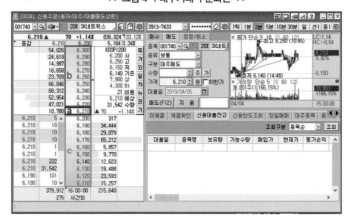

을 보면서 매수와 매도를 한다. 우리는 호가창에 대해서 일반적으로 이렇게 알고 있다. 매도호가의 물량이 많고 매수호가의 물량이 적을 경우는 상승의 조건이다. 세력들이 저가에 매수한 주식을 팔려고 할 때 매도호가에 주식을 쌓아놓는다. 그래서 주식의 가격이 올라가는 것이다. 주식 초보는 수요공급의 원칙에 따라 상품이 하나인데 사려는 사람이 많으면 그 가치가 올라간다고 생각한다. 그래서 매수호가의 물량이 많으면 주가가 올라간다고 판단할 수도 있다. 하지만 매도호가창에 물량이 많아야 주가가 올라간다. 무조건 매도호가창에 물량이 많다고 주가가 오르거나 매도호가의 물량이 적다고 주가가 내리는 것은 아니다.

주가가 올라가는 것은 일정한 조건을 갖춰야 한다. 또한 세력이 개인투자자를 속이기 위해서 허위로 매도호가에 물량을 쌓아놓기도 하고, 허위로 매수호가에 물량을 쌓아놓기도 한다. 반대로 매도호가의 물량이 적고 매수호가의 물량이 많은 경우는 하락의 조건이다.

공매도는 일반 투자와 반대로 주식을 비싸게 매도하고 싸게 매수해서 갚아야 한다면, 일반 주식 매매 호가창의 개념도 반대로 생각해야 한다.

〈그림 4-2〉 호텔신라 호가창을 보면 매도호가창의 물량이 매수호가의 물량보다 더 많이 쌓여 있을 때 개인투자자는 차트를 보고 매수한다. 이 경우 공매도할 때는 손실이 날 가능성이 크다.

2019년 4월 8일 중국인의 여행객이 늘어난다는 뉴스로 여행과

:: 그림 4-2 호텔신라 호가창 ::

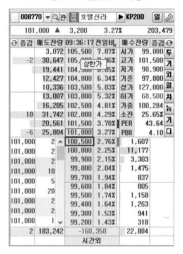

:: 그림 4-2 호텔신라 호가창 ::

관련된 종목의 주가가 올라갔었다. 호텔신라 공매도 세력들은 뉴스를 보고 오를 것으로 생각하여 매도호가에 물량을 쌓아놓은 것이다. 호텔신라와는 달리 매수호가에 물량이 많이 쌓여 있는 종목의 호가창도 살펴보자.

:: 그림 4-3 AP 시스템 호가창 ::   :: 그림 4-4 HD현대산업개발 호가창 ::

〈그림 4-3〉의 AP시스템과 〈그림 4-4〉의 HD현대산업개발 호가창을 보면, 매도보다는 매수호가 물량이 많다는 것을 알 수 있다. 이때 상승보다는 하락할 거라고 예측할 수 있다.

공매도하기 위해서는 일반 투자와는 늘 반대로 생각해야 한다. 그러므로 하락이 예측되는 차트와 호가창을 선택하는 것이 좋다. 개인투자자는 내가 보유한 종목이나 신규로 진입하려는 종목에 공매도 과열 종목 공시가 뜨거나, 공매도 과열 금지 종목으로 지정될 수 있다. 또는 유상증자가 뜨면 공매도가 시작될 수 있음을 인지하고 신중하게 주식을 매도하거나 신규 진입해야 한다.

쇼트 커버링
(Short covering)

쇼트 커버링은 '차입판매 주식정리'라고 말하기도 한다. 쇼트(Short)는 주식을 빌려와 비싸게 매도하는 것을 말한다. 커버(Cover)는 빌려온 주식을 갚기 위해서 주식을 싸게 매수해서 갚는 것을 말한다.

공매도 세력들은 주가가 하락할 것을 예상하고 공매도를 했는데, 갑자기 실적 상승이 나오거나 호재 공시로 인해 주가가 상승하면 큰 손실을 볼 수밖에 없다. 때문에 빌려온 주식을 비싸게 매도한 것을 커버하기 위해 빠르게 쇼트 커버링을 하게 된다. 이때 공매도 세력이 주식을 매수해서 갚아야 하므로 단기 급등이 나온다. 쇼트 커버링이 일어날 때 물려 있던 종목이 있다면 빠져나올 수도 있고, 신규로 진입해서 단기 수익을 낼 수도 있다. 그러므로 공매도가 무조건 나쁘다고 생각하기보다는 공매도의 성격을 잘 알고 이용해야 한다.

:: 그림 4-5 팬오션 2018년 5월 15일~2019년 4월 23일까지 일봉 차트 ::

〈그림 4-5〉 팬오션 일봉 차트를 보면 2018년 5월 15일 주식 가격이 5,800원을 기록한 후 하락과 상승을 거듭한다. 하지만 2019년 3월 11일 4,005원의 최저가를 기록하고 2019년 4월 23일까지 우상향하는 모습이다.

팬오션의 종목별 공매도 추이에서 2018년 5월 15일 이후 대차잔고가 늘어나고 있다. 주식 가격이 오르락내리락하기 때문에 대차잔고도 늘었다 줄었다 한다. 그리고 대차잔고 매매 비중이 10%가 넘어간다는 것은 주식 가격이 계속 하락할 수 있음을 예상할 수 있다.

팬오션의 1년간의 대차잔고 추이를 살펴보면 2019년 3월 28일까지 대차잔고가 두 자리 숫자를 많이 기록하고 있다. 팬오션은 세 가지 이유로 주가가 하락하기 시작했다. 가장 큰 이유로는 첫째, 중·미 무역전쟁으로 인한 물동량 감소, 둘째, 유가 급등으로 인한 상승한 원가, 셋째, 선박운임 성수기가 지난 것도 포함된다. 2019년 4월 4일부터 공매도 비중이 급격하게 줄어들면서 단기 이동평균선인 5일 이동평균선이 우상향하고 있다.

:: 그림 4-6 팬오션 2019년 4월 12일 뉴스창 ::

2019년 4월 12일 팬오션 뉴스창에서 증권사가 제공하는 종목 뉴스를 살펴보면 팬오션의 영업이익 증가 외에 호재 뉴스가 계속 나오면서 대차잔고가 감소되고 있음을 알 수 있다.

쇼트 커버링이 갑자기 일어나는 것은 여러 가지 요인이 있다. 하지만 실적이 좋아진다고 하면 쇼트 커버링으로 주가가 단기 반등하고, 사상 최대의 실적이 나오면 단기 상승보다 더 올라가기도 한다. 실적 소식이 뜨면 계속 하락만 하던 주식 가격이 공매도 세력들의 강한 쇼트 커버링으로 결국 올라갈 수밖에 없는 것이다.

〈그림 4-7〉~〈그림 4-9〉 팬오션의 날짜별 공매도 추이를 보자. 이 추이표에서는 선박회사의 특성상 계절별 실적 차이가 나기 때문에 팬오션의 거래량 대비 공매도 비중도 계절에 따라서 오르내리는 것을 알 수 있다.

〈그림 4-7〉은 팬오션의 공매도 추이다. 2018년 5월 18일 이후 주식 가격이 하락하면서 공매도 비중도 한 자리 숫자에서 두 자리 숫자로 늘어났다. 2018년 10월이 되면서 주식 가격은 더 하락한다. 선박회사는 겨울이 다가오면 물동량이 줄어들기 때문에 주식 가격은 더 내려갈 수밖에 없다. 따라서 공매도 비중은 23%를 기록했다.

∷ 그림 4-7 팬오션 2018년 6월 7일~2018년 10월 28일까지 공매도 추이 ∷

일자	종가	대비	등락률	거래량	공매도수량	공매도대금	공매도거래비중	평균공매도단가
2018/10/29	4,580 ▼	35	0.76	1,678,809	194,569	898	11.59	4,616
2018/10/26	4,615 ▼	210	4.35	1,389,993	180,500	845	12.99	4,684
2018/10/25	4,825 ▼	85	1.73	1,141,383	184,857	883	16.20	4,777
2018/10/24	4,910 ▼	5	0.10	1,109,981	117,600	580	10.59	4,931
2018/10/23	4,915 ▼	75	1.50	1,183,192	35,818	176	3.03	4,903
2018/10/22	4,990 ▼	50	0.99	1,223,489	56,748	280	4.64	4,938
2018/10/19	5,040 ▲	10	0.20	1,457,913	346,552	1,724	23.77	4,975
2018/10/18	5,030 ▼	70	1.37	875,684	121,244	614	13.85	5,068
2018/10/17	5,100 ▲	80	1.59	1,262,978	108,283	554	8.57	5,115
2018/10/16	5,020 ▼	10	0.20	988,206	76,097	383	7.70	5,034
2018/10/15	5,030 ▲	165	3.39	1,357,624	197,876	996	14.58	5,032
2018/10/12	4,865 ▲	140	2.96	1,198,529	169,170	815	14.11	4,817
2018/10/11	4,725 ▼	210	4.26	1,930,906	302,958	1,451	15.69	4,791
2018/10/10	4,935 ▼	145	2.85	1,739,919	284,393	1,403	16.35	4,934
2018/10/08	5,080 ▼	70	1.36	979,701	49,166	251	5.02	5,105
2018/10/05	5,150 ▼	40	0.77	1,576,186	169,452	870	10.75	5,137

★ 당일 공매도 정보는 18시 이후에 Update 됩니다.
★ 본 공매도 정보에서 상환 정보는 제공하지 않습니다. 따라서 중간에 상환이 발생하였더라도 반영되지 않습니다.
★ 평균공매도단가는 추정치이므로 유의하시기 바랍니다.

일자	종가	대비	등락률	거래량	누적공매도량	매매비중%	공매도거래대금	공매도평균가
18/07/23	5,020 ▲	220	+4.58	3,778,810	8,691,698	1.26	239,429	5,032
18/07/20	4,800		0	812,160	8,644,120	2.38	92,594	4,793
18/07/19	4,800 ▼	120	-2.44	1,160,878	8,624,800	6.88	383,507	4,803
18/07/18	4,920 ▼	20	-0.40	1,128,097	8,544,956	8.82	492,940	4,957
18/07/17	4,940 ▲	20	+0.41	1,500,109	8,445,513	11.65	880,411	4,953
18/07/16	4,920 ▲	55	+1.13	1,132,226	8,267,770	15.15	846,420	4,934
18/07/13	4,865 ▲	170	+3.62	1,703,579	8,096,223	3.98	328,534	4,848
18/07/12	4,695 ▲	35	+0.75	1,476,442	8,028,450	4.20	290,849	4,691
18/07/11	4,660 ▼	190	-3.92	2,637,380	7,966,448	13.46	1,666,362	4,692
18/07/10	4,850 ▲	20	+0.41	1,479,314	7,611,335	13.12	946,945	4,879
18/07/09	4,830 ▼	95	-1.93	1,804,132	7,417,236	19.57	1,724,947	4,887
18/07/06	4,925 ▲	205	+4.34	3,440,835	7,064,244	12.45	2,117,069	4,941
18/07/05	4,720 ▲	140	+3.06	2,043,354	6,635,806	13.32	1,264,909	4,647
18/07/04	4,580 ▼	125	-2.81	2,146,247	6,363,585	6.22	608,219	4,558
18/07/03	4,455 ▼	165	-3.57	3,539,569	6,230,148	5.86	927,978	4,471
18/07/02	4,620 ▼	265	-5.42	2,042,678	6,022,576	5.59	542,017	4,744

일자	종가	대비	등락률	거래량	누적공매도량	매매비중%	공매도거래대금	공매도평균가
18/06/29	4,885 ▲	105	+2.20	1,220,826	5,908,324	12.49	738,721	4,846
18/06/28	4,780 ▼	125	-2.55	1,310,977	5,755,883	12.35	774,274	4,784
18/06/27	4,905 ▼	55	-1.11	914,468	5,594,037	20.55	927,229	4,934
18/06/26	4,960 ▼	5	-0.10	877,760	5,406,092	10.65	458,215	4,902
18/06/25	4,965 ▲	185	+3.87	1,633,730	5,312,623	9.12	739,116	4,962
18/06/22	4,780 ▼	15	-0.31	1,138,978	5,163,666	10.87	590,699	4,772
18/06/21	4,795 ▼	35	-0.72	1,862,535	5,039,872	17.25	1,549,304	4,823
18/06/20	4,830 ▼	50	-1.02	2,070,881	4,718,614	8.57	864,205	4,870
18/06/19	4,880 ▼	170	-3.37	2,475,552	4,541,156	18.88	2,294,235	4,909
18/06/18	5,050 ▼	90	-1.75	1,451,859	4,073,759	10.37	760,593	5,053
18/06/15	5,140 ▼	20	-0.39	1,109,750	3,923,249	2.12	121,460	5,173
18/06/14	5,160 ▼	60	-1.15	1,649,213	3,899,768	6.72	574,070	5,179
18/06/12	5,220 ▼	30	-0.57	1,292,907	3,788,917	14.26	965,790	5,240
18/06/11	5,250 ▼	70	-1.32	1,531,579	3,604,598	17.74	1,420,514	5,228
18/06/08	5,320 ▼	60	-1.12	1,278,780	3,332,901	2.80	191,306	5,336
18/06/07	5,380 ▲	140	+2.67	2,494,345	3,297,052	3.44	459,915	5,368

:: 그림 4-8 팬오션 2018년 12월 공매도 추이 ::

eBEST° [1927] 종목별 공매도추이

종목별 공매도추이 | 공매도 상위

028670 ▼ ⬆Q ▶ 관 ■ 팬오션 | 2018/12/0▼ ~ 2018/12/2▼ | 백만원▼ | 차트 | 조회 | 다음

일자	종가	대비	등락률	거래량	공매도수량	공매도대금	공매도거래비중	평균공매도단가
2018/12/28	4,445 ▲	55	1.25	960,612	40,160	180	4.18	4,472
2018/12/27	4,390 ▲	235	5.66	1,261,107	32,486	143	2.58	4,390
2018/12/26	4,155 ▼	135	3.15	1,315,584	171,522	716	13.04	4,175
2018/12/24	4,290 ▼	110	2.50	1,177,135	39,405	171	3.35	4,327
2018/12/21	4,400 ▼	75	1.68	1,156,069	92,644	409	8.01	4,414
2018/12/20	4,475 ▼	40	0.89	987,539	120,016	535	12.15	4,460
2018/12/19	4,515 ▼	10	0.22	987,363	4,382	20	0.44	4,541
2018/12/18	4,525 ▼	40	0.88	753,959	102,459	463	13.59	4,518
2018/12/17	4,565 ▼	25	0.55	845,046	46,549	213	5.51	4,572
2018/12/14	4,540 ▲	20	0.44	929,940	4,122	19	0.44	4,535
2018/12/13	4,520 ▼	75	1.63	1,981,378	78,224	355	3.95	4,538
2018/12/12	4,595 ▲	150	3.37	1,033,867	36,748	167	3.55	4,553
2018/12/11	4,445 ▲	65	1.48	797,185	28,460	126	3.57	4,439
2018/12/10	4,380 ▼	80	1.79	974,783	13,188	58	1.35	4,390
2018/12/07	4,460 ▼	20	0.45	605,261	33,614	151	5.55	4,490
2018/12/06	4,480 ▼	10	0.22	989,414	13,986	63	1.41	4,520

〈그림 4-8〉은 2018년 12월 팬오션의 공매도 추이를 보여주고 있다. 이 표에 의하면 공매도 비중이 계속 늘어나다가, 점점 한 자리 숫자로 줄어들고 있다. 12월에는 배당금으로 인한 쇼트 커버링이 일어나기 때문이다.

:: 그림 4-9 팬오션 2019년 3월 28일~4월 18일까지 공매도 추이 ::

〈그림 4-9〉는 2019년 3월 28일~4월 18일까지 팬오션의 공매도 추이에 보여주고 있다. 배당금 기간이 지나고 공매도 비중이 2019년 4월 12일까지 계속 늘어나고 있는 모습이다. 공매도 비중이 계속 늘어나다가 실적 개선, 계절적 성수기 물동량 증가 기대감, 정부의 해운업 재건 정책도 주가에 긍정적으로 힘을 실어주었다. 때문에 공매도 비중이 급감하며 차트(〈그림 4-5〉 참고)에서 단기 이동평균선은 우상향하고 있다.

앞에서 팬오션의 공매도 추이를 통해 쇼트 커버링이 일어날 때 공매도 비중이 줄어들면서 주식 가격은 단기적으로 상승한다는 것을 알게 되었다. 그러므로 개인투자자들은 쇼트 커버링을 이용해 신규 진입 등을 시도해볼 수 있다.

그동안 가장 공매도가 많았던 종목은 시가총액이 높은 삼성전자, SK하이닉스, 셀트리온이다. 셀트리온은 실적과 상관없이 공매도가 많이 이루어진 종목으로, 심지어 공매도 세력 때문에 셀트리온 사장은 기업을 그만두고 싶다고 말했을 정도였다. 셀트리온의 기업가치에 장기투자하는 주주들로 인해 잠자는 셀트리온 주식을 깨우고 싶은 공매도 세력들은 온갖 유치한 방법을 동원하여 기업의 가치를 떨어뜨리려고 했다. 이런 이유로 공매도가 더욱 개인투자자에게 욕을 먹게 되는 것이다.

최근 삼성전기 실적 발표로 주가가 올라가자 공매도 세력들의 급한 쇼트 커버링으로 단기 급등이 나왔다. 이때 일반투자자가 단기투자 수익을 챙길 수 있다는 생각으로 삼성전기 신규 진입을 시도했다면 주가는 얼마만큼 올라갈까? 즉 신규 진입한 주식을 어느 가격에 팔아야 할 것인지를 알고 싶은 것이다.

공매도 평균단가를 안다면 주가가 얼마만큼 올라갈지 예측할 수 있다. 그렇다면 공매도 평균단가는 어떻게 알 수 있을까? 증권사마다 제공하는 공매도 추이에 대한 자료들을 통해 공매도 기간과 공매도 수량을 알아낸 후 평균단가를 계산하면 된다. 그리고 공매도 수량이 전체 거래량의 몇 %를 차지하는지도 체크해두면 좋다. 전체 거래량에서 공매도가 차지한 비율이 너무 적다면 쇼트 커버링에 의한 단기 상승을 기대할 수 없다.

A라는 회사의 공매도 평균단가가 100원인데 현재 가격은 120원이다. 공매도 세력은 현재가보다 저점에서 쇼트(매도)했고, 손실을 보고 있다. 빌려온 주식도 갚아야 하고 수익도 올려야 한다면, 공매도 세력은 계속 쇼트 커버링을 위해 주식을 사야 한다.

그렇다면 얼마나 사야 할까? 저점에서 쇼트했고 수익도 보지 못한 상태에서 손실을 막기 위해 마음도 급하다 보니 주식 가격을 계속 올릴 수밖에 없다. 이것은 무슨 말일까? 일반 매매에서 주가가 내려가면 계속 추가 매수해서 평균단가를 낮춘다. 이와 마찬가지로 공매도도 갑자기 주가가 오르면 평균단가를 높여야 한다. 공매도 세력은 값을 주식도 사야 하고, 일반 매매처럼 순매수를 해서 수익도 내야 한다. 그러므로 주식을 많이 살 수밖에 없는 것이다.

주식은 늘 오르기도 하고 내리기도 하고 횡보하기도 한다. 주식이 계속 오르면 너도나도 주식에 투자하게 된다. 그러면 주식시장은 과열되어 주식이 가진 가치보다 고평가되는 일이 생긴다. 또는 여러 가지 악재로 인해 주식시장이 계속 하락하기도 한다. 주식시장이 과열될 때는 거품을 빠지게 하는 공매도 세력이 들어온다. 주식시장이 침체할 때는 기관이나 큰손들은 손절매해서 큰돈을 뺄 수 없기 때문에 공매도에 참여하게 된다.

하락장에서 개인투자자는 화가 난다. 기관과 큰손들은 공매도로 수익을 내고 있지만, 개인투자자는 계속 손실이 늘어나고 있다. 또 얼마만큼 주가가 하락할지도 모르니 추가 매수를 할 수도 없다. 그러므로 넋 놓고 한숨만 쉬지 말고 개인투자자도 대주거래를 통해서 수익을 낼 수 있어야 한다.

금융감독원에서 실시하는
개인투자자를 위한 제도

공매도로 손해를 본 개인투자자를 보호하기 위해 금융감독원에서 실시하는 여러 가지 제도가 있다.

> ‣ 첫째, 공매도 상태 및 잔액 보고 제도
> ‣ 둘째, 과열 종목 지정
> ‣ 셋째, 업틱룰 적용(업틱룰 제외 종목도 있다.)

금융감독원에서는 개인투자자를 위해 여러 가지 제도를 시행하고 있다. 하지만 주식시장에서는 공매도 과열 종목 지정 공시만 나와

구분		1	2	3
직전 40거래일 중 종목의 거래 일수		20일 이상	20일 이상	20일 미만
당일 공매도 비중	코스피	20% 이상 50% 미만	50% 이상	30% 이상
	코스닥 코엑스	15% 이상 50% 미만	50% 이상	30% 이상
당일 주가 수익률		5% 이상 하락	5% 이상 하락	5% 이상 하락
공매도 비중 증가율		100%	–	–

· 당일 공매도 비중(%) = 당일 공매도 거래대금/당일 거래대금
· 주가 수익률(%) = (당일 종가/전일 종가) − 1
· 비중 증가율(%) = (당일 공매도 비중/40매매일 공매도 비중 평균) − 1

자료 : 한국거래소

도 주가가 하락하는 것을 자주 볼 수 있다. 실제로 공매도가 들어오는 종목들은 셀트리온처럼 실적이 좋은 회사도 있지만, 대부분 사업 전망이 나쁘거나 실적이 없는 종목이다.

　공매도 과열 종목으로 지정된 종목은 투자에 특히 주의해야 한다. 정확한 정보를 알 수 없는 개인투자자에게 이러한 공시는 투자를 환기시켜 준다. 기업의 성장성과는 상관없이 공매도가 들어오는 경우도 많다. 외국인들의 투자 형태와 큰손들의 이기적인 태도 때문이다. 원인이 어디에 있든지 개인투자자는 공매도가 들어오는 종목은 신규 매수 진입보다는 대주 매매를 통해서 수익을 내는 것이 현명하다.

실전
공매도
준비

개인투자자가 할 수 있는 공매도,
대주거래

공매도 종류에서 개인투자자가 할 수 있는 것은 대주거래다. 실전에서 대주거래를 하려면 증권사마다 절차가 있다.

　대주거래를 하려면 절차상 신용거래 계좌를 등록해야 한다. 하지만 실제 거래를 할 때는 신용이나 미수거래는 할 수 없다. 계좌에 있는 현금 한도 내에서 주문이 들어가고 체결된다. 키움증권을 예로 들면 1인당 대면과 비대면 계좌 각각 1억 원의 한도로 총 2억 원까지 대주거래가 가능하다. 일반투자와는 반대로 매도 주문 후에 매수한다. 매도하기 위해서는 매도하고 싶은 종목이 대주거래가 가능한지 확인한 후 증권사에서 빌려와야 한다.

　현재 키움증권 기준으로 보면 대주 종목은 약 300종목 이상이고 점차 늘어나는 추세다. 보유 기간은 30일이고, 한 번 더 연장할 수 있으므로 90일 이내 상환해야 한다. 더 보유하고 싶으면 상환하고 다시 대주거래 신규 매도를 하면 된다. 매수만 하다가 매도를 먼저 하면 혼란이 오기 때문에 처음에는 실수할 수도 있다. 그러므로 소액으로 주문하는 것을 연습해야 한다. 매매 방식에 충분히 익숙해진 후 실전 매매 금액을 늘리는 것이 좋다.

CFD 거래
(Contract For Differnece)

최근 개선안이 발표된 CFD(차액결제거래) 거래를 통해서도 공매도와
같은 효과를 얻을 수 있다. 이는 주가가 하락할 때 수익을 내는 대
주거래와 유사하다. 주가하락이 기대될 때 매도포지션을 잡고 편리
하게 거래할 수 있어 하락장에서의 헷지 수단으로 이용할 수 있다.
CFD는 홍콩, 싱가포르, 일본, 영국 등을 비롯한 국가에서 널리 거래
되는 장외파생상품이다. 주식 현물을 매도하기 위해서는 차입 후 대
주매도를 해야하지만, CFD 거래는 이러한 일련의 과정 없이 매도 진
입부터 가능하다. 시장은 항상 틈새가 있기 마련이다. 주식으로 수익
을 내려면 다양한 관련 상품을 거래하는 방법을 알아두어야 한다.

현재 키움증권을 예로 들면 약 2,300여 종목을 매매할 수 있어
대주거래의 종목 수와 비교하면 큰 차이를 보인다. 개인 전문투자자
의 요건을 만족하는 사람만 CFD 거래를 할 수 있으므로 소액 투자
자가 접근하기에는 여전히 장벽이 있는 셈이다. 하지만 완화된 자격
요건으로 더 많은 개인투자자가 참여하게 된다면 시장에 활력을 불
어넣는 일이 될 수도 있다. 개인도 국내 주식시장에서 양방향 포지션
을 한 번에 보유할 수 있는 문이 조금씩 열리고 있는 것으로 보인다.

대주거래 시작하기 전에
알아둘 점

대주거래를 하려면 〈그림 4-10〉 신용거래 안내에 따라 신용거래 서비스 안내 내용을 정확히 숙지해야 한다. 그다음 제일 먼저 신용계좌 등록을 해야 한다.

:: 그림 4-10 신용거래 안내 ::

일반 주식투자는 상장된 종목 중 거래 정지된 종목 외에 모든 종목을 매매할 수 있다. 그러나 대주거래는 매매할 수 있는 종목이 정해져 있다.

:: 그림 4-11 신용대주 가능 종목 I ::   :: 그림 4-12 신용대주 가능 종목 II ::

종목번호	종목명	현재가	대주가능수량	한도초과
011760	현대상사	24,500	11,337	
012630	HDC	19,250	5,724	
013310	아진산업	2,610	14,159	
013870	지엠비코리아	7,340	19,762	
014160	대영포장	1,205	68,458	
014190	원익큐브	2,685	4,033	
015760	한국전력	31,950	4,065	
015890	태경산업	5,750	10,741	
017180	명문제약	5,570	14,333	
017510	세명전기	5,890	9,612	
017550	수산중공업	1,605	6,114	
017800	현대엘리베이	81,000	9,464	
018250	애경산업	46,500	3,960	
018880	한온시스템	11,650	2,164	
019170	신풍제약	7,760	26,171	
020150	일진머티리얼즈	40,800	10,720	
022100	포스코 ICT	5,930	27,635	
023410	유진기업	6,750	29,710	
023530	롯데쇼핑	188,000	1,243	
028300	인지컨트롤스	7,080	21,529	
025320	시노펙스	2,870	69,954	
025860	남해화학	10,850	12,975	
026040	제이에스티나	5,930	15,367	

종목번호	종목명	현재가	대주가능수량	한도초과
042110	에스씨디	1,620	80,087	
042670	두산인프라코어	7,580	31,279	
044340	위닉스	32,500	-2,824	한도초과
046890	서울반도체	21,400	6,039	
047310	파워로직스	10,000	539	
047810	한국항공우주	36,700	9,125	
049950	미래컴퍼니	67,500	2,402	
050060	아세아텍	4,450	11,217	
052260	SK바이오랜드	18,500	4,835	
052710	아모텍	23,600	4,139	
053690	한미글로벌	10,800	7,082	
053700	삼보모터스	7,150	25,134	
054210	이랜텍	4,160	8,083	
058730	다스크	7,260	4,659	
058820	CMG제약	4,730	27,349	
059090	미코	7,050	25,950	
063570	한국전자금융	9,550	11,867	
064260	다날	3,365	23,670	
064350	현대로템	21,850	8,955	
064800	필룩스	1,900	33,690	
065060	지엔코	1,720	59,935	
065130	탑엔지니어링	9,340	12,615	
065520	전파기지국	2,565	22,898	

개인투자자는 〈그림 4-11〉 '신용대주 가능 종목 I'에서만 선택해서 대주거래를 할 수 있다. 〈그림 4-12〉 '신용대주 가능 종목 II'를 보면 위닉스라는 종목에 '한도 초과'라고 표시되어 있다. 그러면 이 종목은 대주거래를 할 수량이 없다는 뜻이다. 그러므로 다른 종목을 찾아야 한다.

현재 우리나라 주식시장에는 대주거래를 할 종목과 수량이 많지 않다. 하지만 키움증권 기준으로 CFD는 약 2,300여 종목을 거래할 수 있어 선택의 폭이 커진다. 일단 먼저 대주거래의 기본을 잘 숙지한 다음에 조건이 맞는 투자자라면 CFD 거래를 고려해보는 것도 좋다.

대주거래 주문화면
세팅하기

:: 그림 4-13 대주거래 화면 1 ::

〈그림 4-13〉 '대주거래 화면 1'을 보면 현재 거래되는 가격보다 몇 호가 위로 가격을 적고 대주 수량을 적는다. 그리고 '매도(F12)'를 클릭하면 계좌에 주문한 수량만큼 신용대출 잔고가 나타난다. 신용대출 잔고가 나타나야 증권사에서 주식을 빌려오게 되었다는 뜻이다. 주식의 가격이 낮으면서 대주거래가 되는 종목 중에 하나를 선택해서 1주씩 주문해보는 연습이 필요하다. 그래야 매매의 원리를 이해할 수 있고, 본격적인 실전에서 실수를 줄일 수 있다.

:: 그림 4-14 대주거래 화면 2 ::

〈그림 4-13〉 '대주거래 화면 1'에 따라 신용대출 잔고가 나타나면
〈그림 4-14〉 '대주거래 화면 2'와 같이 실거래로 체결시키기 위해서는
업틱룰에 따라 '정정(F5)'을 클릭해서 정정한다. 처음 주문했던 가격을
현재가보다 한 호가 위의 가격인 4만 3,200원에 정정 주문으로 체결

:: 그림 4-15 대주거래 화면 3 ::

되면 대주 주문이 끝나게 된다.

〈그림 4-15〉 '대주거래 화면 3'에 따라 신용대출 잔고를 클릭하면 대주 상환으로 화면이 바뀌면서 수량이 보인다. 그리고 매수 가격을 입력한 후 매수를 클릭하면 체결된다(빌려온 주식이 갚아짐). 그리고 신용대출 잔고는 없어진다.

아직도 대주거래에서 매도, 매수가 혼돈될 수 있다. 하지만 일반 매매와 무조건 반대로 생각하면 쉽다.

> ‣ 일반거래에서 먼저 매수한다는 것은 대주거래에서는 먼저 매도하는 것이다.
> ‣ 일반거래에서 매수한 후에 주가가 올라가면 매도해서 수익을 낸다. 반대로 대주거래에서는 먼저 매도한 후에 주가가 내려가면 매수해서 수익을 낸다.
> ‣ 일반거래에서 매수하면 계좌 잔고에 매입 잔고가 나타난다. 대주거래에서는 신용대출 잔고가 나타난다.

이제 개념을 확실히 알고 넘어가자. 일반 매매의 반대로만 생각하자. 거꾸로 되는 것들을 상상하자. 물구나무 서기, 지구가 거꾸로 돈다, 차트를 거꾸로 본다. 대주거래에 대한 개념을 확실히 이해한다면 대주거래를 두려워하거나 어려워할 필요가 없다. 매매를 할 때도 매수, 매도를 착각하여 잘못 주문하는 경우가 있는 것처럼 대주거래도 반복해서 연습하면 금세 익숙해진다.

:: 그림 4-16 대주거래 절차(키움 HTS 기준) ::

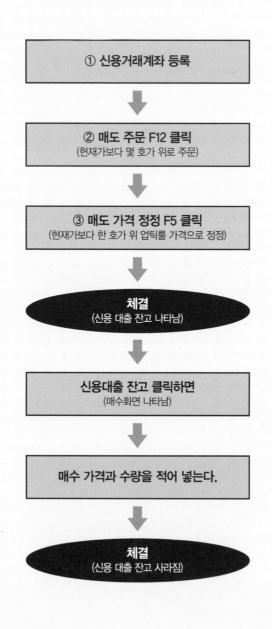

① 신용거래계좌 등록

② 매도 주문 F12 클릭
(현재가보다 몇 호가 위로 주문)

③ 매도 가격 정정 F5 클릭
(현재가보다 한 호가 위 업틱룰 가격으로 정정)

체결
(신용 대출 잔고 나타남)

신용대출 잔고 클릭하면
(매수화면 나타남)

매수 가격과 수량을 적어 넣는다.

체결
(신용 대출 잔고 사라짐)

대주거래 개념
다시 이해하기

특정 주식의 가격 하락이 예상될 때 증권사에서 해당 주식을 빌려서 매도한다. 그 이후에 주식 가격이 매도한 가격보다 더 내려가면 그 주식을 빌려온 수량만큼 싸게 매수해서 상환한 후 차익을 얻는 것이 공매도다. 예를 들어, 한 투자자는 1,000원에 거래되는 A사 주식이 더 떨어질 것이라고 예상하고 A사 주식 10주를 증권사에서 빌려 시장에 매도한다. 정해진 기간이 지난 뒤 A사 주가가 900원으로 떨어지면, 투자자는 다시 A사 주식 10주를 매수해서 증권사에 돌려주고 주당 100원씩 총 1,000원의 차익을 거둔다. 주식을 돌려줘야 하는 기간은 30~90일이며, 이 기간 동안 예상과 달리 주가가 오르게 되면 투자자는 손해를 보게 된다.

대주거래는 하락장에서 이익을 얻으며, 한 종목의 등락만 예측하면 되는 특징을 갖는다. 빌려온 종목의 주가가 내려가면 그 주식을 사들이기 때문에 주식 가격이 하락할 때 급락하는 것을 방지하는 역할을 하기도 한다. 즉 대주거래는 신용 대출거래를 동반하지만, 신용대출을 견제하는 성격도 있다.

공매도는 없는 주식을 일단 매도하는 것!

대주거래는 실제로 있는 주식을 빌려와서 매도하는 것!

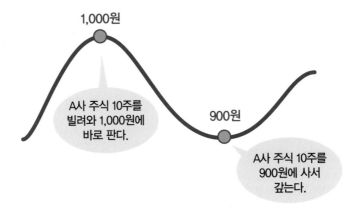

이제 개인투자자들은 대주거래를 통해 공매도할 수 있다는 것을 알았다. 그럼 대주거래의 중요한 내용을 복습해보자.

> ▸ 대주거래 주문은 업틱룰로 해야 한다. 즉 시장가보다 높은 가격으로 주문해야 한다.
> ▸ 매도한 후 30일 보유할 수 있고, 한 번 더 60일을 연장할 수 있다.
> ▸ 수수료는 일반 주식거래보다 높다.

대주거래를 하려면 하락으로 인해 수익을 잘 낼 수 있는 종목을 선택해야 한다. 일반투자에서도 상승을 원하는 안전한 매수 자리가 있는 것처럼, 대주거래도 안전한 매도 자리가 있다. 상승을 원할 때 앞에서 안전 그물망이라는 안전한 매수 자리에서 매수해야 한다고 배웠다. 안전 그물망 매수 자리는 여러 개의 이동평균선을 딛고 올라서는 자리다. 대주거래는 반대로 여러 개의 이동평균선이 수렴할 때 이동평균선을 머리에 이고 있는 자리다.

여러 개의 이동평균선을 딛고 올라설 때는 잘 떨어지지 않는다. 그런데 여러 개의 이동평균선을 머리에 이고 있으면 키 큰 사람이 천장이 낮은 방에서 머리가 자꾸 부딪히는 것처럼 위로 올라가기 쉽지 않다. 쉽게 말하면 생명선인 20일 이동평균선을 머리에 이고 있는데, 이 20일 이동평균선이 200kg 무게의 덩어리라고 생각해보자. 이 무게를 돌파하고 위로 올라가려면 대형 모멘텀이 있어야 한다. 그런데 대부분 종목이 20일 이동평균선 아래로 하락할 때는 모멘텀이 소멸해가는 종목들이 많기 때문에 상승하기 어렵다. 이렇게 상승하기 어려운 종목을 골라서 대주거래를 해야 한다.

매수보다 공매도가 좋은 이유는 주식 차트를 보면 주식 가격이 오를 때는 기존에 물려 있던 주식 보유자와 수익을 실현하려는 투자자가 매도하기 때문에 주식 가격이 천천히 완만하게 오른다. 반대로 주가가 고점에서 횡보하다 하락하거나, 저점에서 지지가 무너지면 급격하게 하락한다. 고점에서 일명 죽음의 계곡에 빠지거나, 저점에서 지하실로 직행하게 된다. 죽음의 계곡에서는 물려 있던 투자자들이 손절매하는 경우가 많아 매수의 힘이 거의 사라진다. 때문에 이 타이밍을 잘 잡아 대주거래를 하면 우량주라도 단기간에 30~50%정도 수익이 나기도 한다. 반대로 이 구간에서 보유한 투자자는 빠르게 손절매하지 못하고 어정거리다 단기간에 30~50%의 손실이 나는 일이 허다하다. 매수해서 보유하고 있는 투자자는 반드시 큰 손실을 방지하기 위해 손절매하는 것이 좋다.

증권사마다 대주거래 수수료가 정해져 있다. 키움증권사는 신용 대주거래 시 수수료는 온라인 매체를 이용하면 0.1%가 부과되며, 당일 상환하더라도 하루 치 이자 2.5%가 부과된다. 따라서 100만 원으로 대주거래 매도 후 다시 100만 원 매수 상환 시에는 최종적으로 매도 수수료(100만 원×0.1%=1,000원)+매도 수수료(100만 원×0.1%=1,000원)+이자 비용(100만 원×2.5%÷365일×1일=68원)으로 총 2,068원의 손실 금액이 발생한다. 그리고 일반거래처럼 거래 세금 0.3%가 추가로 부가된다.

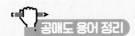

공매도 용어 정리

- 업틱룰로 매도해야 한다(시장가보다 한 호가 위에서 주문하는 제도).
- 쇼트 커버링은 차입판매 주식정리라고 말하기도 한다.
- 쇼트(Short)는 주식을 빌려와 비싸게 판 것을 말한다.
- 커버(Cover)는 빌려온 주식을 갚기 위해서 주식을 사서 갚는 것을 말한다.
- 쇼트 커버링이 시작될 때 단기 상승이 나온다.
- 기관이 기관으로부터 주식을 빌려오는 것을 대차거래라고 한다.
- 빌려온 주식을 매도하는 것을 공매도라고 한다.
- 기관이 빌려온 주식을 다시 기관에 갚는 것을 대차거래라고 한다.
- 개인도 공매도 중 대주거래를 할 수 있다.

"공매도는 주가가 하락할수록 수익을 낼 수 있다.
주식이 하락해도 솟아날 구멍이 있다면 그 구멍으로 탈출해보자."

데
이
짱
의

필
승

공
매
도

투
자

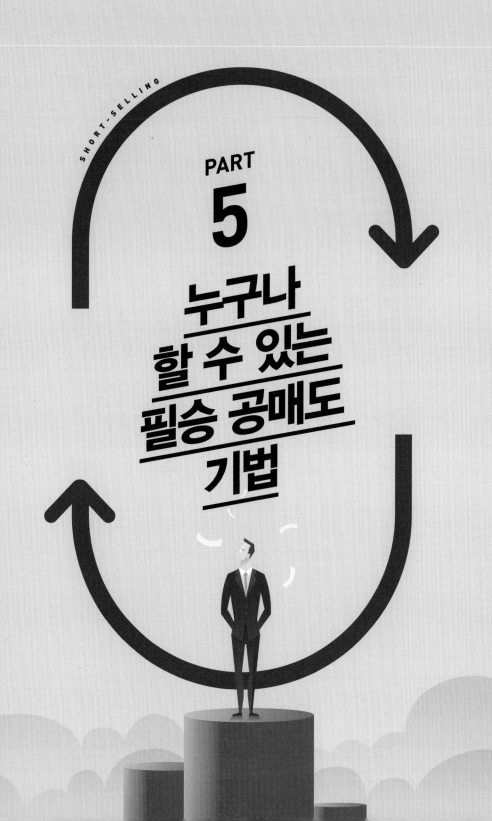

PART

5

누구나
할 수 있는
필승 공매도
기법

기본적인
대주거래
매도, 매수
자리 찾기

상승 기법을 알아야
대주거래가 쉽다

상승 기법을 정확하게 알아야 공매도를 잘할 수 있다. 대주거래는 상승 기법의 반대로만 생각하면 된다. 가장 안전한 매수 자리는 대주거래에서는 매수(상환)해야 하는 자리가 된다.

일봉 차트에서 가장 고점에서 횡보한 후 더 상승할 모멘텀이 사라진 종목들은 주가가 하락할 수밖에 없다. 일반 매수를 할 때 바닥을 다진 종목이 위로 많이 올라간다. 바닥을 다지는 동안 지친 개미들은 견디다 못해 보유한 종목을 손절매한다. 때문에 세력들은 그 물량들을 다 받아내 매집한다. 바닥을 길게 횡보할수록 상승할 수 있는 공간이 생긴다.

대주거래는 반대로 고점에서 많이 횡보한 후에 주가가 하락하는 종목이 아래로 많이 내려간다. 고점에서 횡보할 때 세력들은 물량을 개미에게 넘긴다. 고점 횡보하는 동안 차트를 살펴보면 아래로 공간이 생긴다. 고점에서 횡보가 짧으면 새로운 호재 뉴스나 모멘텀이 살아나서 위로 저항대 매물을 소화시키며 다시 상승할 수 있다.

대주거래 매도 자리에 잘못 진입하게 되면 주가가 상승하게 되어 손절매해야 할 수도 있다. 대주거래 매도 자리도 안전한 자리를 찾아야 수익률을 높일 수 있다.

고점에서
매도, 매수 자리

〈그림 5-1〉의 KG케미칼의 일봉 차트를 보자. KG케미칼은 고점에서 길게 횡보하다 20일 이동평균선을 지지하지 못하고 길게 하락하는 모습을 보여준다.

:: 그림 5-1 KG케미칼 2018년 4월~2019년 6월까지 일봉 차트 ::

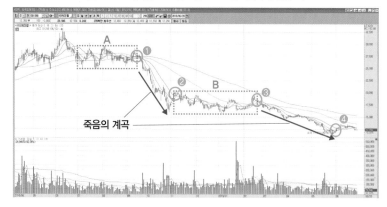

그럼 KG케미칼 회사에 관하여 알아보자. KG그룹에서 2003년 구경기화학공업이었던 KG케미칼을 인수했다. KG그룹은 KG이니시스, KG모빌리언스, KG ETS, KF코리아 등 15개의 계열사가 있는데, 재계에서는 적자로 시달리는 기업을 인수합병(M&A)을 통해 흑자기업으로 정상화한 이력이 있는 그룹이다.

KG케미칼은 2018년 6월 12일 52주 신고가 3만 3,200원을 기록하고 업종 하락과 함께 계속 하락했다. 고점 A 박스권에서 횡보하다 1번 20일 이동평균선을 지지하지 못하고 무너지면서 하락했다. 1번 자리는 고점 횡보 후 지지선이 무너지는 자리이며, 생명선인 20일 이동평균선이 무너진 자리로 안전한 대주거래 매도 자리다. 2번 자리는 매도한 주식을 청산하는 매수 자리다.

B 구간에서 다시 횡보하다 잠깐 20일 이동평균선 위로 돌파할 듯했지만 3번 20일 이동평균선을 지지하지 못하고 다시 재하락했다. 3번은 대주거래 매도를 할 수 있는 자리고, 4번은 매도한 주식을 청산하는 매수 자리다.

KG케미칼은 2019년 6월 14일 종속회사 케이지스틸 주식회사가 동부제철 지분의 40%를 제3자 배정 유상증자 형태로 4,000만 주 2,000억 원 규모로 취득했다. 사업 다각화로 KG케미칼은 현재 4년 동안 워크아웃 중인 동부제철을 정상화하기까지 신중한 투자 자세를 갖는 것이 좋다.

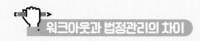

워크아웃과 법정관리는 둘 다 기업회생을 목적으로 한다는 공통점이 있다. 워크아웃은 부도 위험에 빠진 기업에 대출금과 투자금을 돌려받기 위해 상환 기간을 연장해준다거나 신규 자금을 지원해주고, 대주주가 사재 출연이나 경영권 포기 등 회사를 살리려는 의지를 보이면 채권단도 도움을 주는 식이다. 워크아웃은 기업 개선 작업이라고 할 수 있는데 기업 구조조정을 통해 정상 기업으로 탈바꿈하는 것을 말한다. 워크아웃 기업은 자금 집행을 할 때마다 금융권의 동의를 얻어야 한다.

법정관리는 기업이 법원에 법정관리를 신청하고 법원이 지정한 전문가가 기업과 채권금융권 가운데서 개입해 기업을 분석한다. 그리고 기업가치가 계속 유지될 수 있는 기업이라고 판단되면 회생절차를 개시하고, 채권과 채무는 정지된다. 법정관리의 목적은 기업 존속이다.

:: 그림 5-2 필룩스 2019년 1월~6월까지 일봉 차트 ::

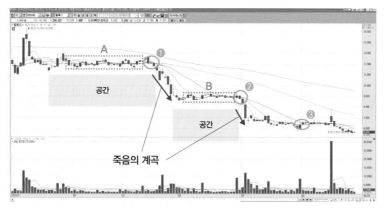

〈그림 5-2〉 필룩스의 일봉 차트를 보면 A 지점에서 횡보하고 1번 20일 이동평균선 무너지는 자리가 대주거래 매도 자리다. A 구간에서의 횡보 기간이 길면 그 길이가 긴 만큼 하락 폭도 커지는 경향이

있다. B 구간에서도 횡보 기간이 길고 아래로 공간이 열리면 큰 폭으로 하락하는 것을 볼 수 있다.

B 구간에서 다시 횡보하고 2번 자리는 다시 대주거래 신규 매도 자리다. 만약 1번 자리에서 매도했다면 B 구간으로 들어가기 전에 수익을 한 번 챙기는 것이 좋다. 대주 신용거래일은 30일, 즉 1개월이다. 60일을 더 연장하여 홀딩할 수 있지만, 기회비용을 잃지 않아야 한다. 새로운 모멘텀이 살아날 수도 있으므로 중간에 수익을 챙기는 것은 중요하다. 대주 신용거래 보유 기간은 90일, 즉 3개월 안에는 매도한 주식을 매수해서 빌려온 주식을 반드시 갚아야 한다.

필룩스는 LED 실내외 조명기기 제조와 바이오 사업을 하는 기업이다. 필룩스는 2018년 4월 미국의 항암제 연구개발 전문기업 바이럴진과 리미나투스파마를 인수하면서 2018년 4월 18일 역사상 최고 신고가이며, 최고가인 3만 9,000원을 기록했다.

역사상 최고가를 기록한 후 필룩스 주가는 1년 동안 하락했다. 2019년 6월 18일 삼본전자는 필룩스 주식 1,080만 주를 약 624억 원에 취득할 것을 공시했고, 취득 후 지분율은 14.5%이다. 2019년 6월 18일 삼본전자 관계자의 말에 따르면 유상증자 참여를 통한 신주 취득은 경영권 인수를 위한 조치라고 말했다. 이로 인해 장 초반에 필룩스 주가는 급등했다. 그리고 삼본전자 주가도 전일 대비 20.54% 상승한 3,990원을 기록했다.

〈그림 5-3〉 JW중외제약의 일봉 차트를 보면 고점에서 길게 횡보한 후 1번 자리가 대주거래 매도 자리다. 2018년 3월 20일 매도할 자리에서 매도했다면 20일 이동평균선을 돌파하는 3번 자리가 매수할 자리다. 하지만 대주거래는 2개월 안에 매도한 주식을 매수해서 갚아야 하므로 2번 자리에서 매수해야 한다.

제약바이오 산업은 정부의 차기 주력 산업으로 선정되었고, 그 활약상도 두드러지고 있다. 역사상 의약품 수출 실적이 최고에 달했으며, 해외 학회에서 많은 연구개발 역량을 과시하고 있다.

2018년 보건복지부가 의약품 수출 금액이 5조 원을 돌파했다고 발표했다. 글로벌 신약 제약바이오 산업은 성과가 나오려면 10년 이상의 노력과 1조 원 이상의 막대한 비용을 쏟아부어야만 한다. 매년 13.2%씩 수출액이 성장했다는 것은 국가 경제에 큰 영향을 미쳤다고 볼 수 있다.

2019년 삼성바이오로직스 분식회계와 6월 28일 에이치엘비의 리보세라닙의 효능 임상 결과 미달로 미국 FDA 승인이 어려울 것이라는 소식에 제약바이오 관련주들이 일제히 하락했다. 당일 에이치엘비는 하한가를 기록했다.

:: 그림 5-4 NAVER 2018년 12월~2019년 4월까지 일봉 차트 ::

〈그림 5-4〉 NAVER의 일봉 차트를 보면 주가가 고점에서 횡보하고 1번 20일 이동평균선을 지지하지 못했다. 1번 자리에서 대주거래 매도한 후, 2번 20일 이동평균선을 돌파하는 자리에서 매수해 빌려온 주식을 갚아야 한다. NAVER는 고점에서 충분히 세력의 물량을 개미들에게 떠넘겼기 때문에 하락하면서 아래로 공간이 열렸다.

NAVER는 매출액 대비 연구개발비가 국내 기업 중 1위 수준이다. NAVER의 영업이익은 약 1조 원인데, 연구개발비가 영업이익보다 많다. 세계적인 기업 구글은 NAVER보다 연구개발비가 10배 더 많다.

NAVER가 구글에는 미치지 못하지만, 카카오보다는 5배가 많다. NAVER는 국내보다는 글로벌에서 더 알아주는 회사다. 국내 기업 중 유일하게 세계 혁신기업 순위에서 10위 안에 들어가 있다. 2018년 〈포브스〉에서는 NAVER를 혁신기업 9위, 〈포천〉은 미래 유망기업 6위로 발표했다. 국내에서 알아주는 의약품 제조기업인 셀트리온은 10~20위권으로, NAVER의 글로벌 위상이 더 높다고 볼 수 있다.

2018년 9월 액면분할 후 12월 30일 최저가 10만 4,000원을 기록했다. 최근 NAVER는 일본 자회사 라인페이 사업 부진으로 지분 가치가 하락했다고 밝힌 후 주가가 하락했다. 라인의 간편결제 서비스인 라인페이가 실적으로 가기까지는 시간이 걸릴 전망이다. 라인은 일본 증시에서 연일 신저가를 이어가고 있다 보니 NAVER의 주가도 2019년 6월 말 11만 4,000원을 기록했다. 국내에서 네이버페이도 성장세지만 수익에는 큰 영향을 주지 못하고 있다. NAVER의 주가가 반등하려면 라인페이의 수익이 증가해야 할 것이다.

〈그림 5-5〉HDC현대산업개발 일봉 차트를 보면 고점에서 길게 횡보한 후 1번 자리는 20일 이동평균선 지지가 무너진 전형적인 매도 자리다. 그리고 3번 자리가 20일 이동평균선을 돌파하는 매수할 자리다. 하지만 2번에서 수익이 충분히 났기 때문에 2번 자리에서 매수해 수익을 낼 수도 있다. 수익은 자신의 만족만큼 내는 것이 중요하다. 대주거래에서 더 많이 수익을 내려고 기다리다 상승이 나오면 낭패를 볼 수 있다.

앞에서 살펴본 몇 개의 차트를 통해 다음과 같은 공통점을 찾을 수 있다.

고점에서 매도, 매수 자리

- 고점에서 횡보가 길다.
- 공간이 생긴다.
- 20일 이동평균선이 무너질 때 매도할 수 있는 자리가 생긴다.
- 공매도가 시작된 종목은 중간에 잠시 반등하기도 하지만 지속적으로 하락하고 있음을 알 수 있다. 일명 '죽음의 계곡'으로 빠진다.
- 20일 이동평균선이 무너지는 자리는 대주거래에서는 매도, 20일 이동평균선을 돌파하는 자리는 대주거래에서는 매수 자리다.

공매도가 시작된 종목은 새로운 모멘텀이 생기지 않는 한 계속 하락한다는 것을 명심하고 신중하게 투자해야 한다.

저점에서
매도, 매수 자리

일반 매매에서도 안전 그물망 매수 자리가 있다. 하지만 저항대를 돌파하고 신고가를 기록하며 상승 랠리가 이어지는 이유는 모멘텀이 살아 있고 위로 공간이 열려 있을 때 주가가 상승하기 때문이다. 대주거래는 일반 매매의 반대로 생각을 하면 된다. 일반 매매에서 위로 저항대를 돌파할 때마다 신고가가 나온다면 대주거래에서는 아래로 지지선이 무너질 때마다 신저가를 기록하게 된다.

〈그림 5-6〉 삼성생명의 일봉 차트를 보면 금융 업종 위험 대비 수

:: 그림 5-6 삼성생명 2018년 1월~2018년 7월까지 일봉 차트 ::

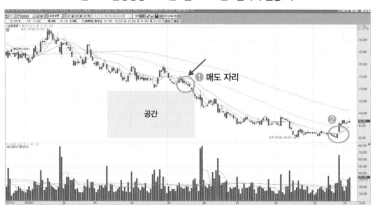

익률보다는 높다. 하지만 금융 업종은 변동성이 크고 수익률은 낮은 편이다. 이 차트에서는 주가 하락 중 몇 번의 대주 자리가 나온다.

1번 매도할 자리는 20일 이동평균선을 돌파하지 못하고 하락이 시작된 자리다. 아래로 공간이 활짝 열려 있어 충분히 수익을 낼 수 있다. 2번 자리는 20일 이동평균선을 돌파하고 있기 때문에 매수로 청산해야 할 자리다.

아직도 일반 매매의 매도/매수와 혼동될 수가 있다. 이 책을 읽는 동안 상승 기법과 상승 차트에 관한 설명을 계속 읽고 머릿속에 저장해두자. 대주거래는 일반 매매와 반대로 생각해야 한다. 이 시점에서 한번 정리하고 넘어가자.

> ▸ 일반 매매는 저점에서 매수하고 고점에서 매도해야 수익이 난다.
> ▸ 대주거래는 고점에서 매도하고 저점에서 매수해야 수익이 난다.

역사상 신고가나 52주 신고가가 나오면 위쪽 매물대가 없기 때문에 주식 가격이 강하게 상승하는 반면, 지지선이 무너지면 신저가가 나오면서 하락한다. 우량 종목이라도 20%~50%까지 순식간에 하락하는 경우도 많다. 우량 종목이라고 해서 무조건 지지선을 지지하고 다시 오를 것이라고 단정지으면 안 된다.

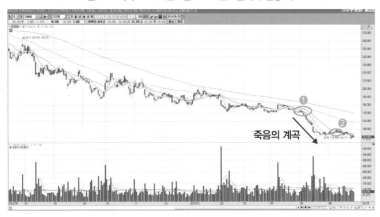

〈그림 5-7〉 이마트의 일봉 차트를 보면 1번 자리가 매도할 자리고, 2번 자리가 매수할 자리다. 이마트는 신세계그룹에 속한 계열사다. 실적 부진으로 이마트의 주가가 최악의 흐름을 보여주고 있다. 이마트의 영업이익은 2018년에 비해서 51.59% 정도 감소했다. 이마트의 핵심 사업부인 오프라인 할인점의 영업이익이 전년 대비 29.5% 급감했다. 이마트는 차트만 봐도 주가가 반등할 기미를 보이지 않는다. 때문에 신중하게 투자해야 한다. 저점 대주거래 매도 자리 공통점은 다음과 같다.

> ‣ 모멘텀이 소멸하거나 실적 악화로 인해서 계속 하락한다.
> ‣ 손절매로 인한 투매가 나오므로 공간이 크게 생긴다.
> ‣ 공간이 크게 생기므로 하락 폭이 크다.

공매도가 시작된 종목은 새로운 모멘텀이 생기지 않는 한 계속 하락한다는 것을 명심하고 신중하게 투자해야 한다.

고점에서
횡보가 길 때와 짧을 때

고점에서 횡보를 길게 하고 20일 이동평균선이 무너질 때는 공간이 열려서 매도할 자리를 쉽게 찾을 수 있다. 고점에서 횡보가 짧거나 최고점을 찍고 무너지기 시작할 때는 고점에서 횡보가 짧으면 세력 물량이 아직 남아 있다고 볼 수 있다. 그러므로 반등할 수도 있다.

:: 그림 5-8 한국전력 2017년 1월~2019년 6월까지 일봉 차트 ::

〈그림 5-8〉 한국전력의 일봉 차트를 보면 1, 2, 3, 4번 고점의 횡보 길이에 따라서 하락의 모양과 길이가 다르다는 것을 볼 수 있다.

1번은 고점 횡보가 없다. 주가가 하락하다가 반등을 주기도 하기 때문에 대주거래 하기 어렵다. 2번 자리는 1번 자리에 비해 횡보를 하면서 헤드앤드숄더(삼산)형 패턴으로 쭉 하락한다. 3번도 삼산 패턴으로 하락이 길며 하락하는 모양이 N자형 반대 모양으로 20일 이동평균선에 부딪히면서 하락하는 패턴이다. 4번은 삼산 패턴으로 오르락내리락하면서 하락했다.

2018년 10월 11일 최저가 2만 3,850원을 기록하며 다시 V자형으로 반등을 지속한 후에 5번 고점에서 길게 횡보하는 삼산형 패턴이 형성되었다. 이후 20일 이동평균선이 무너지면서 길게 하락했다. 고점에서 길게 횡보한 후에 대주거래를 할 때 거침없이 하락하는 것을 알 수 있다. 대주거래에 있어서 가장 매도하기 좋은 자리는 5번처럼 고점에서 길게 횡보한 후다.

헤드앤드숄더(삼산)형 패턴의 특징

1. 고점에서 세력이 개인투자자들에게 물량을 떠넘기는 구간이다.
2. 고점을 찍고 여러 가지 모양의 3개의 산을 만든다.
3. 고점에서 물량을 다 떠넘긴 후에는 하락장악형 음봉이 나오거나 20일 이동평균선을 지지하지 못하고 봉들이 20일 이동평균선을 머리에 무겁게 이고 길게 깊게 낭떨어지 모양을 하면서 하락하게 되는 모양으로 대주거래를 하기에 좋은 패턴이다. 일명 죽음의 계곡 자리다.
4. 헤드앤드숄더(삼산)형은 고점에서 길게 횡보할수록 더 길게 더 깊게 하락한다.
5. 저점에서 헤드앤드숄더(삼산)형이 나오면 하락이 하락을 부른다. 즉 바닥이 어딘지 모르게 하락한다. 일명 지하실로 가는 차트를 일컫는다.

테마주 공매도
공략

테마주란, 군중 심리로 집단적 매매가 이루어지는 현상으로 실적이나 주식의 가치와는 무관하게 움직인다. 주식은 결국에 종목이 가지고 있는 가치(실적)에 수렴하게 되어 있다. 테마주는 개인투자자에게 큰 수익을 내주기도 하지만 큰 손실을 입힐 가능성도 있다. 또 테마주에 개인투자자들이 물려 있는 경우도 많이 있다. 따라서 가능하면 테마주 주식은 확실히 공부하고 실전에서 경험해보기 전까지는 매매하지 않는 편이 좋겠다. (예: 대선 인물주 테마, 대북주 테마 등)

대북 테마주, 선거 인물주 등 급등한 종목들 모두 자기 가치에 수렴(원래의 자리로 돌아갈 때까지 하락)할 것이다. 테마주의 주식 가격은 1년 당기순이익의 10~15배 정도 된다. 대북주, 선거 인물주 등으로 묶여 적자 기업들이 많이 상승했을 경우는 매매하지 않는 것이 좋다. 대북주나 선거 인물주 등의 테마 관련주가 실적도 없이 급등했다면, 결국 상승하기 전의 주식 가격 근처로 다시 돌아가는 경향이 크다. 따라서 기존 보유자들은 적당한 지점에서 빠져나와야 하며, 이미 많이 상승한 테마주는 선불리 매수하지 않는 게 좋다.

테마가 만들어지는 이유

주식시장에는 수만 명이 참여하고 일정한 단타 자금이 존재한다. 그리고 매일 테마주가 형성돼 단타 매매를 좋아하는 개인투자자들이 붙는다. 일반적으로 종합지수가 보합이거나 하락장일 때 강한 이슈가 있으면 테마가 만들어지는 경우가 많다. 그리고 두 가지 테마가 동시에 이루어지기도 하고, 테마가 일시적으로 급상승하다 하락하기도 하고, 순환 테마가 이루어지기도 한다. 테마주는 마치 파도처럼 밀려왔다가 밀려가고, 다시 밀려왔다 밀려가는 것처럼 주식시장에 활력을 불어넣어준다. 반대로 종합지수가 상승하거나 강하면 테마주는 상승하다가도 하락하면서 힘이 약해진다. 종합지수가 크게 상승하면 테마주가 만들어진다 해도 조금 움직이다가 하락하기도 한다. 그러므로 테마주를 매매할 때 파도타기를 잘하지 못하면 크게 물릴 수도 있기 때문에 초보투자자는 신중하게 투자해야 한다.

선거철이 되면 대선 테마, 환절기에는 독감 테마, 그 외 미세먼지, 친환경녹색 관련, 사물인터넷, 새만금, 화폐개혁, 비트코인, 폴더블폰, 반도체, 일자리, 치매, 광역병, 수소차, 전기차, 드론, 로봇, 원자재, 인터넷은행, 4차 산업혁명, 줄기세포, 슈퍼박테리아, 신약개발 제약 바이오, 유전자, 분자진단, 바이오시밀, 백신, 진단시약, 헬스케어, 화장품 및 미용 의약품, 2차 전지, 태양광에너지, 풍력에너지, 자원개발, 게임, 보안, 남북경협, 엔터테인먼트, 5G, 핀테크, 신종플루 테마 등이 있다.

메르스 테마같이 갑자기 나타났다가 사라지는 경우도 있다. 문명이 발달함에 따라서, 또는 문화의 흐름에 따라 나타나는 테마, 세계적인 쟁점이 되는 환경 테마 등 수많은 테마가 나타났다가 사라지곤 한다. 이렇게 많은 테마주를 외울 수도 없으니 관심 종목에 테마별 가나다순으로 정리해두면 테마주가 형성될 때 빨리 찾을 수가 있다. 앞으로 향후 10년 이상의 장기간에 걸친 고도성장의 반열에 들어가는 4차 산업혁명 관련주들은 인류의 생활을 크게 변화시킬 것이라고 한다. 4차 산업혁명 테마 관련주와 그 밖의 중요한 테마 관련주를 정리해보자.

∷ 표 5-1 4차 산업혁명 관련 테마 ∷

테마 이름	종 목
자율주행	엠씨넥스, 인포뱅크, 엔지스테크놀로지, 파인디지털, 넥스트칩, 트루윈, 한국단자, 새로닉스, 만도, THE, MIDONG
스마트팩토리	포스코ICT, LS산전, 에스엠코어, 로보스타, 현대일렉트릭
반도체 &반도체 장비 관련	삼성전자, SK하이닉스, 싸이맥스, SFA반도체
클라우드	더존비즈온, 비트컴퓨터, 모바일리더, 효성ITX, 파이오링크, 한글과컴퓨터, 다우기술
5G	케이엠더블유, 대한광통신, 전파기지국, 오이솔루션, SK텔레콤, KT, LG유플러스, RFHIC, 쏠리드, 이노와이어리스, 스맥, 서진시스템, 텔코웨어, 웨이브일렉트로, 윈스, 다산네트웍스, 유비쿼스
인공지능	에이디칩스, 쎄트렉아이, 씨엠에스에듀
사물인터넷	SK텔레콤, KT, LG유플러스, 삼성전자, LG전자, 큐렉소

:: 표 5-2 2차 전지 테마 관련주 ::

테마 이름	종 목
2차 전지	LG화학, 삼성SDI, SK이노베이션, 한화케미칼, 후성, 엘앤에프, 솔브레인, 에코프로
2차 전지 양극제 생산	에코프로, 휘닉스소재, 포스코, 엘앤에프
2차 전지 음극 제생산	SK머티리얼즈
2차 전지 전해액 생산	리켐, 솔브레인
전기차 충전기 생산	피앤이솔루션
2차 전지 관련	상아프론테크, 일진머티리얼즈, 서원인텍, 파워로직스, 이랜텍, 코스모신소재, 코스모신소재

:: 표 5-3 제약, 바이오, 줄기세포, 헬스케어, 화장품 등 관련 테마주 ::

테마 이름	종 목
제약바이오	한미약품, 종근당, 유한양행, JW신약, JW중외제약, 제넥신, LG화학, 녹십자셀, SK케미칼, 메디프론, 바이넥스, 코미팜, 이수앰지스, 큐리언트, 한올바이오파마, 셀루메드, 신라젠
줄기세포	젬백스, 파미셀, 차바이오텍, 메디포스트, 조아제약
유전자, 분자진단	씨젠, 마크로젠, 녹십자, 테라젠이텍스, 엑세스바이오, 바디텍메드, 바이오니아, 디엔에이링크,
슈퍼박테리아	크리스탈, 명문제약, 영진약품, 진원생명과학, 레코켐바이오, 종근당바이오, 인트론바이오, 국제약품, 엑세스바이오, 동아에스티, 이연제약, 큐로컴, 제일바이오, 유진비앤지
바이오시밀러	셀트리온, 바이넥스, 한화케미칼, 에이프로젠제약, 삼성바이오로직스, LG화학, 한올바이오파마, 명문제약, 녹십자, 한미약품, 이수앱지스, 동아에스티
방역, 백신, 지난시약	일양약품, 중앙백신, 이글벳, SK케미칼, 녹십자, 씨티바이오, 제일바이오, 파루, 고려제약, 코미팜, 화일약품
헬스케어	인바디, 인피니트헬스케어, 뷰웍스, 나노엔텍, 비트컴퓨터, 유비케어, 파마리서치프로덕트, 테라젠이텍스, 아스타 인성정보, 메디포스트, 녹십자홀딩스, 바텍, 루트로닉, 아이센스

화장품	아모레퍼시픽, 에이블씨엔씨, 한국화장품, 한국화장품제조, 코리아나, 코스맥스, 한국콜마, 제닉, 리더스코스메틱, LG생활건강
화장품 원료 생산	대봉엘에스, SK바이오랜드
미용 의약품	메디톡스, 휴젤, 바이오스펙트럼, 휴메딕스, 파마리서치프로덕트, 휴온스, 연우, 토니모리, 대웅제약, 펩트론, JW중외제약

:: 표 5-4 태양광 에너지 테마 관련주 ::

테마 이름	종 목
태양광 모듈 및 시스템 시공업	LG하우시스, 한솔테크닉스, LS산전, 이건홀딩스, 에스에너지
원료 및 설비 장비업	KCC, SK머티리얼즈, 주성엔지니어링, 다원시스, SKC, 테스, 나노신소재, HB테크놀로지
태양광 셀 제조업	한화케미칼, 한화, 삼성SDS
태양광 건설 및 발전사업	OCI, 한화케미칼, 코오롱글로벌, KC코트렐
전기차 충전기 생산	피앤이솔루션
2차 전지 관련	상아프론테크, 일진머티리얼즈, 서원인텍, 파워로직스, 이랜텍, 코스모신소재, 코스모신소재,

:: 표 5-5 풍력 에너지 테마 관련주 ::

테마 이름	종 목
발전 터빈 제조	삼성중공업, 두산중공업, 효성
건설 및 발전사업	두산중공업, 동국S&C, DMS, 효성
부품 제조	효성, 삼영엠텍, 포메탈, 케이피에프, 동국S&C, 태웅, 스페코, 현진소재, 한일단조

:: 표 5-6 남북경협 테마 관련주 ::

테마 이름	종목
희토류	티플랙스, 상보, 유니온머티리얼(유니온), 혜인
남북러시아 가스관	동양철관, 휴스틸, 대동스틸, 하이스틸, 세아제강, 화설밸브, 조광ILI, 삼현철강, 문배철강, 한국주철관, NI스틸
도로, 항만, SOC사업, 주택	현대건설, 대림산업, 남광토건, LG건설, GS건설, 삼성물산, 대우건설, 남화토건, 이화공영, 특수건설, 우원개발
전력 및 전선설비	LS산전, 현대일렉트릭, 대한광통신, 가온전선, 대원전선, 일진전기, 서호전기, 대한전선
건설 관련 시멘트	현대시멘트, 쌍용양회, 아세아시멘트, 한일시멘트, 고려시멘트
철도	대호에이엘, 현대로템, 대아티아이, 유신 푸른기술
북한농협	효성오앤비, 아시아종묘, 조비, 동방아그로, 한솔홈데코, 남해화학, 이건산업, 아세아텍, 대동공업, 경농, 대유, 동양물산
개성공단	좋은사람들, 신원, 인디에프, 제이에스티나

:: 표 5-7 기타 테마 관련주 ::

테마 이름	종목
자원개발	한국가스공사, 삼성물산, 삼천리, SK이노베이션, 포스코대우, 대성산업, 현대상사, 동원
게임	엔씨소프트, 컴투스, 게임빌, 위메이드, 조이시티, 넥슨지티, 엠게임, NHN엔터테인먼트, 바른손이앤에이, 네오위즈게임즈, 선데이토즈, 한빛 소프트, 이스트소프트, 데브시스터즈, 드래곤플라이, 파티게임즈, 웹젠, 펄어비스, 이에스아이, 조이맥스
보안	안랩, 한국정보인증, 한국전자인증, 에스텟, 플랜티넷, 이니텍, 윈스, 이스트소프트, 시큐브, 이글루시큐리티, 파수닷컴, 한일네트웍스, 가비아, 라온시큐어, 드림시큐리티
엔터테인먼트	에스엠, 키이스트, 와이지엔터테인먼트, 초록뱀, IHQ, 팬엔터테인먼트, JYP Ent., 갤럭시아에스엠, CJ E&M
폴더폰	인터플렉스, 코오롱인더, 원익큐브, SK코오롱PI, 비에이치, 덕산네오룩스, KH바텍

테마 이름	종목
도로	도화엔지니어링, 한국석유, 다스코, SG
저출산정책	제로투세븐, 아가방컴퍼니, 모나리자, 보령메디앙스
화폐개혁	로지시스, 청호컴넷, 케이씨티, 한국전자금융, 한네트
미세먼지	KC코트렐, 나노, 성창오토텍, 크린앤사이언스, 휘닉스, 웰크론, 오공
계절 테마(여름)	대유위니아, 신일산업, 롯데삼강, 하이트맥주, 위닉스
태풍	코엔텍, 인선이엔티, 와이엔텍
여행	인터파크, 모두투어, 하나투어, 롯데관광개발
수소차	동아하이텍, 미코, 일진다이아, 유니크, 이엠코리아, 성창오토텍
동물백신 관련	제일바이오, 대성미생물, 백광소재, 진원생명과학, 엑세서바이오, 우정바이오, 코미팜, 씨티씨바이오, 옵티팜, 진바이오텍, 대한뉴팜, 파루, 이글벳, 중앙백신, 우진비앤지, 체시스
돈육주	팜스토리, 이지바이오, 선진, 팜스코, 우리손에프앤지
닭고기 관련	정다운, 이지바이오(정다운, 마니커 등을 자회사로 보유), 해마로푸드서비스, 체리부로, 동우팜투테이블, 하림, 마니커, 푸드나무
사료 관련	한일사료, 현대사료, 우성사료, 사조동아원, 미래생명자원, 고려산업, 대주산업, 팜스토리, 한탑, 케이씨피드, 이지바이오
수산주	사조오양, 사조산업, 사조대림, 사조씨푸드, 사조해표, CJ씨푸드, 동원산업, 동원수산, 한성기업, 신라에스지
빅데이터 관련	엑셈, 더존비즈온, 소프트센, 유비쿼스, 링네트, 오픈베이스, 호성ITX, 솔본, 아모텍, 데이타솔루션, 투비소프트, 인프라웨어, 윈스, 케이엘넷, 파이오링크, 케이엠더블유, 빅솔론
일자리 창출 관련	사람인에이치알(다우데이타), 윌비스, 에스코넥
일자리 관련창투사	대성창투, 에이티넘인베스트, DSC인베스트먼트, 위즈코프, 우리기술투자, 제미니투자, 큐캐피탈, 디피씨, SBI인베스트먼트, 베리타스, 한국캐피탈, 엠벤처투자
의료기기 관련	세운메디칼, 셀루메드, 메디아나, 클래시스, 엠아이텍, 티앤알바이오팹, 메타바이오메드, 인트로메딕, 디알젬, 세종메디칼
엔터 관련	에스엠, JYP Ent.

테마 이름	종 목
중국엔터 관련	스튜디오드래곤, 에스엠, 에프엔씨엔터, 와이지엔터테이먼트, JYP Ent. 제이콘텐트리, 큐브엔터,
유가상승 관련	흥구석유, SH에너지화학
가상화폐 관련	우리기술투자, SCI평가정보 비덴트

:: 그림 5-9 동양철관 2017년 12월~2019년 4월까지 일봉 차트 ::

〈그림 5-9〉 동양철관의 일봉 차트를 보자. 동양철관은 남북러시아 경협 철도 관련 테마주다. 2018년 6월 18일 최고점 4,174원을 기록했다. 2018년 6월 21~23일 문재인 대통령의 러시아 공식방문을 앞두고 테마가 형성되어 급상승했다. 당시 문 대통령은 러시아 푸틴 대통령과 북한 경유 가스관 건설 사업에 관한 논의가 있었다. 이런 뉴스로 인한 호재가 사그라지면서 동양철관은 2018년 7월 23일 주식 가격이 1,540원까지 하락했다.

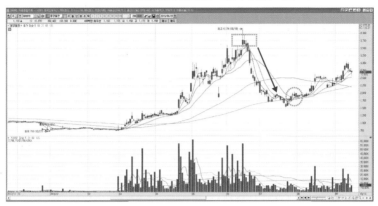

〈그림 5-10〉 동양철관의 일봉 차트를 보면 최고점을 기록한 후에 테마주 특성상 주식 가격이 오르락내리락한다. 그리고 거품이 빠지면서 지속적으로 하락하는 모습을 보여준다.

이렇게 테마주는 실적과 무관하게 급등락하기 때문에 시간이 흐르면서 회사의 주식 가치에 수렴한다. 그러므로 대부분의 테마주는 주식 가격이 상승하기 전 가격 부근까지 하락하는 것을 볼 수 있다. 고점에서 물리면 크게 손실을 볼 수 있으므로 개인투자자는 테마주 매매를 신중하게 결정하는 것이 좋다. 무엇보다 안전이 우선이라고 생각하는 것이 좋다.

IFRS(연결)	Annual				Net Quarter			
	2016/12	2017/12	2018/12	2019/12(E)	2018/12	2019/03	2019/06	2019/09(E)
매출액	1,293	1,471	1,620		442	393	357	
영업이익	-120	-65	-40		-24	-6	12	
당기순이익	-147	-306	-66		-30	-5	8	
지배주주순이익	-147	-306	-66		-30	-5	8	
비지배주주순이익	0	0	0		0	0	0	
자산총계	1,598	1,504	1,636		1,636	1,598	1,532	
부채총계	792	974	846		846	813	738	
자본총계	805	530	791		791	785	793	
지배주주지분	805	530	791		791	785	793	
비지배주주지분	0	0	0		0	0	0	
자본금	428	436	595		595	595	595	
부채비율	98.39	183.91	106.97		106.97	103.50	93.08	
유보율	88.18	21.43	33.00		33.00	32.09	33.46	
영업이익률	-9.26	-4.41	-2.46		-5.36	-1.43	3.28	
지배주주순이익률	-11.33	-20.80	-4.06		-6.80	-1.37	2.30	
ROA	-8.69	-19.74	-4.19		-8.01	-1.33	2.10	
ROE	-17.35	-45.85	-9.96		-18.56	-2.73	4.16	
EPS (원)	-159	-327	-68		-30	-5	7	
BPS (원)	877	566	665		665	660	667	
DPS (원)								
PER	N/A	N/A	N/A					
PBR	1.31	1.33	2.29		2.29	2.04	2.29	
발행주식수	91,873	93,647	118,885		118,885	118,885	118,885	
배당수익률								

동양철관 재무제표를 보면 매출은 조금씩 늘어나고 있지만, 실적과 유보율은 좋은 편이 아니다. 남한에서 북한을 경유해 러시아까지 가스관을 연결하게 된다면 총 82만 톤 정도가 사용된다는 분석이 나온 상황이었다. 이런 이유로 동양철관도 큰 혜택을 받을 수 있을 것이라는 기대감이 거품으로 작용해서 주식 가격이 급등한 것이다. 하지만 현재 아무것도 결정된 사실이 없으므로 주식 가격은 원래의 가치로 돌아가고 있다. 테마주는 군중심리로 급등했기 때문에 결국 그 회사의 내재가치에 수렴하려는 성질이 있다. 고점에서 물렸다면 빠르게 손절매로 대응하고, 그 종목에 접근하지 않는 것이 현명하다.

〈그림 5-12〉 삼현철강 일봉 차트를 보면 남북경협 테마 관련주로 2018년 6월 20일 최고가인 8,390원을 기록한 후 지속 하락하고 있는 모습이다.

삼현철강은 1978년에 설립되어 코일 전·절단 가공업 및 판매업, 철판류 가공업 및 판매업, 형강류 가공업 및 판매업, 부동산 임대업 사업을 하고 있다. 재무제표상 매출이 늘어난 것을 볼 수 있었는데, 수익성이 낮은 상품의 매출 증가로 원가율이 악화되었다. 또한 대손 상각비가 늘어나 영업이익은 전년 대비 소폭 감소했다.

삼현철강은 포스코에서 생산하는 열연제품과 후판 등을 매입하여 가공 및 판매하고, 현대제철에서 생산되는 형강제품을 매입하여 판매한다. 2013년에 광양 2공장을 설치하였으며, 향후 건설중장비, 조선 등의 가공품을 생산할 예정으로 가공 분야의 경쟁력 강화를 모색하고 있다. 조선, 자동차 등 수요 산업의 경기 회복이 지연되고 있으나, 거래처 다변화와 철근 등 건설자재 부분의 신규 사업 추진, 제품 및 상품의 판매단가 인상을 통해 3분기 매출액은 전년 동기 대비 28.3% 증가했다. 철근 등 건설자재 부분의 신규 사업 영역을 확보하여 회사 수익성을 꾀하고 있다.

삼현철강은 재무제표가 매우 건실한데도 테마주 특성상 문재인 대통령의 러시아 방문을 앞두고 급등했다가 거품이 빠졌다. 또한 삼현철강의 BPS*는 9,280원인데 비해 차트상 주식 가격은 BPS보다도 더 낮은 9,280원이다. 계속 매출과 영업이익이 줄어들고 있다 보니 재무제표가 안 좋은 동양철관 테마주와 같은 흐름을 보여주고 있다.

테마주 공매도 공략 시점

테마가 형성되고 여러 종목이 큰 폭으로 상승했다면 테마주는 대부분 3~4개월 후에 급등하기 전 가격 부근까지 하락한다. 공매도는 하락해야만 수익을 낸다. 그것도 계속 하락해야 수익이 극대화된다. 비싼 가격에 매도했는데 금방 다시 상승해버리면 손실이 나기 때문에 매도하는 자리를 잘 선택해야 한다.

---

* BPS(Book-value-per share): 주당순자산가치를 의미한다. 쉽게 말하면 특정 회사가 폐업하게 된다면 부채와 비용을 다 제하고 남은 재산이 1주당 얼마인가 하는 것이다. BPS가 현재가보다 높으면 철저히 분석한 후 매수를 진입해야 한다.

〈그림 5-10〉의 동양철관과 〈그림 5-12〉의 삼현철강 일봉 차트를 다시 보자. 실적이 좋든 나쁘든 동양철관과 삼현철강은 남북경협 테마주로 차트 모양이 거의 유사하다. 그렇다면 이 두 종목의 대주거래 매매 자리도 같다.

테마주는 뉴스에 따라 움직이고 재료가 소멸했다가 다시 불거지면 함께 상승하므로 주식을 갚아야 하는 매수 자리도 거의 같다. 테마주는 고점을 기록하고 원래의 자리로 되돌아가는 특성 때문에 급락하다가 테마가 다시 형성되거나, 뉴스가 나오면 갭 상승하기도 한다. 하지만 최고점을 향해 상승하려는 것이 아니라 장중 뉴스로 인해서 갑자기 상승하는 경우이기 때문에 다시 급락을 초래한다.

제자리로 돌아가던 테마주 중 갑작스러운 뉴스로 인해 갭 상승했다가 급락한 종목들을 살펴보자.

:: 그림 5-13 우성사료 2019년 5월 30일 대주 차트 일봉과 분봉 ::

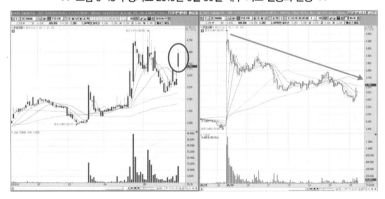

〈그림 5-13〉 우성사료의 일봉과 분봉 차트를 보면 시초가가 갭

상승 후 지속 하락했다. 2019년 5월 29일과 5월 30일 뉴스에 따르며 5월 29일 이미 돼지열병 뉴스 보도 다음 날 그 여파로 갭 상승했다. 이미 모두 알고 있는 뉴스에는 보유 중인 개미투자자들의 매도세가 강해져서 하락하기 쉽다.

:: 그림 5-14 우성사료 2019년 5월 29일과 5월 30일 뉴스 ::

:: 그림 5-15 데이짱 우성사료 대주거래 수익 계좌 ::

〈그림 5-15〉는 필자의 2019년 5월 30일 대주거래 수익 계좌이다. 5월 29일 돼지열병 뉴스가 나온 후 주가는 상승했고, 다음 날까지 갭 상승했다. 이때 주가는 조정될 수밖에 없다. 조정을 줄 때 고점 대주 자리가 나온다.

테마주들은 반짝하고 상승했다가도 테마가 죽으면 많이 하락한다. 그러므로 초보자들은 대응할 수 있는 실력이 없다면 테마주에 투자하지 않는 게 더 좋다.

:: 그림 5-16 2019년 6월 14일 SH에너지화학 일봉과 분봉 차트 ::

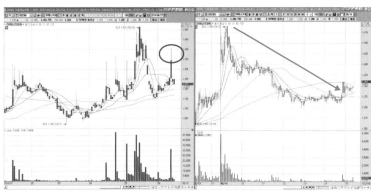

〈그림 5-16〉 SH에너지화학 일봉과 분봉 차트를 보자.

2019년 6월 19일 이란 유전 지역의 로켓 공격으로 인해 미국과 이란의 갈등이 고조되며, 국제 유가가 갑자기 상승했다. SH에너지화학과 흥구석유는 국제 유가 수혜 관련주다. 미국과 이란의 갈등이 심화되어 산유국인 이란이 미국의 석유 수출 제재를 받는다면 국제 유가는 더욱더 상승하게 된다. 미국 셰일오일 시장 구조 개편 본격화 뉴스가 나오면서 셰브런, 아나다코 정유회사에서 37조 원에 인수한다는 설이 나돌았다. SH에너지화학은 2008년 3월 20일 미국 현지법인에서 미국 셰일가스 광산권을 취득했다. 그러므로 국제 유가 상승 시 반사이익을 얻게 될 것이다.

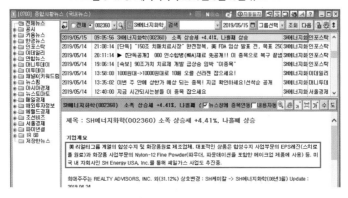

2019년 5월 15일 SH에너지화학 관련 뉴스에 따르면 SH에너지화학은 4일째 상승하면서 2019년 5월 16일 1,515원을 기록했다. 그리고 가파른 상승에 따른 매물이 나오면서 하락했다. 6월 이란 남부 지역에 있는 원유 생산회사 밀집 지역으로 로켓이 떨어지면서 일시적으로 주가가 상승하기도 했었다.

:: 그림 5-18 데이짱 SH에너지화학 대주거래 수익 계좌 ::

SH에너지화학은 손바뀜이 여러 번 있었던 종목이다. 이렇게 손바뀜이 잦은 종목은 신중히 투자해야 한다. 2019년 6월 이란과 미국의 갈등으로 국제 유가가 상승하면서 시초가가 갭 상승한 후 하락이 예상되었다. 이로 인해 필자는 이 종목으로 수익을 낼 수 있었다.

국제 유가가 상승하는 것은 우리의 생활과 밀접하다. 기름 한 방울 나오지 않는 비산유국인 우리나라는 석유제품은 전량 수입에 의존하고 있고 석유는 산업 재료로 절대적으로 필요한 자원이다. 유가 상승으로 인해서 단기적 이익을 보는 기업들도 장기적인 관점에서는 손해가 커질 수밖에 없다. 장기적 유가 상승은 우리나라 모든 분야에 이득이 될 수 없다. 국제 유가 상승은 '석유파동'이라는 징크스가 우리나라에서도 있었다는 것을 기억나게 할 정도다.

테마주는 실적과는 무관하며, 강한 이슈로 인해 잠잠하던 종목군들이 움직인다. 테마주에는 개인투자자들이 많이 몰려 있다. 즉 테마주가 움직일 때 급등주를 따라다니는 개인투자자들이 많이 참여한다는 것이다. 테마주는 군중심리가 반영되어 급등락이 심하기에 일반인들은 단타성이 강한 공매도를 조심해야 한다. 강한 테마로 상한가를 찍게 되면 큰 손실이 나기 때문에 권하고 싶은 매매 방법이 아니다. 꼭 해보고 싶다면 소액으로 많은 연습을 해본 후 시작하는 것이 좋다.

일정에 의한
대주거래

일정에 의한 대주거래는 말 그대로 일정에 의한 것으로, 일정이 정해져 있다는 것이다. 테마주는 정부 정책 발표, 갑작스러운 지진, 아프리카돼지열병, 메르스, 국제 유가 급등 같은 돌발 뉴스로 만들어질 때가 많다. 하지만 일정에 의한 대주거래는 일정이 이미 정해져 있어서 정해진 날짜에 주가에 반영된다. 트럼프 미국 대통령 방한일, 인터넷 은행 심사일, FDA 승인일, G20 정상회담, OPEC 회의 등 국내외 정치, 경제, 사회, 문화 등 글로벌 일정에 관한 수많은 뉴스는 증권시장에 빠르게 반영된다.

:: 그림 5-19 다우기술 2018년 12월~ 2019년 7월 2일까지 일봉 차트 ::

〈그림 5-19〉 다우기술의 일봉 차트를 보자. 2019년 5월 23일까지 상승 후 24일 제3인터넷은행 예비인가 탈락으로 5월 27일 갭 하락하는 모습을 보인다. 다우기술은 키움증권의 지분 48% 정도를 보유하고 있다. 다우기술은 인터넷서비스 회사로 연결실적이 자회사인 키움증권에 의해 좌우된다. 다우기술의 여러 서비스가 모여 키움증권의 HTS '영웅문'이 운영되고 있다. 즉 키움증권의 손익 발생이 다우기술에 큰 영향을 미치고 있다는 뜻이다.

'키움뱅크'는 여러 측면에서 미흡하다는 평가로 예비인가에서 탈락했지만, 인터넷 전문 은행 신규 예비 인가를 재추진할 예정이다. 그리고 인가 여부가 결정될 때까지는 주가의 향방은 아무도 모르는 상황이다. 다우기술처럼 정해진 일정에 인가 탈락으로 인해 주가가 다음 날 -9.63%로 시작했고, 당일 장중 -18.24%까지 하락했다.

:: 그림 5-20 한국항공우주 2018년 4월~2018년 8월까지 일봉 차트 ::

〈그림 5-20〉한국항공우주의 일봉 차트를 보자. 2018년 9월 27일 한국항공우주의 주식 가격은 5만 1,600원을 기록했다. 그리고 9월 28일 미국 고등훈련기 교체사업 수주 실패로 한국항공우주의 근간 이 훼손되었다는 평가로 인해 주가는 급락하며 당일 하한가를 간신 히 면한 3만 4,900원을 기록했다. 한국 방산업체 주가는 한국항공우 주산업의 수주 실패에 영향을 받아 동반 하락했다.

:: 그림 5-21 에이치엘비 2019년 2월~2019년 7월 2일까지 일봉 차트 ::

〈그림 5-21〉에이치엘비의 일봉 차트를 보자. 2019년 6월 27일 임 상 실패 소식으로 FDA 승인이 어렵다는 뉴스가 나오면서 2일 동안 -49.64% 하락했다. 에이치엘비 급락 소식으로 당일 제약바이오주가 일제히 하락했다. 일정에 의한 대주거래 종목들은 전반적으로 동종 업계 주가에도 타격을 주기도 한다. 에이치엘비 급락과 함께 메지온 도 -46.38% 급락했다. 메지온은 임상 3상이 진행 중인 상황임에도 불구하고 하락한 것이다.

일정에 의한 대주거래를 할 수 있는 종목으로 다우기술과 한국항공우주, 에이치엘비 등을 살펴봤다. 일정에 의한 대주거래 종목은 많이 나오지 않는다. 하지만 차트에서 일정 대주거래 종목은 단기에 많이 하락한다는 것을 알 수 있다.

일정에 의한 대주 매도는 일정이 임박할 때까지의 기대심리로 급등한다. 좋은 결과가 나오더라도 잠깐 상승한 후 단기로 급등하기 전의 가격 부근까지 하락하는 경우가 많다. 따라서 대주 매도 시점은 정해진 일정 하루 전이나 당일 날 공매도하면 된다.

> ▸ 첫째, 실적도 없이 테마로만 움직이는 테마주
> ▸ 둘째, 실적과 상관없이 상승 하락을 반복하면서 눌림과 조정을 주는 우량주
> ▸ 셋째, 일정에 의해서 움직이며 재료 소멸로 주가가 하락하는 재료 소멸 관련주

일반인도 공매도 시장이 앞으로 활성화될 것이며, 시작은 미약하지만 선진국 주식시장을 따라잡을 것이다. 일본은 이미 개인투자자들이 선진국처럼 공매도에 참여하고 있다. 우리나라도 머지않아 일반투자자의 공매도 시장 참여율이 높아질 가능성이 크다. 이 책을 읽는 독자들은 다가올 공매도 시장을 준비해두는 것은 기회가 될 것이다.

데이짱만의
필승
공매도
기법

안전하고
단순하게 투자하라

필자의 주식투자는 안전하고 단순하다. 즉 손절매하지 않을 종목을 매매한다. 공매도 기법 또한 일반투자와 같이 안전하고 단순하다. 어려울 것이 하나도 없다는 뜻이다. 상승 기법의 반대로만 하면 되는 것이 공매도. 우리가 앞에서 배운 상승 기법의 반대 기법을 기억하면 된다.

::표 5-8 일반 투자와 공매도의 차이 : :

일반투자	공매도(대주거래)
상승해야 수익이 난다.	하락해야 수익이 난다.
20일 이동평균선이 돌파하면 매수한다.	20일 이동평균선이 무너지면 매도한다.
20일 이동평균선이 무너지면 손절매한다.	20일 이동평균선을 돌파하면 손절매한다.
죽음의 계곡은 절대 매수 금지 자리다.	죽음의 계곡은 대주거래 신규 매도 자리다.
저항 돌파하지 못하면 수익 실현을 한다.	저항 돌파하지 못하면 매도 신규 진입한다.
지지선 지지하지 못하면 손절매한다.	지지선을 지지하지 못하면 수익이 더 난다.

공매도 기법은 상승 기법의 반대로만 하면 된다. 그중에서도 대주거래에서 가장 수익이 많이 나는 기법을 선택하는 것이 좋다. 많은

기법을 알고 있는 것보다는 하나의 기법이라도 제대로 정확하게 알고 반복적으로 매매해봐야 한다. 오히려 상승 기법보다는 (하락)기법이 더 단순할 수도 있다.

:: 표 5-9 일반 투자와 공매도 투자 기법의 차이 ::

일반투자	공매도(대주거래)
위로 공간이 열려야 상승할 수 있다.	아래로 공간이 열려야 하락할 수 있다.
저점 횡보가 길면 위로 공간이 많이 열린다.	고점 횡보가 길면 아래로 공간이 많이 열린다.
모멘텀이 좋아야 상승한다.	모멘텀이 소멸되면 하락한다.
저점에서 지지하지 못하면 손절매해야 한다.	저점에서 지지하지 못하면 수익이 커진다.
저항선 돌파하면 상승 랠리가 이어진다.	저항선 돌파하면 큰 손실이 난다.
지지선을 지지하면 매수 신규 진입 자리다.	지지선을 지지하면 빨리 손절매한다.

공매도에서 가장 많이 활용하는 기법

앞에서 테마주 종목의 대주거래하는 방법을 살펴보았다. 그럼 테마주가 아닌 일반 종목들은 어떻게 대주거래 해야 하는지 살펴보자. 대주거래 가능 종목 중에서 기관이나 외국인들이 계속 팔고 있으며, 공매도 비중이 높아지는 종목 중 공매도 조건에 맞는 종목을 찾는다. 대주거래를 하기 위해서는 좋은 차트를 찾아야 한다. 특정한 모멘텀이 있어서 주가가 계속 상승했다가 고점에서 길게 횡보한 후 모멘텀이 소멸하거나 조정이나 눌림목을 깊게 주는 차트를 찾아야 한다. 공매도는 상승 기법의 반대로 하지만, 가장 많이 활용하는 기법이 있다. 소개하기에 앞서 너무 간단하고 쉽다는 것을 미리 말해둔다.

헤드앤드숄더(삼산三山)형 기법

헤드앤드숄더(삼산형) 기법은 일반투자 상승 기법에서 안전 그물망 기법과 같다. 안전 그물망 기법에서 5일, 10일, 20일 이동평균선 위로 캔들이 돌파하면서 안전한 매수 자리가 되는 원리와 반대로 5일, 10일, 20일 이동평균선을 캔들이 머리에 이고 있는 형태를 말한다.

우리는 일반 매매에서 헤드앤드숄더(삼산)형 패턴이 나오면 손절매하라고 한다. 공매도에서 헤드앤드숄더(삼산)형 패턴이 나오면 신규 매도 진입하기 때문에 기법이 너무 간단하고 쉽다는 것이다.

헤드앤드숄더(삼산)형 패턴은 고점에서 길게 횡보한 형태로 마치

산 같은 모양을 하고 있다. 3개의 큰 산이나 작은 산 모양으로 형태를 이룬다. 모양은 달라도 3개의 산이 만들어진 후 저항선을 돌파하지 못하고 20일 이동평균선이 무너지면서 크게 하락을 하는 패턴이다.

헤드앤드숄더(삼산)형의 차트를 몇 개 살펴보자.

:: 그림 5-22 종목별 공매도 추이 ::

일자	종가	대비	등락률	거래량	누적공매도량	매매비중%	공매도거래대금	공매도평균가
19/07/01	81,900 ↑ 18,900	+30.00	498,685	823,149	5.13	2,024,981	79,104
19/06/28	63,000 ▼ 19,700	-23.82	1,125,824	797,550	0.01	4,962	87,044
19/06/27	82,700 ▼ 32,200	-28.02	1,904,105	797,493	5.05	8,768,668	91,120
19/06/26	114,900 ▼ 1,500	-1.29	52,990	701,261	4.53	278,552	116,015
19/06/25	116,400 ▼ 900	-0.77	33,022	698,860	12.33	472,372	116,033
19/06/24	117,300 ▼ 200	-0.17	49,090	694,789	2.76	159,321	117,580
19/06/21	117,500 ▼ 400	-0.34	45,547	693,434	9.75	516,564	116,291
19/06/20	117,900 ▲ 7,000	+6.31	62,772	688,992	4.21	304,273	115,167
19/06/19	110,900 ▲ 900	+0.82	39,628	686,350	5.81	254,868	110,716
19/06/18	110,000 ▼ 4,500	-3.93	77,510	684,048	22.48	1,930,118	110,754
19/06/17	114,500 ▼ 1,100	-0.95	36,865	666,621	5.37	228,877	115,536
19/06/14	115,600 ▼ 1,900	-1.62	37,009	664,640	5.89	254,606	116,738
19/06/13	117,500 ▲ 500	+0.43	60,952	662,459	13.72	975,561	116,694
19/06/12	117,000 ▼ 1,500	-1.27	40,173	654,099	18.49	868,038	116,860
19/06/11	118,500 ▲ 2,900	+2.51	61,365	646,671	12.25	891,187	118,509
19/06/10	115,600 ▲ 3,600	+3.21	58,086	639,151	4.14	277,094	115,360

먼저 종목별 공매도 추이를 보면서 공매도 거래량과 비중을 참고한다. 대주거래를 하기 가장 좋은 패턴은 고점에서 2~3개월 정도 길게 횡보한 종목이다. 고점에서 횡보가 길수록 아래로 공간이 많이 열리기 때문에 대주거래하기 좋은 자리가 나온다. 세력은 고점에서 횡보하면서 주가를 올릴듯 말듯 하는 모양을 취하면서 대량물량을 개인투자자들에게 떠넘긴다. 특별한 모멘텀이 없으면 저항대를 돌파하지 못하고 하락을 하는 경향이 많다.

〈그림 5-23〉 SK의 일봉 차트를 보면 공매도하기 아주 적합한 전형적인 차트다. 고점에서 길게 횡보했고 헤드앤드숄더형 패턴으로 하락을 예고하고 있다. 1번 자리는 다시 반등할 수 있는 자리이기 때문에 대주거래 매도 자리로 적합하지 않다. 2번보다는 생명선인 20일 이동평균선을 지지하지 못하고 무너지는 3번이 매도 자리로 가장 좋다.

:: 그림 5-24 SK이노베이션 2019년 1월~2019년 7월 2일까지 일봉 차트 ::

〈그림 5-24〉 SK이노베이션의 일봉 차트를 보자. SK이노베이션은
N자형 계단식으로 주가가 상승한 후에 고점에서 충분히 횡보하였다.
그런 후 1, 2, 3번의 봉우리를 3개 찍고 하락했다. 3번 자리가 매도할
자리고, 4번 자리는 매수해서 빌려온 주식을 갚는 자리다.

:: 그림 5-25 S-Oil 2019년 1월~2019년 7월까지 일봉 차트 ::

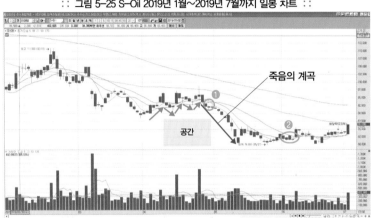

〈그림 5-25〉 S-Oil의 일봉 차트를 보면 고점에서 짧지만 헤드앤드
숄더형(삼산) 패턴이 나온 후 1번 매도할 자리가 나온다. 2번은 매수
자리다. 일반 종목에서 대주거래가 가능한 패턴을 찾아볼 수 있을 것
이다. 앞에서 살펴볼 3종목의 일반 대주거래 패턴의 공통점을 다음과
같다.

대주거래에서 가장 일반적인 패턴이 헤드앤드숄더(삼산)형 패턴이
다. 이 패턴이 나오면 하락을 생각해봐야 한다. 저항선과 지지선을 연
결해보고, 저항대에서는 신규매수를 하면 안 된다. 또한 지지선에서
도 신규진입에는 신중을 기해야 한다.

첫째, 고점 횡보가 있다.

둘째, 봉우리가 3개인 헤드앤드숄더형(삼산) 패턴이다.

셋째, 고점 횡보하는 동안 아래로 공간이 열린다.

일반 매매를 할 때 상승하기 위해서는 바닥을 길게 다지는 동안 지친 개미들이 보유했던 주식을 팔고, 세력은 개미들이 던진 물량을 받아 매집한다. 적당한 시기가 오면 공간이 위로 열려 있음으로 충분히 상승할 수 있다. 반대로 대주거래는 고점에서 횡보하는 동안 세력들은 개미에게 물량을 떠맡긴다. 상승을 기다리던 개미들이 지쳐서 물량을 던지는 동안 주가는 아래로 공간이 열려 있음으로 하락하기 쉽다.

상승 기법을 정확하게 알아야 공매도를 잘할 수 있다. 대주거래는 상승 기법의 반대로만 생각하면 된다. 가장 안전한 매수 자리는 대주거래에서는 매수(상환)해야 하는 자리가 된다.

일봉 차트에서 가장 고점에서 많이 횡보한 후 더 상승할 모멘텀이 사라진 종목들은 주가가 하락할 수밖에 없다. 일반 매수를 할 때 바닥을 많이 다진 종목이 위로 많이 올라간다. 바닥을 다지는 동안 지친 개미들이 견디다 못해 보유한 종목을 손절매하기 때문에 세력들은 그 물량들을 모두 받아 매집한다. 바닥을 길게 횡보할수록 상승할 수 있는 공간이 생긴다.

대주거래는 반대로 고점에서 많이 횡보한 후에 주가가 하락하는 종목이 아래로 많이 내려간다. 고점에서 횡보하며 세력 물량을 개미에게 넘긴다. 고점에서 횡보하는 동안 차트를 살펴보면 아래로 공간이 생긴다. 고점에서 횡보가 짧으면 새로운 호재 뉴스나 모멘텀이 살아나서 위로 저항대 매물을 소화시키며 다시 상승할 수 있다. 대주거래 매도 자리에 잘못 진입하면 주가가 상승하게 되어 손절매해야 할 수도 있다. 그러므로 대주거래 매도 자리도 안전한 자리를 찾는 것이 수익률을 높일 수 있다.

변형 삼산(三山)
기법

헤드앤드숄더(삼산)형이지만 패턴의 생김새가 달라지면 투자자는 당황하게 된다. 변형된 삼산형은 대주거래 매도 자리가 어디인지 알아둘 필요가 있다. 헤드앤드숄더(삼산)형과 차트를 보면 결국 같은 자리다. 바로 생명선이라 불리는 20일 이동평균선이 완전히 무너지는 자리가 매도하기 좋은 자리다. 따라서 종가가 20일 이동평균선 위에 안착하면 손절매해야 한다. 시가, 종가, 상한가는 세력이 관리하는 가격이기에 종가 가격을 꼭 확인하는 습관을 들여야 한다.

:: 그림 5-26 삼지전자 2018년 10월~2019년 8월 일봉 차트 ::

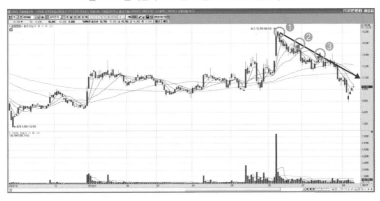

:: 그림 5-26 삼지전자 2018년 10월~2019년 8월 일봉 차트 ::

〈그림 5-26〉 삼지전자의 일봉 차트에서 음봉의 최고점끼리 추세선을 그어보면 대주거래 매도 자리를 쉽게 알 수 있다. 1번 자리가 가장 매도하기 좋은 자리로 보이지만, 고점 횡보가 길지 않아 불안하다. 2번 자리도 재상승할 수 있는 자리로 보이므로 안전하지 않다. 3번 자리는 20일 이동평균선을 지지하지 못하는 모습을 보이며, 1~3번 구간까지 저점이 점점 낮아지는 것을 볼 수 있다. 변형된 삼산형에서는

:: 그림 5-27 삼지전자 2018년 10월~2019년 8월 일봉 거꾸로 차트 ::

3번에서 매도하면 좋다.

〈그림 5-27〉은 삼지전자의 2018년 10월~2019년 8월까지의 일봉
차트를 거꾸로 바꿔서 본 것이다. 3번과 4번이 매수 자리로 가장 좋
아 보인다. 이렇게 차트를 거꾸로 바꿔서 모든 상승 기법을 반대로 적
용하면 대주거래 기법이 된다는 것을 터득할 수 있다.

:: 그림 5-28 CJ 2018년 10월~2019년 8월 일봉 차트 ::

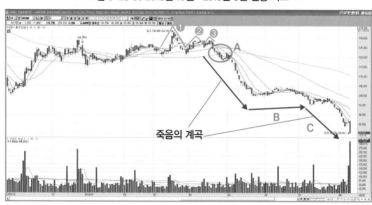

〈그림 5-28〉 CJ 일봉 차트다. 고점이 점점 낮아지는 삼산 패턴으
로 변형된 차트다. 이 차트도 변형된 차트로 생각하고, 3번 20일 이동
평균선이 무너지는 자리가 대주 자리로 좋아 보인다. CJ는 고점 횡보
기간이 매우 길었기 때문에 대세 하락을 예측할 수 있다. 짧은 기간
에 큰 폭으로 하락하여 반등을 기대하며 많은 투자자가 매수해 보유
하고 있을 수 있다. B 구간 끝에서 다시 저점을 깨고 하락하면 횡보
가 길었던 만큼 큰 폭으로 다시 하락하는 것을 볼 수 있다. 만약 이
종목을 매수해서 보유한 투자자라면 지지가 무너질 때 손절매하지

않았다면 큰 손실을 본다.

　　〈그림 5-29〉는 2018년 10월~2019년 8월까지의 CJ 일봉 차트를 거꾸로 본 차트다. 삼중바닥을 찍고 상승하는 모습이 보인다. 그리고 B 구간에서 플랫폼을 형성한 후 C 구간에서 상승 기법의 핵심인 공간이 열리며 상승 랠리의 모습을 보여주고 있다. 상승 랠리 기법의 반대는 대세 하락 기법이라고 생각하면 된다.

　　대세 상승 기법은 바닥을 오래 다진 후에 처음에는 느리게 상승하다가 어느날 대량 물량이 터지면서 크게 상승한다. 반대로 대세 하락은 대세 상승 기법에서 바닥을 오래 다지는 것처럼 고점에서 봉들이 길게 횡보를 한다. 길게 횡보할수록 대세 하락을 생각해야 한다. 다수의 투자자들이 대형 우량주는 안전하다고 믿는 경향이 있다. 이런 개인의 판단은 매우 위험할 수도 있다는 것을 이 차트가 잘 보여주고 있다.

하락장악형
기법

상승장악형 기법이 있으면 하락장악형 기법도 있다. 공매도는 일반 투자의 반대로만 하면 된다. 앞에서 상승장악형 기법을 정확히 익혔다면 공매도에서도 하락장악형이 그대로 적용된다고 생각하면 된다. 상승장악형 기법에서 장대양봉이 출현하고 도지형 봉이 나오거나, 플랫폼이 형성된 후 장대양봉 길이만큼 재상승한다고 했다.

그렇다면 하락장악형도 마찬가지로 하락장악형 장대음봉이 나오고 도지형 봉이 나오거나, 플랫폼이 형성된 후 장대음봉 길이만큼 더 하락한다고 생각할 수 있다. 이미 상승장악형의 패턴을 알고 있다면 하락장악형의 패턴에서 하락 랠리가 이어질 것이라는 것을 짐작할 수 있다는 것이다.

〈그림 5-30〉 서연탑메탈의 일봉 차트를 보자. A와 B 구간 고점에서 횡보가 길었다. 그리고 C 하락장악형 장대음봉과 도지봉이 나오고 플랫폼이 형성된 후 D 구간에서 단기간의 큰 하락이 나왔다. 일명 죽음의 계곡이 형성된 것이다. 그 후로도 반등을 보였지만 계속 하락하고 있음을 보여주고 있다.

죽음의 계곡이 나타나면 바닥이 보일 때까지는 하락한다는 것을 앞에서 배웠다. 죽음의 계곡은 '절대 매수 금지', 반대로 대주거래에서는 매도 신규 진입 자리로 기억하면 된다.

:: 그림 5-31 한양이엔지 2019년 1월~2019년 8월까지 일봉 차트 ::

〈그림 5-31〉 한양이엔지 일봉 차트를 보면 대주거래를 할 수 있는 전형적인 패턴이 모두 나와 있다. A 구간 헤드앤드숄더(삼산)형의 패턴

과 1, 2, 3번마다 하락장악형 패턴이 나오면서 D 구간 '절대 매수 금지' 죽음의 계곡이 나타났다. 그리고 B 구간 저점이 점점 낮아지면서 생명선인 20일 이동평균선을 지지하지 못하고 무너진 후 하락에 하락을 불러오는 지하실 직행 패턴까지 보여주고 있다.

고점에서 헤드앤드숄더(삼산)형 패턴이 만들어지는 동안 길게 횡보한 후에 3번 자리에서 가장 좋은 대주거래 매도 자리가 나왔으며, 죽음의 계곡 후에 나오는 전형적인 모습이다.

한양이엔지는 삼성반도체 EUV 장비설치 업체로 평택 고덕 현장, 화성과 기흥 장비 개보수 공사가 지속되고 있다. 한일 무역마찰로 인해 삼성과 관련된 종목들이 하락하고 있지만, 이 차트만 보면서 분석을 해보더라도 고점에서 횡보가 길었음을 알 수 있다. 앞에서 공부한 대로 '아하! 고점에서 횡보가 길었다. 그럼 대세 하락이 오겠구나'라고 생각할 수 있어야 한다.

1번 하락장악형 음봉이 나온 후에 더 하락했다. 2번은 하락장악형 음봉이 나오고 갭 하락한 후 갭을 메꾼 다음 하락했다. 고점 횡보하는 중에도 1번과 2번에서 두 번의 짧은 대주거래가 가능했고, 3번 횡보가 끝난 자리는 본격적인 대주가 시작되는 자리다. 빌려온 주식을 갚는 기간은 30일이며, 60일 연장이 가능하다는 것을 염두에 두고 수익을 잘 챙겨야 한다. 차트만 봐도 어느 자리에서 수익을 챙겨야 하는지 보일 것이다. 차트를 설명할 때마다 계속 강조하는 부분을 잘 기억해두어야 한다. 공부는 반복 기억이고, 실전 매매도 소액으로 반복 실전해서 승률을 높여야 한다.

:: 그림 5-32 한양이앤지 A 부분 확대 차트 ::

〈그림 5-32〉는 〈그림 5-31〉에서 A 부분을 확대한 차트다. 헤드앤드숄더(삼산)형 안의 하락장악형 패턴을 살펴보면 음봉 후 도지봉이 나타나고, 하락한 길이만큼 더 하락하는 것을 보여준다. 도지봉이 없다 해도 갭 하락을 하든 장대음봉이 연속으로 나타나든 결국 하락장악형 음봉 후에는 하락이 이어진다는 것을 알 수 있다. 이런 원리를 이용해서 단타 매매도 가능하다.

시가총액이 너무 낮은 2,000원 이하 종목이나 테마성이 강한 종목은 재료나 뉴스에 따라서 급등락이 심하다. 따라서 개인투자자는 공매도 종목을 선택할 때 배제하는 것이 현명하다. 게다가 테마주 매매는 연습이 많이 필요하다는 것도 다시 한번 강조하고 싶다.

〈그림 5-33〉는 한양이엔지 일봉 차트이고, 〈그림 5-34〉는 이 차트를 거꾸로 본 차트이다. 〈그림 5-34〉를 보면 3중 바닥을 다진 후 A의 안전 그물망 매수 자리가 나온 다음 B 구간에서 상승하는 모습을 보인다.

한양이앤지 일봉 차트를 거꾸로 보니 결국 상승 기법의 반대로 하면 대주거래 기법이 된다는 것을 알 수 있다. 앞에서도 계속 강조했지만, 상승 기법을 정확히 알고 있으면 대주거래는 쉽게 할 수 있다는 것이 증명된다. 그렇다면 대주거래 기법을 정확히 알고 있으면 상승장도 잘할 수 있다는 것이다.

이제 차트를 왜 정확하게 읽을 줄 알아야 하는지, 최소한 3개 이상의 기법을 가지고 매매해야 하는지를 깨달았을 것이다.

∷ 대주거래 하기 좋은 패턴 ∷

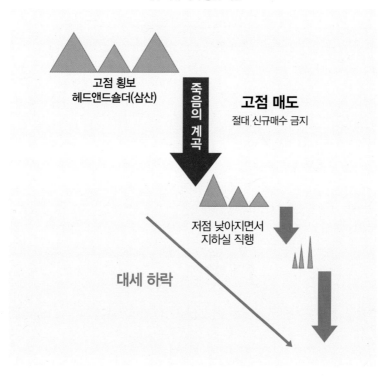

시초가 대주거래
기법

일반 매매에서도 시초가 기법이 있고, 대주거래도 시초가 기법이 있다. 일반 매매의 시초가 기법은 아침에 갭 상승한 후 더 위로 쭉쭉 상승하는 종목들 위주로 수익을 내는 방법이다. 대주거래에서 시초가 기법은 시간외 등락률이 높은 종목에서 미리 종목을 찾아놓고, 시초가에 높이 상승한 후에 하락하는 종목을 대주거래 하는 기법이다. 시간외 등락률이 높았던 종목들 중 장이 시작하면서 갭 상승한 후 하락하는 종목으로 단타 매매를 할 수 있다.

:: 그림 5-35 솔브레인 일봉 차트와 5분봉 차트 ::

〈그림 5-35〉 솔브레인 일봉 차트와 5분봉 차트를 보자.

2019년 7월 31일 솔브레인은 시간외 등락 5% 상승했다. 그리고 장 시작한 후에 시초가 갭 상승한 다음 하락했음을 보여준다. 갭 상승한 종목은 어느 정도 하락한다. 전일 종가와 시초가 양봉의 2분의 1 정도 하락하기 때문에 그 갭만큼 대주 수익을 낼 수 있다. 그리고 대주 거래도 단타 매매도 가능하다.

:: 그림 5-36 데이짱 솔브레인 대주거래 단타 수익 계좌 ::

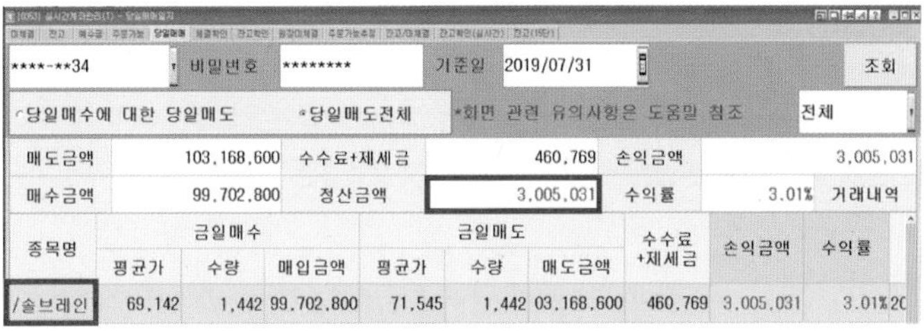

우리나라처럼 주식 가격의 급등락이 심한 나라도 없을 것이다. 시초가 대주거래 기법도 좋고, 이를 통해 반대로 단타를 치기 위한 통찰력도 기를 수 있다. 그러므로 단타기법을 많이 익혀 두는 것도 대주거래를 위한 좋은 방법이다. 해보지도 않고 어렵다는 생각은 버리자. 데이짱의 단타 기법은 단순해서 벤치마킹하여 반복하다 보면 수익을 내게 되어 있다. 그리고 현재 제자들도 데이짱의 기법을 벤치마킹해서 수익을 많이 내고 있다.

시간외 단일가 상한가
대주거래 기법

〈그림 5-37〉 아진산업의 일봉 차트와 3분봉 차트를 보자. 시간외 단일가 상한가로 간 종목으로 다음 날 대주거래 하기 좋은 차트다. 시간외 등락률이 높거나 상한가를 간 경우는 다음 날 시초가 대주거래 기법은 앞에서 설명했다.

시간외 등락률은 10%가 가장 높고 시간외 상한가는 10%다. 시간외 단일가에서 크게 상승하면 기존 보유자들이 다음 날 시초가 부근에서 매도로 대응하기에 대부분 종가는 시가보다 크게 하락으로 끝난다.

아진산업의 3분봉을 살펴보면 고점 횡보가 길었고, A 자리는 분봉 대주거래 매도 자리다. 일봉에서 고점 횡보가 길었을 때 대세 하락이 나왔다. 분봉에서도 마찬가지다. A 자리에서 매도하고, 분봉으로 대주거래할 때도 일봉 매수 자리에서 수익을 챙기는 것과 똑같이 수익을 챙기면 된다. 필자는 2019년 7월 26일 수익을 적당히 잘 챙겼다. 어떤 거래든 욕심을 부리기보다는 수익을 챙기는 것이 중요하다. 7월 26일 아진산업은 20% 정도 하락했다.

:: 그림 5-38 아진산업 시간외 단일가 상한가로 간 종목 ::

:: 그림 5-39 데이짱 아진산업 시간외 단일가 상한가 간 종목 매매 수익 계좌 ::

대주거래 하기 좋은
차트 모음

:: 그림 5-40 포스코 2018년 11월~2019년 8월까지 일봉 차트 ::

〈그림 5-40〉 포스코 일봉 차트를 보면 A 구간은 저점에서 횡보가 길었다. 앞에서 저점 횡보가 길면 대세 하락이나 지하실 직행이 예측된다는 것을 기억하자. 저점 횡보가 길면 아래로 공간이 열리기 때문에 대세 하락할 여지가 높다. B는 대주거래 매도 자리다. C 구간도 역시 저점에서 횡보가 길었고, D는 대주거래 매도 자리다. C는 하락 플랫폼이 형성되면서 아래로 공간이 열리기 때문에 지하실 직행 차트로 보인다.

저점에서 횡보가 길어지면 우량주니까 바닥을 다진다고 생각하기 쉽다. 대형주도 저점을 깨고 하락할 수 있다는 사실을 염두에 두고 신중히 접근해야 한다.

:: 그림 5-41 셀트리온헬스케어 2018년 11월~2019년 8월까지 일봉 차트 ::

〈그림 5-41〉 셀트리온헬스케어 일봉 차트를 보면 A와 C 구간은 저점에서 횡보가 길었다. B와 D는 대주거래에서 매도 자리다.

:: 그림 5-42 셀트리온제약 2018년 11월~2019년 8월까지 일봉 차트 ::

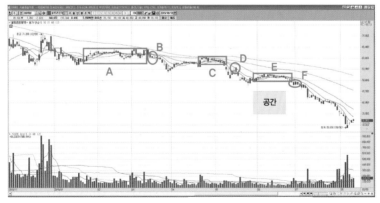

〈그림 5-42〉셀트리온제약 일봉 차트를 보자. 셀트리온제약 차트를 보기 전에 앞에서 배웠던 이동평균선을 기억해보자. 단기 이동평균선이 장기 이동평균선을 향해 서서히 크로스하다가 대세 상승 국면에 접어들면서 상승 랠리가 이어지는 차트는 하락할 때도 서서히 하락한다. 모멘텀이 좋은 종목들의 흐름이라고 LS전선아시아 차트에서 언급했다.

　셀트리온제약 차트를 거꾸로 보면 LS전선아시아 차트와 비슷한 흐름이다. 대주거래는 상승 기법의 반대로만 하면 된다고 설명했다. 〈그림 5-42〉의 셀트리온제약 일봉 차트는 천천히 아래로 하락하면서 대세 하락하는 모습을 보여주고 있다. 저점에서 긴 횡보를 한 후 생명선이라 불리는 20일 이동평균선을 지지하지 못하고 무너졌다. 저점에서 지지가 무너지면 지하실로 직행한다는 것도 꼭 기억하자. A와 C, E는 저점에서 횡보한 구간이다. B와 D, F는 대주거래 매도 자리로 좋은 자리다.

:: 그림 5-43 카페24시 2018년 10월~2019년 6월 일봉 차트 ::

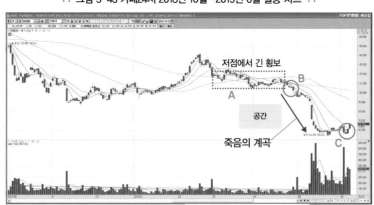

〈그림 5-43〉 카페24시의 2018년 10월~2019년 6월 일봉 차트를 보면 A 구간은 저점에서 길게 횡보했고 고점이 점점 낮아지고 있음을 보여준다. 저점에서 횡보하면서 동안 고점이 낮아지는 것은 대세 하락을 예측할 수 있다. B는 대주거래에서 매도 자리로 단기 하락 폭이 크다. C는 B에서 빌려온 주식을 갚아야 하는 대주거래 매수 자리다. 단기 이동평균선인 5일, 10일, 20일 이동평균선이 수렴하는 안전 그물망 자리 위로 봉이 올라서면 반드시 매수해야 한다. 대주거래는 B에서 먼저 매도한 후 C에서 매수하면 신용대출 잔고가 사라진다.

:: 그림 5-44 엔지켐생명과학 2019년 1월~2019년 8월까지 일봉 차트 ::

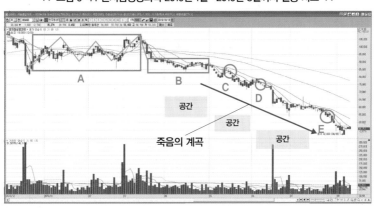

〈그림 5-44〉 엔지켐생명과학의 일봉 차트를 보면 A 구간 고점 횡보 끝에 B 구간 저점 횡보까지 이어진 모습을 볼 수 있다. 고점 횡보가 길면 죽음의 계곡이 나타나는데, 저점에서 횡보한 후에 대세 하락으로 가는 모습을 볼 수 있다. C와 D, E는 대주거래 매도 자리다. B 구간에서 저점 횡보가 길었으므로 지하실로 가는 것을 예측할 수 있다.

:: 그림 5-45 한미사이언스 2019년 1월~2019년 7월까지 일봉 차트 ::

저점에서 긴 횡보

A

공간

죽음의 계곡

:: 그림 5-46 한미사이언스 7월 4일 종목 뉴스 ::

〈그림 5-45〉 한미사이언스 일봉 차트를 보자. 한미사이언스는 저점에서 횡보가 길었고, 생명선인 20일 이동평균선을 봉이 머리에 이고 있는 모습을 보이면서 갭 하락했다. A는 대주거래 매도 좋은 자리다.

이 차트에서 뉴스를 보지 않았어도 한미사이언스 종목이 큰 악재가 있었음을 알 수 있다. 저점 횡보가 길어지고 20일 이동평균선 위로 봉이 올라서지 못한다면 대세 하락을 염두에 두어야 한다. 개미투자자는 저점에서 횡보가 길면 바닥을 잘 다지는 것으로 착각할 때가 있다. 길게 바닥을 다지는 종목이 상승하려면 봉이 20일 이동평균선 위로 올라타면서 상승장악형 양봉들이 줄을 잇는 모습이 보여야 한다. 저점 횡보하는 동안 고점이 점점 낮아지는 차트라면 절대 신규 매수를 하지 말자. 특히 제약바이오 종목들은 작전이 많으므로 신중한 투자가 필요하다.

:: 그림 5-47 현대건설 2018년 10월~2019년 7월까지 일봉 차트 ::

〈그림 5-47〉 현대건설의 일봉 차트를 보면 1번, 2번, 3번은 상승한 후 횡보하는 구간이다. 그리고 A와 B는 횡보 후 대주거래에서 매도하기 좋은 자리다.

어느 종목이든 헤드앤드숄더(삼산)형이 나오고 횡보하면 하락을 생각해봐야 하고 대주할 수 있는 좋은 자리가 나올 것이라는 생각을 해보자. 앞에서 배운 것을 기억하자. 고점에서 횡보가 길었을 때 대세 하락이 나왔던 것처럼 대주는 어떤 자리가 가장 좋은가? 헤드앤드숄더(삼산)형에서 저항을 돌파하지 못하고 20일 이동평균선을 지지하지 못했을 때, 20일 이동평균선 아래로 공간이 열렸을 때였음을 기억해낼 수 있다. 어떤 기법을 배우면 그 기법의 정의를 머릿속에 사진을 찍듯 저장해야 한다.

:: 그림 5-48 현대건설 2018년 10월~2019년 7월까지 일봉 차트 ::

〈그림 5-48〉 현대건설의 일봉 차트를 보면 A와 B 대주거래 매도 자리가 나오기 전에 모양은 다 다르다. 하지만 헤드앤드숄더(삼산)의 패턴이 나온다. 때로는 산이 4개도 나오고 5개도 나올 때도 있다. 하지만 앞에서 대주거래 매도 자리를 잘 익혔다면 산이 몇 개가 나오든 고점과 저점에서 횡보 후에 나오는 봉이 생명선인 20일 이동평균선을 머리에 이고 있다면 대주거래 매도 자리이다. 그리고 5일, 10일, 20일 이동평균선이 수렴하면서 봉이 20일 이동평균선을 딛고 올라타면서 상승한다면 대주거래에서 매수 자리가 된다. A와 B는 20일 이동평균선을 지지하지 못하고 하락장악형 음봉 출현에 이어 지속적인 음봉이 나왔다. 하락장악형 음봉은 큰 하락을 불러온다. 그러나 개인투자자들은 이제 바닥을 다진다고 착각하기 쉽다. 다시 언급하지만 우량주라고 해서 무조건 안전하다고 믿어서는 안 된다.

〈그림 5-49〉 대한항공 일봉 차트를 보면 고점에서 길게 횡보한 후 하락했다. 2019년 4월 15일 4만 1,650원을 기록한 후 지속 하락한 모습을 보여주고 있으며, A는 저점에서 대주거래 하기에 좋은 매도 자리다. 항공사는 국제 유가와 여행과도 관련이 깊다. 최근 일본과의 무역마찰로 항공 관련주와 여행 관련주가 많이 하락했다.

:: 그림 5-50 현대해상 2018년 9월~2019년 7월까지 일봉 차트 ::

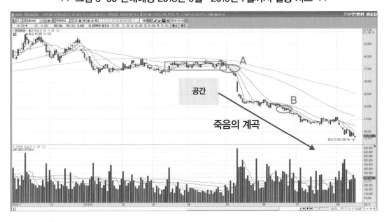

〈그림 5-50〉 현대해상의 일봉 차트를 보면 고점에서 횡보한 후 하락 횡보를 길게 거듭 하며 아래로 공간이 크게 열렸다. A는 대주거래 하기 좋은 매도 자리다. 단기에 크게 하락한 후 B는 저점에서 대주거래 매도 자리다. 개미투자자는 크게 하락한 후 횡보 끝에 상승한다고 생각한다. 하지만 크게 하락한 후 아래로 가려는 관성으로 인해 하락이 이어진다는 것을 꼭 기억하자.

:: 그림 5-51 현대해상 2018년 9월~2019년 8월까지 일봉 차트 ::

〈그림 5-51〉 현대해상의 일봉 차트를 보자. 〈그림 5-50〉의 현대해상 2019년 7월까지의 일봉 차트에서 B는 대주거래 매도 자리였다. 아래로 가려는 관성에 의해서 하락이 이어질 거라고 생각했는데, B에서 하락한 다음 횡보 후 다시 C 매도 자리가 나왔다. 그리고 또 하락 중이다. 여기가 바닥인가 하고 보유자들이 추가 매수를 하면 안 되며, 신규 매수도 신중해야 한다.

현대해상은 보험 관련주다. 은행이나 보험 관련주는 금리의 영향을 많이 받는데 2019년 7~8월 사이 미국과 중국의 무역전쟁과 한일 무역마찰이 이어지는 동안 금리가 낮아졌다. 금리가 낮아지면 금융주는 하락할 수밖에 없다는 것을 주식 매매하는 사람들은 알고 있어야 한다. 주식투자자가 금리가 낮아진다는 뉴스를 보지 못했다고 하더라도 차트가 흘러 내린다면 보유한 투자자는 적어도 종목 뉴스는 한 번 확인해야 한다. 그것도 안 한다면 주식투자를 하지 말라고 권하고 싶다. 주식투자자는 매일 중요한 뉴스를 체크하는 것은 기본이다. 다른 보험 관련 종목도 살펴보자.

:: 그림 5-52 한화생명 2018년 9월~2019년 8월까지 일봉 차트 ::

〈그림 5-52〉 한화생명의 일봉 차트를 보면 길게 횡보할 때마다 아래로 공간이 열리고, A와 B는 대주거래 매도하기 좋은 자리다. 금리 인하 소식은 경기침체와 불경기를 예고하기도 한다. 불경기에 저축하거나 보험에 가입할 사람들은 줄어들게 뻔하다. 경기가 나빠지면 저축보험이나 적금, 펀드 등의 해약이 많아지고 미래가 불안해지면서

보장성 보험에 가입한다. 그리고 패키지 상품에 가입하는 사람들이 많아지는데 장기적으로 보험료를 내기 힘들기 때문이다. 은행도 마찬가지다. 불경기에는 하던 저축도 안 하게 되고, 해약하는 것이 일반적이다. 펀드도 해약하는 사람이 많아져서 펀드 해약으로 인한 기관의 매도세가 이어지고 주식 가격은 하락하게 된다. 금리 인하로 인해서 먹이사슬처럼 연관된 모든 것이 다 악화하는 것이다.

현대해상과 한화생명만 그럴까? 잘나가는 다른 손해보험 종목도 살펴보자.

:: 그림 5-53 메리츠화재 2018년 9월~2019년 8월까지 일봉 차트 ::

〈그림 5-53〉 메리츠화재의 일봉 차트를 보면 길게 고점 횡보가 이루어졌고 헤드앤드숄더(삼산)형 패턴이 나온 후 A와 B는 대주거래 매도하기 좋은 자리다. 횡보가 길어지는 동안 아래로 공간이 열렸다.

메리츠화재의 보장성 상품은 타사보다 경쟁력을 확보하고 있었다. 하지만 금리 인하와 함께 메리츠화재도 하락하고 있으며, 고점에서 횡보가 길었기 때문에 하락의 폭도 크다고 볼 수 있다. 참고로 불경기가 심하면 저축성 상품 가입률이 낮아지게 되고, 보장성 상품을 많이 판매해야 하기 때문에 상품 내용이 좋아진다.

:: 그림 5-54 대웅제약 2018년 9월~2019년 7월까지 일봉 차트 ::

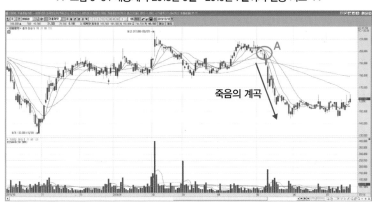

〈그림 5-54〉 대웅제약의 일봉 차트를 보면 A는 대주거래 매도하기 좋은 자리다. 이 차트에서는 매도 자리만 표시했다. 전체 차트를 보고 무엇이 생각나는지 하나하나 앞에서 익힌 대로 '왜 A가 대주거래 매도 자리로 좋은 자리일까, A에서 매도하고 나면 그 후로는 어떤 흐름을 탈까?' 등을 생각해보자.

대웅제약은 2018년 11월부터 상승하기 시작해서 5월까지 고점에서 길게 횡보했다. 제약주들은 12월이 되기 전에 배당을 받기 위한 대주주들이 많기 때문에 배당을 위한 쇼트 커버링이 일어난다. 그래서 주가가 상승하기 시작하고 매년 5월이 되면 제약주는 하락을 시작한다. 대웅제약도 역시 전형적인 제약주 차트 모습을 보여주고 있다.

다른 제약주도 살펴보자.

:: 그림 5-55 JW중외제약 2018년 11월~2019년 8월까지 일봉 차트 ::

　　〈그림 5-55〉 JW중외제약의 일봉 차트를 보면 11월부터 쇼트 커버 링이 일어나 상승했다. 고점 횡보 후 아래로 공간이 크게 열리고, A 와 B는 대주거래 매도하기 좋은 자리다.

　　제약 관련 종목들은 배당을 주는 회사가 많기 때문에 11월 말부 터 배당을 위한 쇼트 커버링이 일어난다는 것을 알았다. 그렇다면 개 미투자자는 제약 관련 종목은 언제 사서 언제쯤 팔아야 하는지도 짐 작이 갈 것이다. 그리고 대주거래를 한다면 차트에서 좋은 매도 자리 를 찾을 수도 있을 것이다. 안전한 매도 자리에서 매도 진입할 때 종 가가 20일 이동평균선 위로 봉들이 올라서지 못하면 최대한 길게 보 유하는 것이 좋다. 우리는 앞에서 대형 우량주들도 고점 횡보가 길 거나 저점 횡보가 길어지면 지지선을 깨면서 큰 폭으로 하락한다는 것을 이미 배웠다.

〈그림 5-56〉 현대미포조선 일봉 차트를 보면 2018년 11월에 쇼트 커버링이 일어나고 있음을 보여준다. 진짜 이 종목이 배당을 주는지 확인해보자.

:: 그림 5-57 현대미포조선 상장기업분석 재무제표 ::

Financial Highlight [연결|전체]								
		Annual				Net Quarter		
IFRS(연결)	2016/12	2017/12	2018/12	2019/12(E)	2018/09	2018/12	2019/03	2019/06(P)
매출액	34,465	24,534	24,030	30,254	5,822	7,276	7,050	8,316
영업이익	1,911	1,079	709	1,139	215	77	262	319
당기순이익	396	4,452	1,207	935	465	98	239	189
지배주주순이익	346	4,369	850	819	420	-124	196	175
비지배주주순이익	50	82	356		46	222	43	
자산총계	92,263	83,194	34,637	35,441	89,174	34,637	34,719	
부채총계	69,679	59,803	11,466	11,627	64,713	11,466	11,575	
자본총계	22,584	23,391	23,172	23,814	24,461	23,172	23,144	
지배주주지분	21,425	22,168	22,896	23,381	23,117	22,896	22,819	
비지배주주지분	1,159	1,224	276	433	1,344	276	325	
자본금	1,000	1,000	1,997	1,999	1,000	1,997	1,997	
부채비율	308.54	255.66	49.48	48.82	264.55	49.48	50.01	
유보율	2,048.86	2,123.19	1,049.65		2,218.10	1,049.65	1,045.81	
영업이익률	5.54	4.40	2.95	3.76	3.69	1.06	3.71	
지배주주순이익률	1.00	17.81	3.54	2.71	7.21	-1.70	2.78	2.27
ROA	0.42	5.07	2.05	2.67	2.00	0.63	2.76	
ROE	1.81	20.05	3.77	3.54	7.33	-2.15	3.43	
EPS (원)	866	10,939	2,128	2,052	1,051	-310	491	437
BPS (원)	53,799	55,660	57,483	58,697	58,037	57,483	57,291	
DPS (원)			700	719		700		
PER	38.92	3.61	28.19	18.45				
PBR	0.63	0.71	1.04	0.64	0.89	1.04	1.03	
발행주식수	39,942	39,942	39,942		39,942	39,942	39,942	
배당수익률			1.17			1.17		

현대미포조선 상장기업분석 재무제표를 보면 2017/2018년 12월에 1.17%의 배당수익률이 적혀 있다. 대주주들은 경영권 방어를 위해 대량의 주식을 보유하고 있다. 그러므로 주식을 개미투자자처럼 사고팔지 않고 배당을 받는다. 배당을 받는 시기가 올 때까지 주식을 빌려주고 수수료를 받는 것이다. 배당을 주는 종목들이 언제 쇼트 커버링이 일어나는지 알았으므로 개미투자자는 이 쇼트 커버링을 잘 이용해서 물렸던 종목을 정리하는 것도 좋다. 신규 진입자는 쇼트 커버링을 이용해서 수익을 낼 수도 있다.

:: 그림 5-58 휠라코리아 2017년 4월~2019년 8월까지 일봉 차트 ::

〈그림 5-58〉 휠라코리아의 일봉 차트를 보면 2017년 11월부터 꾸준히 느리게 상승하다 2018년 5월 말부터는 대세 상승하기 시작한다. 어떤 차트도 고점에서 헤드앤드숄더(삼산)형 패턴이 나타나면 하락을 예상해야 한다. 주식 가격은 끝없이 올라만 갈 수는 없다.

휠라코리아는 'FILA', 'FILA GOLF', 'FILA KIDS', 'FILA INTIMO',

'Filativa'의 5개 브랜드 및 기타 사업 부문을 보유하고 있다. 동사의 브랜드 휠라(FILA)는 2017년 글로벌 레트로 스포츠 트렌드를 바탕으로 헤리티지 라인의 메인 고객을 10대, 20대로 변화시켰다. 2018년 온라인, 홀세일 등 다양한 유통 채널을 통한 판매, 수익구조 개선에 집중하여 사업을 전개 중이다. 2019년 03월 IFRS비교재무제표 기준 전년 동기 대비 매출액 23.29% 증가, 영업이익 36.4% 증가, 당기순이익 84.39% 증가했다. 2017년부터 글로벌 레트로(복고주의) 스포츠 트렌드를 바탕으로 휠라 고유의 헤리티지 라인을 영 타깃에 맞게 수정하고, 메인 고객을 10대와 20대로 변화시켜 매출 증가했다. 휠라 상표권 사용 계약을 체결하고, 로열티를 수취하고 있으며 2018년 말 기준 4개의 오프라인 면세점 채널을 보유하고 있다.

2019년 8월 16일 휠라코리아 뉴스를 보면 기관은 매수하고 외국인은 대거 팔아치웠다. 외국인은 삼성전자를 1조 1,489억 원을 집중 매도하였고, 이어 휠라코리아를 583억 원을 매도했다. 휠라코리아 재무제표를 보면 계속 호실적이다. A 자리가 대주거래 매도하기 좋은 자리지만 호실적이 예상되는 종목은 대주거래 할 때 중간에 수익을 챙겨주는 것이 좋다. 1번 상승한 길이에 비해서 고점 횡보 길이가 짧기 때문에 3번 하락이 있지만, 언제 다시 상승할지는 아무도 모른다 때문에 모멘텀이 좋고 호실적이 예상되는 종목은 대주거래 매도를 할 때 신중하게 수익을 챙겨야 한다는 것을 잊지 말자.

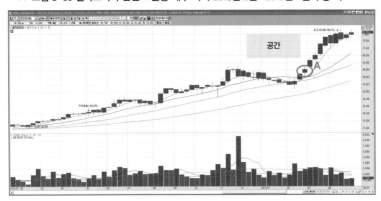

〈그림 5-59〉 휠라코리아의 주봉 차트를 보면 횡보하는 동안 위로 공간이 열리고, A는 안전 그물망 매수 자리다. 이 차트를 거꾸로 보면 A는 대주거래 매도 자리로 좋은 자리다.

:: 그림 5-60 휠라코리아 2018년 2월~2019년 4월 주봉 거꾸로 차트 ::

〈그림 5-60〉 휠라코리아의 2018년 2월~2019년 4월 주봉 차트를 거꾸로 본 차트다. 안전 그물망 매수 자리 A는 거꾸로 보면 5일, 10일,

20일 이동평균선이 수렴해서 봉이 20일 이동평균선을 머리에 이고 있는 모습으로 대주거래에서 매도하기 매우 좋은 자리다. 안전 그물망 매수 자리 차트를 거꾸로 보면 대주거래 안전 그물망이 된다는 뜻이다. 상승 기법을 알면 대주거래가 보이고, 상승 기법을 응용해서 대주거래에서 수익을 충분히 낼 수 있다.

:: 그림 5-61 모두투어 2017년 11월~2018년 8월까지 일봉 차트 ::

〈그림 5-61〉 모두투어의 일봉 차트를 보면 1번 자리에서 쇼트 커버링이 일어났다. 2번 자리는 방학과 신정연휴, 구정 등이 끼어 있어서 여행 관련 종목이 상승한 것이다. 고점 횡보 후 횡보하는 동안 아래로 공간이 크게 열리고 장기 이동평균선이 단기 이동평균선을 따라서 함께 하락하는 모습을 보여준다. 고점에서 횡보 후 역배열되면서 폭락하는 차트다. 단기 이동평균선이 수렴하며 상승할 때 장기 이동평균선도 따라서 정배열되면서 상승하는 차트의 반대 모습이다.

장기 이동평균선이 단기 이동평균선을 따라서 하락하는 것은 대세 하락을 불러올 수 있다. A는 대주거래 매도 자리고, B는 대주거래 매수 자리다. 즉 A에서 빌려온 주식을 B에서 갚는 자리다. C는 대주거래 매도 자리고, D는 대주거래 매수 자리다. 한일 무역마찰로 인해 2019년 8월 여행, 항공 관련 종목들은 큰 타격을 입었다.

:: 그림 5-62 대화제약 2018년 4월~2018년 12월까지 일봉 차트 ::

〈그림 5-62〉 대화제약의 일봉 차트를 보면 고점에서 횡보하는 동안 아래로 공간이 열렸다. A는 대주거래 매도하기 좋은 자리이고, 하락 장대음봉이 나오면서 2번 구간까지 이중 하락하였다. 3번에서 저점이 상승하면서 더 갈 것 같았지만 3번 구간에서 개미투자자가 가장 많이 속는 자리다. 저점이 올라가니 앞으로 큰 상승이 나올 것이라고 착각한다.

박스권에서 저항을 돌파하지 못하고 음봉이 많이 나타나거나 시간을 길게 끌면 수익을 챙겨두는 것이 좋다.

좋은 대주 자리에서도 100% 수익을 낼 수는 없다. 확률적으로 주식 가격이 하락할 가능성은 크나 주가가 상승할 수도 있다. 그러므로 손절매는 항상 확실하게 해야 한다. 종가 가격이 20일 이동평균선 위로 올라가면 반드시 손절매하는 것이 좋다.

:: 그림 5-63 대화제약 2018년 4월~2019년 8월까지 일봉 차트 ::

〈그림 5-63〉 대화제약의 일봉 차트를 보자.

〈그림 5-62〉의 대화제약 차트를 2019년 8월까지 연장했다. 3번 구간에서 저항대를 돌파하지 못하고, 4번 횡보하는 동안 아래로 공간이 열렸다. 이로 인해 B는 대주거래 매도 자리다. 5번 구간 횡보하고 아래로 공간이 열렸고 지속 하락 중이다. 저항대를 돌파하지 못하면 보유자는 수익을 챙겨야 한다.

개미투자자는 내 종목만은 잘 갈 것 같은 착각 속에 빠져 있을 때가 많다. 평소 차트를 볼 때마다 지지선을 그어보고 저항선을 그어보면 매도와 매수 자리를 알 수 있다.

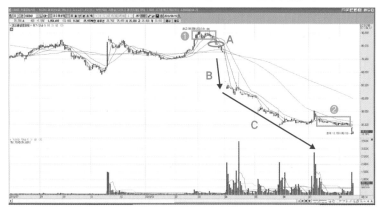

〈그림 5-64〉 코오롱생명과학의 일봉 차트를 보면 고점에서 길게 횡보 후 나오는 A는 대주거래 매도 자리다. A에서 B까지 수직으로 하락했고, 그 이후로도 하락을 지속했다. 2번 자리에서 횡보 후 하락 중이다.

코오롱생명과학은 실시간 검색 1위를 차지했었던 인보사케이주와 관련되어 있다. 인보사케이주는 한때 '기적의 신약'이라 불리던 세계 최초 고관절염 유전자 세포치료제다. 1회당 약 700만 원 정도 하는 고가의 치료제로 주사 한 번만으로 무릎 통증을 개선한다고 알려진 GP2-293이라 불리는 신장유래세포이다. 식품의약품안전처는 최초 임상시험 이후 현재까지 안전성이 우려되는 부작용 보고 사례가 없었다고 발표했지만, 논란이 계속 되었다. 그리고 2019년 4월 유통이 중단되었다. 코오롱생명과학은 유통이 중단되면서 A 매도 자리가 나온 것이다.

코오롱생명과학은 식약처와 치열한 공방을 이어오다가 식약처에서 품목허가 당시 신고한 성분과 실제 인보사의 성분이 다르다는 점을 지적하며 맞섰다. 그리고 2019년 지난 8월 13일 서울행정법원은 "주성분의 중요한 부분이 허가 신청에 기재한 것과 다른 것으로 밝혀졌다면 허가상 중대한 하자가 있다고 봐야 한다"라며 식약처의 손을 들어주었다.

2019년 7월 9일 2번 자리 횡보 구간에서 코오롱생명과학이 고관절염 유전자 치료제인 '인보사케이주'의 허가 취소를 법원에 요구했다 기각되면서 주가는 더 곤두박질쳤다. '인보사케이주'의 성분 중 암을 유발하는 성분이 있다는 논란이 일고 있으며 실제로 '인보사케이주'를 3,700명에게 투여했고 최근 사망환자 유가족들은 투약을 권유한 의사를 상대로 손해배상 청구를 결정하기도 했다. '인보사케이주'에 대한 논란이 확산되며 유전자 치료제 등 첨단바이오의약품에 대한 관리 제도를 개선하겠다는 방침으로 관련주는 급락 또는 하락했다.

:: 그림 5-65 코오롱티슈진 2018년 7월~2019년 8월까지 일봉 차트 ::

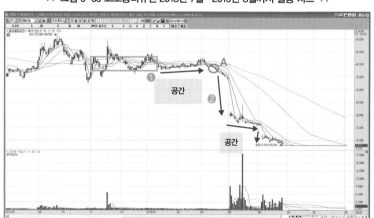

〈그림 5-65〉 코오롱티슈진의 일봉 차트를 보면 코오롱생명과학과 유사한 모양을 하고 있다. 코오롱생명과학과 미국, 유럽 판권을 보유한 코오롱티슈진까지 하한가를 기록했다. 급기야 2019년 5월 상장 적격성 심사대상으로 결정되었다. 그리고 인보사의 주성분 중 하나가 품목허가 당시 제출한 자료에 기재된 연골세포가 아니라 종양을 유발할 가능성이 있음을 확인하고 최근 품목허가 취소 처분을 확정했다. 그리고 상장폐지 위기는 면했지만 1년간 임상 3상 재개 과정을 살펴본 후 재심의를 받을 예정이다.

:: 그림 5-66 마크로젠 2018년 7월~2019년 8월까지 일봉 차트 ::

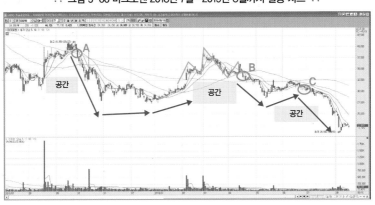

〈그림 5-66〉 마크로젠의 일봉 차트를 보면 헤드앤드숄더(삼산)형 패턴이 나온 후 대주거래 매도 자리 A와 B가 나왔다. 마크로젠은 유전자 정보분석 데이터를 생성할 수 있는 유전자 분석 장비 및 분석 서비스를 제공하고 있다. 유전자 치료제를 생산하고 있는 진원생명과학도 하락했고, 덩달아서 제약주에도 여파를 미쳐 동반 하락했다.

〈그림 5-67〉 SKC코오로PI 일봉 차트를 보면 길게 고점 횡보하고 아래로 공간이 크게 열렸고, A는 대주거래 매도 자리다. 죽음의 계곡이 시작된다는 것을 예상할 수 있다. B는 대주거래 매수 자리다. B에서는 하락한 후 상승할 수 있는 양봉이 나왔으므로 수익을 챙겨주는 것이 좋다. B에서 수익을 챙기지 못한 경우에는 C에서는 꼭 수익을 챙겨야 한다.

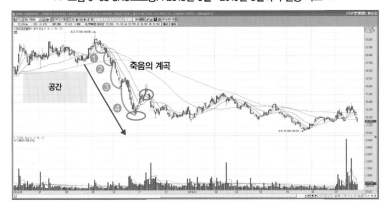

〈그림 5-68〉 SKC코오롱PI의 일봉 차트(2018년 5월~2019년 8월)에서 죽음의 계곡 부분을 따로 살펴보자. 고점 5만 7,900원을 기록한 후 죽음의 계곡 중간중간 몸통의 크기가 굵은 양봉이 4개 보인다. A 양봉은 앞의 음봉을 잡아먹는 상승장악형 양봉이다. 이런 양봉이 나오면 대주거래에서는 매수해 신용대출 잔고를 없애는 것이 좋다. 몸통이 굵은 양봉이 나올 때마다 개미투자자는 추가 매수를 하는 실수를 하는데, 죽음의 계곡에서는 '절대 매수 금지'다.

:: 그림 5-69 코오롱인더스트리 2018년 4월~2019년 1월까지 일봉 차트 ::

〈그림 5-69〉 코오롱인더스트리 일봉 차트를 보면 고점 횡보하는 동안 아래로 공간이 열리며, A는 대주거래 매도 자리다. 죽음의 계곡 중간중간에 몸통이 큰 양봉이 4개 나온 후 B는 대주거래 매수 자리다. B에서 수익을 챙기지 못했을 때 C에서는 챙겨두는 것이 좋다. 만일 안전 그물망 강남 나이트 자리가 출현하면 수익을 곧장 챙기거나 손절매해야 안전하다.

:: 그림 5-70 LS산전 2018년 3월~2018년 12월까지 일봉 차트 ::

〈그림 5-70〉LS산전의 일봉 차트를 보면 길게 고점 횡보하는 동안 아래로 공간이 열렸음을 볼 수 있다.

앞에서 수없이 살펴본 것처럼 고점 횡보가 길면 다음에는 무엇이 연상되는가? 대주거래 매도 자리가 나올 것이고, 죽음의 계곡이 시작될 것이라고 예상해야 한다. 죽음의 계곡 중간중간에 개미투자자들을 현혹하는 몸통이 큰 양봉들이 나타난다는 것도 꼭 기억해야 한다. 죽음의 계곡에서는 '추가 매수 절대 금지', '신규 매수 절대 금지'도 꼭 잊지 말자.

A는 대주거래 매도 자리고, B는 대주거래 매수 자리다. 봉이 20일 이동평균선을 딛고 지지하는 모습을 보일 때 반드시 매수해서 신용 대출 잔고를 없애야 한다.

앞에서 배운 것처럼 봉들이 20일 이동평균선을 딛고 저점이 점점 올라가버리면 대주거래 했던 수익이 다 날아가 버릴 수도 있으므로 늘 수익을 잘 챙기는 습관을 갖도록 하자.

〈그림 5-71〉한화에어로스페이스의 일봉 차트를 보면 고점에서 횡보한 후 하락하는 모습을 보인다. A는 대주거래 매도 자리로 좋은 자리다. 대주거래는 30일이 기한이고, 60일 연장이 가능하다.

고점 횡보 ⇨ 아래로 공간 열림 ⇨ 대주거래 매도 자리 좋음 ⇨ 죽음의 계곡 시작(매수 절대 금지) ⇨ 장기 이동평균선도 단기 이 동평균선을 따라서 하락함 ⇨ 죽음의 계곡에서 중간중간 몸통 이 큰 양봉 4개 정도 나타남 ⇨ 대주거래 매수 자리에서 수익 꼭 챙기기!

고점에서 횡보하는 동안 세력의 물량을 개인투자자가 모두 받았 기 때문에 기술적 반등이 생겨도 새로운 모멘텀이 나올 때까지 상승 하기란 쉽지 않다.

〈그림 5-72〉 현대차 일봉 차트를 보면 고점 횡보가 지금까지 본 차트 중에서 가장 길다. 고점 횡보가 길었던 종목들의 차트를 기억하고 있을 것이다. 고점 횡보 기간이 길면 길수록 '대세 하락'이 나타날 확률이 높다는 것이 기억날 것이다. 그렇다면 진짜 '대세 하락'이 있었는지 확인해보자.

∷ 그림 5-73 현대차 2017년 9월~2018년 11월까지 일봉 차트 ∷

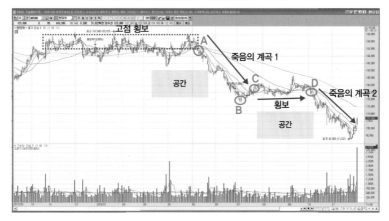

〈그림 5-73〉현대차의 일봉 차트를 보면 길게 고점 횡보하는 동안 아래로 공간이 열리고, A는 대주거래 매도하기 좋은 자리다. 죽음의 계곡 1이 시작되었고, B와 C는 대주거래 매수 자리다. 저점에서 횡보한 후 아래로 공간이 또 열리고, D는 대주거래 매도 자리다. 그리고 죽음의 계곡 2가 시작되는 것을 보여준다. 아래로 내려가려는 관성에 의해서 횡보 후 대세 하락을 보여주는 전형적인 차트다. 장기 이동평균선도 단기 이동평균선과 함께 하락하고 있는 것을 알 수 있다.

지금까지 대주거래를 하기 좋은 차트들을 다 이해했을 것이다. 마지막으로 앞에서 익힌 대주거래 매매 기법을 정리해보자.

:: 대주거래 차트 흐름 요약 ::

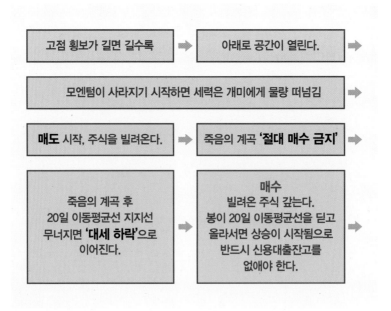

고점 횡보가 길면 길수록 ➡ 아래로 공간이 열린다. ➡

모멘텀이 사라지기 시작하면 세력은 개미에게 물량 떠넘김 ➡

매도 시작, 주식을 빌려온다. ➡ 죽음의 계곡 '절대 매수 금지' ➡

죽음의 계곡 후 20일 이동평균선 지지선 무너지면 '대세 하락'으로 이어진다. ➡ 매수 빌려온 주식 갚는다. 봉이 20일 이동평균선을 딛고 올라서면 상승이 시작됨으로 반드시 신용대출잔고를 없애야 한다. ➡

데이짱의 한마디

무너지는 20일 이동평균선

일반 매매나 공매도나 자신에게 가장 잘 맞는 3개의 기법으로 갖고 매매해야 한다. 대주거래 매매를 할 때는 가장 많이 나타나는 헤드앤드숄더(삼산)형과 하락장악형 기법을 활용하는 것이 좋다. 복잡하고 어려운 기법을 개발하려고 하지 말고 생각해내려고도 하지 마라. 또 차트에 여러 가지 보조지표를 설치할 필요가 없다. 앞에서 모든 기법을 설명할 때 기본 차트만으로 설명했다. 기본 차트만으로도 충분히 매매할 수 있다는 것을 강조하고 싶다. 대주거래를 하기 좋은 종목일수록 패턴은 단순하다. 대주거래 기법의 모든 패턴에서는 생명선이라고 불리는 20일 이동평균선이 무너지는 자리가 신규 매도 자리가 된다는 것을 명심하자.

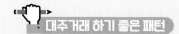

헤드앤드숄더형(삼산)형 패턴의 특징은 다음과 같다.
① 고점 횡보가 길다.
② 고점 횡보하는 동안 아래로 하락할 수 있는 공간이 열린다.
③ 단기간에 많이 하락한다.

• 20일 이동평균선이 무너지는 자리에서 매도하라.
• 업틱룰로 주문하라.
• 20일 이동평균선을 돌파하는 자리에서 매수하라(빌려온 주식 갚아라).

세월이 흐르면서 문화와 문명은 우리가 숨을 쉬고 있는 동안 꾸준히 발전했다. 조선시대에는 걸어서 혹은 말을 타고 과거를 보러 한양에 올라왔었던 시절이었다. 이후 전동차가 생겼고, 기차가 생겼고, KTX 고속열차가 생겼다. 현재 정부에서는 수소열차를 개발 중이다. 교통 문명만 달라진 것이 아니라 지금은 4차 산업혁명 시대가 되었다. "앞으로 한국도 미국처럼 한 가구당 차가 한 대씩 있을 것이다"라고 했다. 버스에 매달려서 학교에 다녔던 그 당시 우리는 이 말이 꿈이라고만 생각했다. 하지만 지금 집마다 차가 한 대씩 있고, 식구별로 차가 있는 집도 많다. 심지어 강남에 가면 시장갈 때 사용하는 차, 파티에 갈 때 타고 가는 차 등 한 사람이 여러 대를 가진 사람도 존재한다. 시대마다 단지 꿈이라고 생각했던 것들이 지금 모두 이루어져 있다.

주식문화가 예전과는 완전히 달라졌다. 증권회사 영업장에 설치된 전광판을 보며 주식 시세를 확인하고 주문표를 작성해 창구에서 주식을 사고파는 모습은 이제 추억 속으로 사라졌다. HTS를 이용한 홈트레이딩 시대가 되었고, 스마트폰만 있으면 이동하면서도 모바일 매매를 할 수 있다. 증권회사도 주력 상품이 주식투자보다는 자산관리가 주를 이루고 있다. 최근에 나오는 자동차에는 모니터가 설치되어 있고 어디를 가나 와이파이를 이용해 통신의 자유를 누리면서, 여행을 하면서도 주식 매매를 하는 시대가 도래한 것이다. 주식 매매에 있어서 스마트폰이 공간의 자유로움을 누리다 보니 많은 사람이 주식시장에 참가하게 되었다. 요즘은 투자자가 직접 매매를 하는 시대다. 15% 상한가 따라잡기를 하던 시절도 지나갔다. 최근의 주식시장을 살펴보면 한 종목의 거래량이 어마어마하다. 일주일 동안 50% 이상 상승하기도 하고, 50% 이하 하락하기도 한다. 주식이나 해외 선물 등에서도 실제로 수익을 내는 개인투자자들은 1% 정도라고 한다. 그렇다면 남은 99%의 개인투자자들은 돈을 다 잃고 있다는 뜻이다.

예전에는 주식을 싼 가격에 사서 기다렸다가 가격이 올라가면 팔거나 장기적으로 보유하고 있으면서 배당을 받으며 성장성이나 가치성에 투자했다. 하지만 요즈음은 예전 방식대로 하는 사람들도 있고, 직장생활을 하면서 제2의 월급을 받으려는 마음으로 주식투자를 하는 사람들도 많아졌다. 심지어는 주식을 업으로 하는 전업투자자도 많아졌다. 그러다 보니 한 달 동안 고정수익이나 매일 일당 같은 수익에 목을 매는 투자자들이 생겨나고 있다.

왜 이렇게 많은 사람이 주식시장에 참가하고 있는 것일까? 우리나라는 현재 선진국과 같은 노후복지가 이루어지지 않고 있다. 직장을 다니던 시절의 수입과 퇴사를 한 후에 수입은 차이가 나는데, 퇴직 후 사업을 시작해서 성공한다는 보장도 없다.

편의점의 폐업률은 25% 수준이고 그 외 다른 치킨집, 식당, 음식업종 등 영세 자영업자들의 창업 성공률이 매우 낮다. 또한 살아남은 영세업자들도 생존하기 힘든 수입이어서 큰 충격을 주고 있는 것이 현실이다. 최근에는 최저임금제의 실행으로 인해서 자영업자들은 상황은 더욱더 악화해 삶의 질이 떨어지고 있다.

또한 젊은 층들의 소비문화가 예전과는 너무 많이 달라졌다. 예전에는 집을 마련하는 것이 가장 우선이었다면 요즈음은 집보다는 차를 먼저 사는 경우가 더 많다. 예전에 비하면 정말 잘 먹고 잘 입고 잘쓰고 살고 있는데, 돈에 대한 목마름은 더 크다. 직장도 보장되어 있지 않고 매일같이 쏟아지는 뉴스는 국민연금이 고갈한다, 건강보험공단이 망할 것이다, 청년 일자리가 없다 등 미래를 알 수 없는 불확실한 시대에 살고 있다. 개인연금 월 보험료 평균은 한국은 62달러, 일본은 167달러, 미국은 250달러, 스위스는 월급의 반을 낸다. 한국은 미국보다 5분의 1 수준의 보험료를 낸다. 선진국보다 은퇴를 위한 연금 보험료를 내는 수준이 낮다. 가장 좋다는 국민연금 보험료를 선진국처럼 월급의 반을 낸다는 것은 우리나라 현실로서는 힘들다. 월급의 반을 강제로 국민연금을 내라고 한다면 정부를 신뢰하지 못하는 국민이가만 있을 리 없을 것이다. 그리고 실제로 월급의 반을 국민연금 보험료를 낸다면 현재의 월급만으로 생활비가 모자랄 수밖에 없는 현실이다. 그러므로 선진국의 노후복지를 우리나라에서는 기대할 수 없다.

현재 받는 국민연금으로는 가족들 핸드폰 요금과 각종 공과금, 의료보험료를 내고 나면 아무것도 남지 않는다고 한다. 평균 이상의 연금을 받는 사람들보다는 받지 못하는 사각지대의 사람들도 많다. 스위스는 월급의 반을 연금으로 저축하기 때문에 은퇴 후에는 월 500만 원의 연금을 받고 부부가 행복하게 아름다운 노후생활을 할 수 있다고 한다. 연금제도나 은퇴 후 삶이 힘든 우리나라는 캥거루 자녀들의 문제와 자녀의 결혼 비용이 너무 많이 지출되기 때문에 은퇴 후의 삶은 더욱더 피폐해진다.

미국을 예로 들면, 미국 사람들은 노후자금을 포트폴리오한다. 연금보험 50%, 주식투자 50%로 주식투자의 비중이 크다. 주식투자의 비중이 크다는 것은 주식투자를 할 만하다는 것이다. 미국은 주식시장의 투명성이 70% 정도 되지만 우리나라 주식 개인투자자들은 정확한 정보를 받을 수가 없다. 미국 사람들은 주식시장의 투명성을 믿고 활발한 투자를 하고 있다. 하지만 우리나라는 찌라시에 휘둘려 속을 때도 많고, 차트를 믿고 했다가도 주식 가격이 하락해서 손해를 보게된다. 재무제표가 괜찮아서 투자했다가 10일 만에 거래정지를 당하는 경우도 있다. 이렇게 무수한 변수가 있는 주식시장에서 개인투자자들이 살아남기 위해서는 매매 기법을 알고 대응해야 한다.

주식에 관한 지식을 쌓자

내가 주식을 사면 하락하고 팔고 나면 상승한다. 왜 그럴까 생각을 해본 적이 있는가? 손실금이 커지면 손절매도 하지 못한다. 주식 가격이 계속 하락하니 있는 돈 없는 돈 다 끌어다가 추가 매수한다. 상승을 기다려봤지만, 속절없이 하락만 한다. 또 있는 돈 없는 돈 끌어다가 물타기를 한다. 시간은 흐르면 손실금은 더 커지고, 불안한 마음에 손절매하고 나니 다음 날부터 상승하기 시작한다. 모두 경험해본 일일 것이다.

만약 주식을 최저가에 매수할 수 있다면 매도는 자유롭게 할 수 있다. 그렇다면 최저가에 사는 방법을 알아야 한다. 개인투자자들은 세력과 똑같이 할 수는 없지만, 세력들이 산 가격보다 조금 위에서 사고 세력들이 파는 가격보다는 조금 싸게 팔고 나오면 된다. 말로는 너무 쉽다고 생각할 수 있다. 개인투자자들이 돈을 잃는 과정을 살펴보면 다음과 같다.

- 주식에 대해서 아무것도 모르고 남이 돈 번다고 하니까 일단 덤빈다.
- 일단 덤볐는데 수익이 많이 났다. 더 날 것 같아서 홀딩하다가 수익 난 것도 챙기지 못한다.
- 주식을 사고 계속 하락하면 추가 매수할 자리도 모른 채 추가 매수하거나, 불안감에 손절매하거나, 무조건 단무지 정신으로 최대한 버티는 개미가 된다.

주식투자를 할 때 무지에서 오는 손실은 개인투자자들의 책임이다. 매수를 잘못했어도 저항과 지지, 돌파를 잘 알고 있다면 크게 손실을 보지 않을 것이다. 그리고 주식이 바닥을 다지고 다시 올라올 때

재매수 기회를 놓치지 않을 것이다. 기회비용을 잃지 않도록 지지, 저항, 돌파에 대해서 자세히 알아보고 주식투자를 해야 한다.

차트를 읽을 줄 알아야 한다

주식 매매를 잘하기 위해서는 주식에 대한 기본적인 지식이 있어야 한다. 차트 하나를 보더라도 차트에 설치된 캔들, 거래량, 이동평균선 등을 알아야 안전한 매수 자리에서 신규 진입할 수 있고, 수익을 내는 구간도 알 수 있다. 아무것도 모르고 차트를 보면 한글을 모르고 책을 보는 것과 같다. 책을 읽기 위해서는 자음과 모음을 알고 조합하는 방법을 알아야 하는 것처럼 차트를 보기 위해서는 기초를 알아야 한다. 이동평균선의 움직임, 거래량의 움직임, 캔들의 신호 등을 통해 차트의 추세를 파악할 수 있다면 수익의 극대화를 추구할 수 있다. 그리고 손절매의 적절한 자리를 파악하기 위해서라도 반드시 차트를 읽어낼 수 있는 지식을 쌓아야 한다.

하락장도 수익을 낸다

주식 가격은 늘 오르고 내린다. 상승장이 있으면 하락장도 있다. 상승장에서 낸 수익을 하락장에서 다 잃어버리기도 한다. 개인투자자들이 하락장에서 상승장처럼 수익을 낼 수 있다면 해야 한다. 하락장에서 손 놓고 있어서는 안 된다. 상승장에서 잘한다면 하락장에서도 잘할 수 있다. 개인투자자들이 하락장에서 수익을 내기 위해서는 공매도를 해야 한다. 공매도에 대해 자세히 알고, 개인투자자들이 할 수 있는 공매도 거래에 관해 알아봐야 한다. 그리고 공매도를 하기 위해서는 무엇을 알아야 하며, 종목은 어떻게 골라야 하는지, 주문은 어떻게 내야 하는지, 언제 신규 진입해야 하는지, 청산은 언제 해야 하는지에 대해서 모든 것을 이 책을 통해서 알 수 있다.

상승장 기법을 모르면 하락장 기법을 이해하기 힘들다. 이 책은 하락장에서 수익 내는 법을 알려주는 책이지만, 이 책을 통해서 상승장에서도 대응을 잘할 수 있다. 개인투자자들에게는 정말 유용한 책이다.

테마주를 알아야 한다

주식을 배울 때 좋은 주식을 사야 한다. 좋은 주식은 영업실적도 좋아야 하고, 매출액도 늘어야 하고, 모멘텀도 살아 있어야 한다. 또 배당까지 주면 더 좋은 주식이다. 그러나 주식시장에서는 이처럼 좋은 주식의 조건을 갖추지 못한 종목들이 매일 상위권에 등극한다. 좋은 주식이 아닌데도 등락률 상위권을 차지하는 주식들은 대부분 테마주의 성격을 띤 종목들이다. 때문에 테마주에 대한 것을 샅샅이 알고 있어야 한다. '테마주는 무엇인가, 왜 테마주가 만들어지는가, 테마주는 어떻게 매매를 해야 하는가?' 등을 공부해야 한다.

미국에 이민 가서 사업을 하려면 미국의 법부터 공부해야 불이익을 당하지 않는다. 주식 매매에도 주식에 대한 지식을 정확히 알고 있어야 수익을 낼 수 있다. 이 책을 다 읽고 나면 주식 매매에 자신이 붙을 것이라고 확신한다.

개미투자자가 가지고 있는 힘은 바로 이것이다.

> 첫째, 세력은 시간이 없으나 개미는 있는 게 시간밖에 없다.
>
> 둘째, 수익이 났는데도 주식은 매도하지 않으며 내 돈이 아니다.
>
> 셋째, 손실이 났지만 매도하지 않으면 아직은 내 돈이다.

대한민국에서 개미투자자가 돈을 잃지 않는 그날까지 여러분을 응원한다.

감사의 말씀

이 책이 세상에 나올 수 있도록 해주신 ㈜이레미디어 이형도 대표님께 제일 먼저 감사의 인사를 드리고 싶습니다. 원고부터 출간까지 모든 과정을 도와주신 이치영 과장님과 편집부 직원들, 디자이너분께 감사합니다. 마지막으로 책의 집필을 위해 1년 동안 자료 수집부터 검토까지 도와준 서미숙 님께 고맙다는 인사를 드리고 싶습니다. 사랑하는 나의 가족과 제자들에게 이 책을 전합니다. 고맙습니다.

실전 공매도

초판 1쇄 발행 2020년 1월 3일
초판 9쇄 발행 2024년 2월 5일

지은이 김영옥

펴낸곳 (주)이레미디어
전화 031-908-8516(편집부), 031-919-8511(주문 및 관리) | **팩스** 0303-0515-8907
주소 경기도 파주시 문예로 21, 2층
홈페이지 www.iremedia.co.kr | **이메일** mango@mangou.co.kr
등록 제396-2004-35호
편집 정은아, 이치영 | **표지디자인** 유어텍스트 | **본문디자인** 이선영
마케팅 김하경 | **재무총괄** 이종미 | **경영지원** 김지선

ISBN 979-11-88279-67-8 03320

· 가격은 뒤표지에 있습니다.
· 잘못된 책은 구입하신 서점에서 교환해드립니다.
· 이 책은 투자 참고용이며, 투자 손실에 대해서는 법적 책임을 지지 않습니다.

이 도서의 국립중앙도서관 출판예정도서목록(CIP)은 서지정보유통지원시스템 홈페이지
(http://seoji.nl.go.kr)와 국가자료종합목록시스템(http://www.nl.go.kr/kolisnet)에서 이용하실
수 있습니다.(CIP제어번호 : CIP2019047268)